上海社会科学院法学研究所学术精品文库

新行政法学视域下的国有企业法律调控

何源 著

上海三联书店

总　　序

　　上海社会科学院法学研究所成立于 1959 年 8 月,原名"政治法律研究所",是我国成立最早、规模最大、最早招收研究生的地方社科系统法学研究机构。

　　法学所的历史可以追溯到 1952 年由原圣约翰大学、复旦大学、南京大学、东吴大学、厦门大学、沪江大学、安徽大学等 9 所院校的法律系、政治系和社会系等合并组建成立的华东政法学院,1958 年华东政法学院并入上海社会科学院,翌年成立了上海社会科学院政治法律研究所。彼时上海滩诸多法学大家汇聚于斯,潘念之、齐乃宽、浦增元、张汇文、卢峻、周子亚、何海晏、丘日庆、徐开墅、徐振翼、肖开权、郑衍杓、陈振国、李宗兴、程辑雍等均在各自领域独当一面、各领风骚。1984 年,东吴大学上海校友会也正式在上海社会科学院注册成立,成为东吴法学的精神传承,一时颇有海派法学的大气候。

　　1979 年复建后,"政治法律研究所"正式更名为"法学研究所"。作为南方地区的法学理论研究重镇,在中国社会经济快速发展的浪潮中,法学所勇立潮头,不断探求中国特色社会主义法治的发展规律,解决我国改革开放和现代化建设中的现实问题。法学所在法理学、公法学、国际法学、刑法学和民商法学等领域为国家法治建设鼓与呼,在新时期法学学科建设、民法通则制定、港澳回归、浦东开发等重要历史性事件进程中均作出了重大贡献。

　　进入新世纪,随着国家科研方针政策的转型以及各大高校法学研究的崛起,社科院系统的体制模式受到重大挑战,加上老一辈学人的隐退,法学所也开始了二次创业的征程。近年来,法学所通过"内培外引"大力加强人才梯队建设,引进和培养了一批在国内有影响力的中青年学者,特别是一批青年才俊陆续加入,他们充满朝气,基础扎实,思想活跃,承载着法学所的未来与希望。通过不断提高学科队伍建设,夯实智库研究基础,法学所得以进一步加强和形成了"经济刑法""租借·租借地等特殊地区研究""刑事法创新学科""法治中国及其上海智库实践智库""比较法学""生命法学""党内法规""青少年法学"等多个优势学科和特色研究团队。如今的法学所安立于古典而又繁华的淮海中路的静谧一角,立足上海,面向全国,以"国家高端智库"和院"创新工程"为平台,坚持学科建设和智库建设双轮驱动,在法学研究领域焕发出新的生机。

为弘扬学术精神、传播学术成果、传承学术血脉,我们策划了"上海社科院法学所学术精品文库"。法学所科研人员的重要理论成果和学识智慧,将收入本文库,以期学脉绵延,薪火相传,续写法学所的当代辉煌篇章。本文库主要由两部分组成,一部分是法学所科研人员的重要学术专著,另一部分是法学所青年学术沙龙系列。前者秉持学术为本、优中选优的原则,遴选并最终确定出版的著作,后者是对法学所学术品牌青年法学学术沙龙的整理。在条件成熟时,本文库也将陆续整理出版老一辈法学所专家的代表性作品。

文章千古事,希望纳入文库出版的作品能够不负学术精品之名,服务国家法治建设与社会发展,并能够历经岁月洗礼,沉淀为经世之作。

是为序。

上海社会科学院法学研究所所长、研究员、博士生导师

姚建龙

2020 年 7 月 30 日

目　　录

导论　国有企业法律调控的转型

　　国有企业法律调控是否以及如何转型的问题并不容易回答。这不仅涉及既有利益格局的重新调整，还需冲破深厚历史惯性和复杂社会环境的重重阻隔。即便如此，笔者仍然坚定地认为，国有企业法律调控亟需转型。理由有二：

　　第一，改革实践正在变化。法律制度的产生与发展均根植于实践，这是法学理论中的一个基本命题。法律无法凭空产生，而只能由人们在社会治理过程中逐渐总结和规范出来，并反过来为人们的活动提供规范与指引。古今中外，概莫如是。孟德斯鸠在《论法的精神》一书中也曾言，法律应当顾及国家的经济、气候、地理位置、民众生活方式、基本政治体制、贸易、财富以及风俗习惯等等。因此法律应当量身定制，仅仅适用于特定的国家。① 在我国，国有企业的法律调控同样是对国企改革实践的回应。随着改革开放的深入，国有企业改革成为经济体制改革的关键环节，从计划经济向市场经济的转型要求法律制度不断调整和完善。1988 年《全民所有制工业企业法》的出台，标志着我国开始探索现代企业制度，以适应市场经济发展的需要。1993 年《公司法》的出台为国有企业向现代公司转型提供了法治保障。2003 年《企业国有资产法》的颁布，标志着国有资产管理和监督的法律体系逐步完善，为国有企业的市场化改革提供了法律依据。可见，法律的内容直接反

---

① 参见［法］孟德斯鸠：《论法的精神》（上卷），许明龙译，北京：商务印书馆，2012 年，第 15 页。

映了当时社会的经济、政治和文化状况,旨在解决当时存在的具体问题,维护社会秩序和公平正义。

在缺乏理论指导与现成方案的情况下,我国国企改革具有强烈的试错性与经验主义色彩,充满曲折与反复。改革的中心任务也会随着国家经济体制的改革而发生变化。2013 年之前,尤其是市场经济体制在我国建立之后,国企改革的核心任务是如何实现诞生于计划经济体制下的企业尽快向社会主义市场经济"转身",成为与市场经济相适应的现代商事主体。2013 年之后,在党的十八届三中全会作出的"国有企业总体上与市场经济相融合"的基本论断基础上,国企改革迈入"深水区",成为全面深化改革国家总体战略中的重要一环。对此,党的二十大报告更加明确指出,国有企业改革被纳入"全面建设社会主义现代化国家"这一全新发展主题下予以考察。可见,2013 年以来,我国国有企业改革的核心任务已经发生重大转折。在打造现代企业制度与市场化的同时,国有企业的战略地位愈发受到重视。

与民营企业相比,国有企业具有更为重要与特殊的作用。其一,就政治意义而言,国有企业是中国共产党执政的重要经济基础。在 2016 年的全国国有企业改革座谈会上,习近平总书记指出:"国有企业是中国特色社会主义的重要物质基础和政治基础,是我们党执政兴国的重要支柱和依靠力量。"[①]其二,就经济意义而言,国有企业在关系国家安全和国民经济命脉的重要行业和关键领域,发挥着主导作用。国有企业不仅提供了大量的就业机会,还在稳定经济运行、推动技术创新意义和保障公共服务方面做出了重要贡献。其三,就国家战略与社会发展意义而言,国有企业在推动国家重大项目和战略任务中扮演了重要角色。例如,在"一带一路"倡议、京津冀协同发展、长江经济带发展等国家重大区域发展战略中,国有企业都是重要的执行主体。国家发展和改革委员会也多次强调,国有企业要在国家重大战略中发挥骨干和带

---

① 参见《坚持党对国有企业的领导不动摇——一论贯彻习近平总书记国企党建工作会议讲话精神》,《人民日报》2016 年 10 月 12 日,第 4 版。

头作用,承担起推动经济高质量发展的重任。此外,国有企业还在抗击重大灾害和应对突发事件中表现出了强大的动员和应急能力。无论是抗震救灾、抗洪抢险,还是新冠疫情防控,国有企业都冲在第一线,充分展现了其在关键时刻的中坚力量作用。

第二,法律调控已然滞后。现有法律调控仍然围绕着 2013 年之前的任务而形成,即将国有企业打造成纯粹的商事主体。这种观念的主要特点是认为现代商事公司才是国有企业的"理想形象",它应当被定性为私法人,相应的法律制度也应当以此为中心进行构建。简言之,中国国有企业改革就是一场公司重建。这种观念被理解为经济学思维主导改革下的产物。在长达四十余年的改革进程中,几乎主要是经济学家提出的方案起主导作用。相较而言,法学家更多处于"配角"地位。在国有企业改革中,法观念要么缺位,要么表现出"迟钝的沉默"。① 经济学家为国有企业改革设计的方案可以概括为"产权主义",它以企业产权的重组与配置为中心,将扩大企业经营自主权和提升营利能力作为主要目标。现有的国有企业法律调控制度与相关理论正是在"产权主义"改革方案的影响下形成的。

现有调控模式已经不能解释与关照新时代背景下国有企业改革的现实需求。其一,就国有企业自身而言,法律调控难以适应深化改革背景下国有企业愈发明显的公益性特征。政策中对于公益性国企与商业性国企的分类受到广泛质疑。作为党的执政基础与国家发展的依靠力量,国有企业如此重要的战略地位如何落实到具体法律制度设计中,需要进一步思考与研究。其二,就国有企业与其他法律主体的关系而言,现有法律调控既无法妥善处理政府与国企之间的关系,也无法合理安排国企与其他市场竞争主体的关系。在政企关系上,作为国有企业的重要监管部门,国有资产监督管理委员会(以下简称:国资委)的职能定位一直存在争议。如何实现企业自主与国家监管之间的平衡也成为难

① 参见蒋大兴:《论债转股的法律困惑及其立法政策——兼谈国企改革的法观念》,《法学》2000 年第 7 期。

题。党组织在国企中的监督作用应当如何深化与完善,也需要进一步讨论。在市场与国企关系上,作为市场竞争主体,国企与其他竞争主体真的具有完全相同的地位吗?产业政策与竞争政策的关系如何处理?如何看待《反垄断法》第8条中规定的国企合法垄断?上述种种,都是国企改革深化进程中不容回避的现实法律问题。

转型本身已然艰难,更何况国有企业法律调控涉及众多法律、法规、规章与政策文件,内容十分庞杂。为了兼顾研究的广度与深度,本书从宏观、中观与微观三个层次展开相关内容。

在宏观层面,本书致力于推动研究视角的转型。传统上对于国有企业法律调控的研究聚焦于私法视角:它预设了一种国有企业的理想形象,即彻底秉持公司自治、隔绝政府干预的现代商事公司,其在很大程度上受到私法调控,遵循私法原则与精神。但是,国有企业并非只有公司的一面,它更像是古罗马神话中的双面神邸亚努斯(Janus),兼具"国家"与"公司"的双重面孔。所以,本书尝试引入公法视角,更多地从"国家"面向来看待国有企业的法律调控问题。目前,这样的研究已经存在。但是,其他国家[①]以及中国台湾地区[②]中的研究对象为公营事业,其不同于我国国有企业,相关研究的本土化需进一步加强。国内也有学者从行政组织、公产企业等行政法角度对国有企业进行讨论。[③] 但是,现有研究的体系化与完整度不够,与私法视角下的传统研究对话也需要加强。为此,本书首先对私法视角下国有企业法律调控制度形成的历史背景(第一章)与现状及问题(第二章)进行阐述,然后以公法视角为线索,贯穿后面部分的研究,旨在进一步完善我国公法(尤其是行政法)中国有企业法律调控的研究。

在中观层面,本书主要讨论了理念转型与体系转型。理念转型(第

① Vgl. Martin Burgi, *Kommunalrecht*, 4. Aufl., München 2012, S. 272 ff.
② 参见黄锦堂:《公营事业之组织与监督》,《月旦法学杂志》第221期(2013年10月)。
③ 参见陈晓勤:《私法形式行政组织的公法控制——以国有企业为例》,《法学杂志》2014年第11期;孙长坪:《企业法主体概念之选择论纲——从国有企业到公产企业的概念选择之思考》,湘潭:湘潭大学出版社,2009年。

三章)主要是解决"国有企业是什么"的问题。具体而言,这一问题包含国有企业的概念界定(定义)与法律属性界定(定性)两部分内容。传统视角下,国有企业几乎总是被看作私法人。这种观点背后是一种典型的形式主义观念。在新的分析框架下,形式主义观念的弊端将会展现出来。为此,应当重新基于功能主义的角度对国有企业的概念与法律属性进行重塑。体系转型(第四章)主要是解决"国有企业如何调控"的问题,即如何处理现有法律调控体系中的各种价值冲突与制度龃龉,使其成为一个比较"融贯"的体系。例如,公司自治与国有资产安全保障价值之间的冲突如何协调。再如,应当如何理解竞争自由与产业规制之间的关系等等。

在微观层面,本书重点关注具体的制度转型(第五章)。这一部分想要解决的问题是:如何利用将法律体系的"融贯"落实到具体法律制度设计中。"政府-国有企业"与"市场-国有企业"将成为讨论国有企业法律调控制度转型的两个主要维度,相关制度将通过"任务-手段"结构予以重塑。在"政府-国企"维度下,相关讨论将聚焦政企关系,集中讨论国资委的出资人职能与监管人职能相互矛盾的问题,摒弃现有的非此即彼方案,创新性地提出"第三条路"。在"市场-国企"维度下,相关讨论将聚焦国企的市场活动,指出相较于其他私主体而言,国企竞争活动实质上是"国家的竞争活动",因而具有特殊性。这种特殊性需要通过外部手段与内部手段共同作用得以实现。

第一章　国有企业法律调控的历史沿革

我国国有企业法律调控的理念与实践之形成,根植于四十余年来的国有企业改革历程。回顾这段历程不难发现,产权问题一直是改革的关键。明确企业产权、理清产权结构是改革的主线。以党的十四届三中全会提出的"建立现代企业制度"为标志,改革可以区分为两个阶段:1993 年之前的放权让利改革与 1993 年之后的改革。

第一节　产权模糊:1993 年之前的改革

自国有企业成立以来,国家对相关制度进行改革的决心与尝试从未停歇。直到 1993 年党的十四届三中全会提出"建立现代企业制度"之前,改革一直是在国有企业基本制度框架内进行。尽管具体措施种类繁多,但改革主线是调整政府和企业内部人之间权责利的分配,向企业内部人放权让利。由于基本制度未作根本性改变,放权让利改革并没有改变国有企业产权模糊的情形。

一、放权让利(1978—1983)与物权模式

诞生于计划经济体制的国有企业与现代意义上的企业相距甚远。企业不享有任何自主权。国家既是企业的所有者,又是企业的经营者。早期的放权让利改革在一定程度上扩大了企业自主权,但并没有从根

本上改变企业的产权结构。

（一）物权模式

改革启动之前，我国国有企业的产权结构可以被概括为"物权模式"。这是一种企业完全不具有自主权的模式，其弊端显而易见。

1. 物权模式的形成

新中国成立之后，我国国有企业的来源主要有三：其一，没收国民党遗留的全部官僚资本主义企业。其二，没收帝国主义遗留的在华资本主义企业，这部分企业所涉关系较为复杂，政治敏感度高，因此我国并非一次性没收，而是随着国际政治形势的变化，在不同时期逐渐没收完成。其三，对资本主义工商业进行社会主义改造，其在企业规模与数量上仅次于官僚资本企业。直至 1965 年，除了一些小规模的街道集体企业之外，几乎所有的工商企业都实行了国有化。

为了提高我国工业产品生产能力，中央政府决定将经过上述"两没收、一改造"形成的企业按照苏联模式组建为国营工业企业，即企业属中央人民政府所有，企业管理权由地方政府或军事机关行使。[①] 这种产权结构从法学角度上也被称为物权模式，它的特点是"所有权（国家财产所有权）、经营权（国家经营）和行政权（政府经济行政权）三位一体"。[②] 这种模式下，企业既由国家所有，也由国家经营。因此，物权模式下的国有企业通常被称为"国营企业"。《宪法》(1982) 第 16 条中便采用了这一称谓："国营企业在服从国家的统一领导和全面完成国家计划的前提下，在法律规定的范围内，有经营管理的自主权（第 1 款）。国营企业依照法律规定，通过职工代表大会和其他形式，实行民主管理（第 2 款）。"

2. 物权模式的特点

在放权让利改革之前，物权模式下的国有企业几乎没有任何自主

[①] 参见梅慎实：《现代公司治理结构规范运作论》（修订版），北京：中国法制出版社，2003 年，第 95—96 页。

[②] 参见刘俊海：《股份有限公司股东权的保护》，北京：法律出版社，1997 年，第 335—336 页。

权。它与现代意义上的企业相差甚远,而更像国家附属的工厂。从组织结构上来看,物权模式下的国有企业实质上是一级行政机构。它必须服从主管部门的命令,并具有相应的行政级别。例如,一个部直属的企业具有局级地位,而一个部属的局或者部下设的行政性公司管辖的企业,或者由一个省属工业局管辖的企业,则享有处级地位。不同级别的企业享有的待遇也不同。根据行政隶属关系不同,国有企业的主管部门可以是一个部、部(省)属的局或者县属经济委员会等等。而与企业生产经营活动相关的部门则更加繁多,包括计划部门、人事部门、物资部门、贸易部门和财政部门等等。从我国成立的第一批国有企业起,这种企业与行政机关的层级关系就已清晰可见。1950 年 3 月 10 日,原政务院颁布《关于统一全国国营贸易实施办法的决定》,据此我国最初的一批国有企业得以成立,它们包括 6 个"国内贸易专业总公司"、6 个"对外贸易专业总公司"和 3 个省级公司。这些企业呈金字塔式分布,而位于塔尖的正是中央人民政府贸易部。①

物权模式下的国有企业经常被形象地比喻为国家的"算盘珠"。这种"国家拨一拨,企业动一动"的状态可以从企业的实际运行机制中看出来。从经营要素来看,企业要顺利经营离不开物资、资金与人员等三大要素。关于物资,企业不能自行采购,只能将生产所需原材料、生产设备等物资种类与数量上报主管部门并逐级上报,国家物资局拟定全国性统一分配方案并经相关部门批准后,再逐级将所需物资发放至企业。关于资金,与物资申请与分配的流程类似,企业将所需资金数量上报主管机关并由其逐级上报,国家财政部门拟定全国预算方案后,再将企业所需资金层层下拨。关于人员,每家企业的编制是固定的,不能随意增减。由于资金的限制,企业通常只能对员工进行精神奖励,而没有物质奖励。企业不能随意开除工人,因而惩罚也以精神性质为主。

从经营过程来看,在生产与销售这两个核心环节上,企业均不享有

---

① 参见方流芳:《公司:国家权力与民事权利的分合》,博士学位论文,中国人民大学法律系,1991 年,第 139—142 页。

自主权。关于生产,企业需要严格完成主管部门下发的计划任务。而计划的制定程序亦十分烦琐。通常先由国务院提出计划草案,逐级下达至各企业。企业接到任务后需要根据自身情况加以调整,并向主管部门报送本企业的建议草案。主管部门平衡与协调下属企业情况后将草案逐层上报。最终经全国人民代表大会批准的生产计划会逐层下达至各企业,并责令企业严格执行。关于销售,国家对企业产品实行统购统销制度。产品价格由国家根据"成本＋利润"计算而出,企业不享有定价权。并且,产品只能由收购站统一收购,企业擅自出售产品将会受到严厉处罚。1979 年 6 月,武汉香烟厂在某个展览会上擅自销售了部分卷烟。这一行为使该厂遭受了严厉惩罚。收购处决定停止收购该厂生产的卷烟 31 天,致使其被迫停产 29 天,利润损失高达 700 万元。[①]

3. 物权模式的弊端

物权模式与计划经济体制的整体功能相适应。新中国成立后,在模仿苏联建立计划经济体制的过程中,也创建了一系列与之配套的控制系统。首先,这套系统通过城乡分治的二元户籍制度将农村与城市区分开来。在农村,计划经济顺畅运行的基础是人民公社;而在城市,这套控制系统则表现为单位制度。早期的国有企业便是众多单位中的一种。单位作为一种制度化的组织形式,在某种意义上促成了"国家-社会"一体化结构的确立。党和国家的权威依靠单位体制实现了对城市社会的全面控制。因此,城市改革的核心在于激活企业,焕发微观活力。因为整个社会的宏观经济是由无数个微观单位组成的,企业有了活力,整个社会经济也就会随之充满活力。

同样,计划经济体制的弊端也不可避免地体现于物权模式中,最突出的问题在于企业产权的不清晰。明确界定的产权是市场交易的前提,产权不清晰将在很大程度上影响着企业的有效运转。产权明确包含两层含义:一是在不同经济主体之间要有明确的产权边界,二是产权

---

① 参见林子力:《我国经济体制改革的开端》,《中国社会科学》经济编辑室编:《〈中国社会科学〉经济学论文集:1980》,浙江:浙江人民出版社,1982 年,第 223 页。

要明确到个人。物权模式下,抽象的"全民"和"集体"成为企业的所有者,但其在实践中无法具体承担所有者的角色,因而政府自然而然地行使了所有者的权利。但政府只是作为企业之外的国家政治力量出现,并不承担经济决策失误的责任。[①] 这导致企业内部实质上并没有一个真正的所有者来维护其权益。

产权不清晰还会引发两个连锁问题。第一个问题是信息不对称。计划制定与有效执行所需要的前提是迅速、精准的信息反馈,即下层能如实及时地反映现实需求和问题,上层能不遗漏地吸收信息。[②] 但在现实中,作为计划制定者的中央政府所得到的信息是不精确、不及时,有时甚至是虚假的。这是因为:(1)政府的认知能力本来就是有限的;(2)当时计算机尚未普及,技术手段的落后限制了信息反馈的效率;(3)政府需要一个庞大的、多层次的官僚机构来执行计划与反馈信息,但是层次越多,信息反馈就越慢,失真可能性越多;(4)企业经营者基于自身利益考虑还会对上报信息进行筛选与加工。基于上述原因,上级领导赖以决策的信息很多已被过滤,信息的客观性与真实性大打折扣,这进一步增加了信息不对称。例如,企业要的物资无法获得,无法根据市场经营情况调整生产与销售情况等等。

第二个问题则是企业经营效率极为低下。过长的代理人委托链条增加了经营成本。根据制度经济学的观点,维护一种制度安排和制度结构的运转所必须耗费的人力、物力和财力构成制度的运行成本。[③] 运行成本越低,制度的运行效率就越高。与之相反,庞大的官僚机构所耗费的行政管理费用是高昂的,但这还并不是主要原因。信息失真导致计划制定的失误,由此造成的损失才是需要付出的主要代价。此外,不同部门之间的权限难以划分清晰,争权夺利、互相推诿现象使体制的交易成本高上加高。现实中这种高昂的成本导致许多问题。如

---

① 参见梅慎实:《现代公司治理结构规范运作论》(修订版),第 103—104 页。
② 参见朱锦清:《国有企业改革的法律调整》,北京:清华大学出版社,2013 年,第 36—37 页。
③ 参见张曙光:《论制度均衡和制度变革》,《经济研究》1992 年第 6 期。

计划制定、物资上报，企业生产与销售等环节都要等待很长时间，企业效率大大降低。

（二）改革举措

放权让利是一种不改革国有企业基本制度的改革。它主要具有企业下放、扩权让利与承包经营责任制改革三种形式。其中，发生在1984年之前的是前两种改革形式，它们并没有改变国有企业的物权模式。

1. 序曲：企业下放

所谓企业下放，是指中央将企业的管理权下放给地方政府，这是1956—1978年期间中国国有企业改革最主要的措施。这是因为，决策者认为，相较于中央政府，地方政府对国有企业的真实情况和相关信息更加了解，所做出的相关决策也更加准确与科学。将国有企业管理权从中央下放至地方，有助于提升国有企业效率，改善政府对企业的管理水平。

企业下放一共发生过两次。第一次企业下放的思想形成于1956年9月党的八大。此次会议确定了体制下放的改革原则，即根据毛泽东在《论十大关系》中提出的"统一领导、分级管理、因地制宜、因事制宜"，把对工业企业的管理以及商业管理、财务管理的部分权力下放给地方行政机关，并适当扩大企业权力，以提高企业的主动性和积极性。1957年9月召开的党的八届三中全会上通过了中共中央经济工作五人小组组长陈云组织起草的《关于改进工业管理体制的规定（草案）》《关于改进商业管理体制的规定（草案）》和《关于划分中央与地方财政管理权限的规定（草案）》等三个文件。据此，中央管理的全部9300家企业事业单位中的8100家被下放地方，中央直属企业在全国工业总产值中的比重由1957年的39.7％下降到了13.8％。[①]

---

① 参见周太和等：《当代中国的经济体制改革》，北京：中国社会科学出版社，1984年，第70页。

行政分权破坏了计划经济体制所需要的政令统一,形成各自为政的混乱局面。决策者认为,问题的出现是由于企业下放得还不够彻底,应当进一步提高企业下放的力度。权力上收后国有企业原来存在的各种问题重新出现,向地方分权再次成为决策者选择的方案。1970 年,国家开始启动第二次企业下放。这次下放的范围更加广泛:中央政府管理的企业下放到省、市、县、区,与此相应,地方政府管理的企业也进一步下放至基层。下放之后,由中央政府直接管理的国有企业仅余142 家,不仅如此,这些企业在全国工业总产值中的比重也下降至8%。① 与 1958 年大同小异,第二次企业下放的改革结果同样加剧了经济混乱的局面,最后也以权力重新上收而结束。

总体而言,企业下放改革只是在传统计划经济框架内实行的行政管理权改革,即将企业管理权由中央政府向地方政府转移,这种调整只是改变了政府之间的权力分配,并没有改变国有企业的基本制度。就此意义而言,企业下放实乃放权让利改革之序曲。寄希望于这种分权改革来提高企业的效率与经营能力,既不符合现实也不符合逻辑。况且,计划经济体制对于信息和效率的要求必须以高度行政一体化为基础,而分权改革则不可避免地导致了集中计划体制的失灵和经济混乱。

2. 开端:扩权让利

扩大企业自主权通常被看作真正意义上国企改革的起点。国企不再被视为附属于国家的"算盘珠",而是被赋予更广泛的自主空间。这一期间的改革举措实际上包含两部分内容,即"扩权"与"让利"。

(1)扩权

早在党的八大形成企业下放思想之前,不少经济管理部门的工作人员就对南斯拉夫正在进行的"企业自治"改革模式产生了浓厚兴趣,希望对中国有所借鉴。在党的八大上,是否允许国有企业享有自主权成为一个热门话题。刘少奇代表中央委员会在向大会作报告时就提出

---

① 参见周太和等:《当代中国的经济体制改革》,第 137 页。

应当赋予企业一定程度的自治权。而这一思路之所以被企业下放所取代，主要还是因为当时政治形势的变化。1957 年，企业自治被看作"南斯拉夫修正主义"的核心内容而受到反对，扩大企业自主权的问题自然也就从中共的改革纲领中消失了。

1978 年 10 月，四川省六家国营企业率先成为"扩大企业自主权"试点。作为试点企业，它们获准在年终完成计划后提留少数利润作为企业发展基金。当年第四季度，六家试点企业均超额完成任务。同年 12 月召开的党的十一届三中全会明确提出"有领导地大胆下放"，让企业"有更多的经营管理自主权"。自此，局部试点经验迅速推广至全国。截至 1980 年底，全国 28 个省市区中已有 6000 余户企业成为扩权试点，占工业企业总数的 15%，产值的 60%，利润的 70%。[①] 为了规范渐成燎原之势的扩大企业自主权试点，国务院于 1979 年发布了著名的"扩权十条"，即《关于扩大国营工业企业经营管理自主权的若干规定》。

对于扩权改革后在一定程度上拥有自主权的企业需要新的管理方法，受彼时农村卓有成效的农业生产责任制称谓的影响，企业的管理制度被称为"工业生产经济责任制"。工业生产经济责任制的主要内容由两个方面构成：一是国家对企业实行的生产经济责任制，旨在处理国家与企业间的关系，解决企业收益分配制度中"大锅饭"的问题；二是建立企业内部的生产经济责任制，旨在处理企业与员工间的关系，解决员工收益分配制度中"大锅饭"的问题。

1981 至 1982 年间，国务院陆续批转了三份由各部委颁发的重要文件，即《关于实行工业生产经济责任制若干问题的意见》《关于实行工业生产经济责任制若干问题的暂行规定》，以及《关于当前完善工业经济责任制几个问题的报告》。根据上述文件，实行工业生产经济责任制的主要是为了解决平均主义与"大锅饭"问题，企业盈利还是亏损都一样、职工表现好坏都一样的现象将不再允许。

---

① 参见章迪诚：《中国国有企业改革编年史（1978—2005）》，北京：中国工人出版社，2006 年，第 48 页。

（2）让利

拥有"自主权"与"自主钱"的企业虽然生产积极性明显提高,但也出现了过度关注短期利益,忽略企业长期发展及对国家责任等问题。为此,国家要求建立国有企业的经济责任制,即企业利润越高,上缴国家的利润就越高。这虽然有利于企业利益与国家责任的统一,但也造成"鞭打快牛"的问题。加之在计划经济价格体系下,各行业利润率相差悬殊,由此造成的不平等竞争也使得不同行业的企业遭遇到"苦乐不均"的问题。为了缓解上述问题,国家决定改变利润留成方式,希望诉诸税收杠杆来调节企业的收益。做出此种决定的原因在于,在工业生产经济责任制背景下,国家与企业之间的利润分配是通过一对一谈判的方式来决定的,基本上是一企一策,这种方式不可避免地存在不规范的问题。[1] 而利改税政策正是为了规范国家与企业之间的利益分配关系。所谓"利改税",其实质在于将企业上缴利润改为按照法律规定交纳税金,税后利润完全归企业自行支配。[2]

总体而言,利改税的推行过程包含两个步骤。第一步是税利并存制度,其标志为1983年4月24日国务院《关于国营企业利改税试行办法》(以下简称:《办法》)的发布。《办法》区分了国营大中型企业和小型企业。国营大中型企业按照实现利润的55％缴纳所得税,税后利润部分上缴国家,部分留给企业自身。中小型企业则根据实现利润按照八级超额累进税率缴纳所得税,税后由企业自负盈亏。第一步利改税既巩固了国家的财政收入,又未过多涉及企业税后利润的分配问题,因而实施的结果令上下都比较满意,进展较为顺利。

第一步利改税推行不到一年后,第二步利改税随即展开,其主要标志为《关于在国营企业推行利改税第二步改革的报告》和《国营企业第二步利改税试行办法》的发布。与生产经济责任制下的利润留成制度相比,税收缴纳的固定性、强制性与无偿性使其至少具有以下三个方面

---

① 参见邵宁主编:《国有企业改革实录(1998—2008)》,北京:经济科学出版社,2014年,第16页。

② 参见刘隆亨:《利改税的意义和法律作用》,《中国法学》1985年第1期。

的明显优势。首先，根据利润留成制度，企业主要从利润增长中获益。但是，利润增长空间是有限的，增长越快，增长潜力越小。加之政府政策的多变性，企业往往会做出许多只顾眼前利益的短期行为。而税率是固定统一的，这就避免了企业关于政策多变的心理预期与基于此而做出的短期行为。其次，利润上升或下降的后果并非完全由企业自身承担。企业留利多了，政府就会前来"剥削"；企业留利少了，政府也会来照顾与补贴。而税收的固定性与强制性则意味着，不能因为企业留利多就超额多征，留利少就缺额少征，从而解决了上述问题。最后，企业留利比率通常是每家企业逐个核定。实践中，为了确定基数，企业与政府经常要进行长期讨价还价，花费高昂的时间与精力成本。[①] 而利改税后则对所有企业按照统一税率征税，这就避免了逐户核定的麻烦。

然而，利改税的弊端同样明显。这主要包含三个方面：其一，利和税的性质终归不同，前者乃国家以所有者身份向企业收取红利，每家企业上缴利润比率不同，后者为国家无偿向企业征收，具有统一性。在计划经济体制下，企业的盈利并非完全由市场调节，若以统一的税代替千差万别的利，便会使企业出现"苦乐不均"的情况。其二，利改税的首要目的还是要保证国家的财政收入，较高的税率使得企业负担沉重，未能充分激发其活力。究其原因，国营企业的放权让利改革仅仅是被作为"打破计划经济体制的口子"，但终究不能撼动整个的计划经济体制。因而称利改税使国营企业'由过去半死不活的经济细胞变成了充满活力的经济新细胞'未免言之过早。"[②]国营企业虽通过利改税享有了更多的自主性，但其行政附属性与计划经济色彩仍较为浓重。事实上，在两步"利改税"实施后，全国国营企业实现利润反而连续 22 个月滑坡。而对于那些没有实行"利改税"，仍在继续沿用经济责任制的地区以及企业，经济效益却保持了较好的增长势头。两者实施效果的明显反差，导致"利改税"实施不久就很快被终结。

① 参见朱锦清：《国有企业改革的法律调整》，第 7 页。
② 参见刘隆亨：《利改税的意义和法律作用》，《中国法学》1985 年第 1 期。

二、放权让利(1984—1992)与债权模式

在经济体制转变背景下,1984 年之后的放权让利改革主要表现为承包经营责任制改革形式。国有企业的产权结构也发生了相应变化。

(一)改革举措

1984 年之后的放权让利改革主要表现为两种形式,即承包经营责任制与企业机制转换。这些改革举措尽管没有突破国有企业的基本制度,但它也促成了债权模式产权结构的形成。

1. 承包经营责任制

20 世纪 80 年代中期,计划经济体制逐渐向有计划的商品经济转变。这一转变的标志性文件为 1984 年 10 月党的十二届三中全会通过的《关于经济体制改革的决定》,它指出社会主义经济是公有制基础上的有计划商品经济。所谓计划商品经济,其主要特点为"经济调控二重化",即并非仅仅按照计划行事,而是根据价值规律和市场的客观要求,把计划和市场结合起来。[1] 在此背景下,对于扩大企业自主权改革并未取得预期成功这一问题,国有企业改革领导部门的主流意见是认为扩权让利的程度不足。[2] 对此,彼时存在着两种解决方案:一种是主张将产权结构作为突破点,重点改革解决企业的组织管理形式,即试图以股份制作为新企业体制的主要形式,但由于人们对公司制十分陌生,而且现代公司制度所要求的基本经济条件和法制环境都不具备,所以这一方案并未获得广泛支持。[3] 另一种则主张集中解决"两权分离"即所有权和经营权分离的问题。而在农村家庭联产承包责任制获得成功,国有企业改革又没有找到适当途径的情况,承包制被自然地引入国有

---

① 参见刘股东:《推进国有企业公司制改革的法学思考》,《中国法学》2000 年第 1 期。
② 参见贺耀敏:《扩权让利:国有企业改革的突破口——访袁宝华同志》,《百年潮》2003 年第 8 期。
③ 参见吴敬琏:《当代中国经济改革》,上海:上海远东出版社,2004 年,第 140 页。

企业改革,变身为企业承包经营责任制。

　　企业承包经营责任制有多种表现形式。但究其根本,这些形式具有相同的本质。承包制与工业生产经济责任制下企业留利是相似的,只是采用了合同形式而已,它要求合同双方协商出一个实现利润或上缴利润的基数,企业利润超过这个基数越多,留利就越多。它的实质是一种层级制的产权安排,即由下一级所有者在交付定租或分成租的条件下,从上一级所有者取得承包期间的剩余控制权,并对扣除租金后的经营结果享有剩余索取权。[①] 以首钢模式(即"上缴利润递增包干"的承包经营责任制)为例,以1981年企业上缴利润指标为包干基数,每年递增5％,企业自主决定剩余利润,可用于技术改造、扩大再生产、职工住宅建设、奖励与日常福利等等。[②]

　　1986年11月7日,国家体改委确定在沈阳、重庆、武汉、石家庄等6个城市进行企业承包经营责任制的试点。在充分调研与总结试点经验的基础上,企业承包经营责任制于1987年在全国范围内推广开来。1987年3月,全国人大六届五次会议通过的《政府工作报告》中,官方首次明确认可了承包制改革。同年8月,国家经委、国家体改委联合发布《关于深化企业改革、完善承包经营责任制的意见》,提出以"包死基数、确保上缴、超收分成、欠收自补"作为原则,来确定国家与企业的分配关系。这一原则最终以法律法规形式确定于1998年颁布的《全民所有制工业企业承包经营责任制暂行条例》与同年实施的《全民所有制工业企业法》(以下简称:《企业法》)中。截至1987年底,我国大中型国营工业企业与大中型国营商业企业中,实行承包经营责任制的企业分别占82％与60％以上。承包制全面推行后仅仅两个月,就扭转了全国工业企业利润连续22个月下滑的局面,当年财政收入增加60多亿元。[③]

　　然而,承包经营责任制改革尚不足以将国有企业真正推向市场。随着改革的推进,其弊端也日益显露。其一,"包死基数、确保上缴、超

---

① 　参见吴敬琏:《当代中国经济改革》,第139页。
② 　参见邵宁主编:《国有企业改革实录(1998—2008)》,第20—24页。
③ 　参见邵宁主编:《国有企业改革实录(1998—2008)》,第21—22页。

收分成、歉收自补"实质上是首先确保国家财政收入，企业超收可以多留，企业欠缴必须自补。这就使得企业不可避免地要挤占其他资金确保上缴的短期化现象，进而加重企业的生产困境。其二，"包死基数"不利于营造公平的竞争环境。一方面，由于基数是以上年度利润额为准，就会形成"多得多缴，少得少缴"的鞭打快牛局面。另一方面，在市场发育不完善的情况下，政策性因素对价格影响很大，利润往往并不能真实反映企业的实际经营水平。[①] 其三，承包经营责任制改革不能掩盖产权模糊所带来的问题。因此，所谓"两权分离"仅仅是形式层面上的，实质上政企分开并没有真正实现。1990年，全国国有企业利润总额下降18.5％，企业亏损面达到31％。[②] 这也意味着，通过放权让利扩大国有企业自主权，在经济活动中引进市场机制受到了制度上的阻碍。不从根本上摆脱原来计划经济的束缚，对整体制度进行创新，国有企业改革很难取得新的进展。

2. 转换企业经营机制

企业承包经营责任制未能取得预期成功再次引起人们的深刻反思。国有企业改革搞了十余年，始终没有走出"一放就活、一活就乱、一乱就收、一收就死"的怪圈；企业活力虽然有所增强，但总体面貌却并无大的改观。每次调查，企业都反映国家规定应该给企业的权力没有到位。严峻的形势，迫使人们重新反思：国有企业改革的实践到底在哪里出了问题？[③]

彼时，主流观点认为要从根本上搞活国有企业，就必须转换企业经营机制。这一观点，不仅得到理论界大部分人的认可，也为国家最高决策部门所认可。1991年12月，国家领导人和官方文件第一次正式提出转换企业经营机制问题。[④] 1992年7月23日，国务院颁发了《全民

---

① 参见刘隆亨：《利改税的意义和法律作用》，《中国法学》1985年第1期。
② 参见国企改革历程编写组：《国企改革历程1978—2018》，北京：中国经济出版社，2019年，第11页。
③ 参见章迪诚等：《中国国有企业改革的正式制度变迁》，北京：经济管理出版社，2007年，第68页。
④ 参见章迪诚等：《中国国有企业改革的正式制度变迁》，第68页。

所有制工业企业转换经营机制条例》(已废止,以下简称:《转机条例》),
对转换企业经营机制的一些重点环节进行明确规定。

从字面上来看,转换经营机制并不难理解,它就是指要改变国有企
业的经营制度。然而,这一概念更像是个"万金油"。甚至可以说,无论
是放权让利改革,还公司制改革,其实都是在转换国有企业的经营机
制。但在当时特定的背景下,转换企业经营机制更像是扩权的另一种
说法。"转机"的目标是适应市场要求,使企业成为依法自主经营、自负
盈亏、自我发展、自我约束的商品生产和经营单位,成为独立享有民事
权利和承担民事责任的企业法人。《转机条例》规定了企业应享受的
14 条经营自主权:企业享有生产经营决策权;产品、劳务定价权;产品
销售权;物资采购权;进出口权;投资决策权;留用资金支配权;资产处
置权;联营、兼并权;劳动用工权;人事管理权;工资奖金分配权;内部机
构设置权以及拒绝摊派权。由表 1 可见,与 1978 年改革启动之前的国
有企业相比,《转机条例》后的企业在物资、资金、人员、生产、销售等五
个方面都具有了很大程度上的自主权。企业虽尚未成为完全的市场主
体,但其已绝非国家的"算盘珠"。

表1　《转机条例》中关于扩大企业自主权的内容

	改革启动前	《转机条例》
物资	计划分配	第 11 条:企业享有物资采购权
资金	申请拨款	第 14 条:企业享有留用资金支配权
人员	统一分配	第 18 条:企业享有人事管理权
生产	计划生产	第 8 条:企业享有生产经营决策权
销售	统销统购	第 10 条:企业享有产品销售权

《转机条例》的落实工作受到中央与地方的高度重视。为促进《条
例》的全面贯彻落实,中共中央、国务院发出《关于认真贯彻执行〈条例〉
的通知》(中发〔1992〕12 号)。根据中央的要求,各地区、各部门将贯彻
实施《转机条例》确定为自己的中心工作。"转机"成为放权让利改革的
最后尝试。上述事实也彰显出,在不改变计划经济体制下国有企业根

本制度的情形下,传统改革已然遇到难以逾越的瓶颈。这种瓶颈包含两个方面。一是外部环境不完善。在企业经营所必须的产品市场与要素市场均不存在的情形下,国有企业仍然面临着软预算约束的问题,即一个经济组织遇到财务上的困境时,借助外部组织的救助得以继续生存这样一种经济现象。① 这是因为,与企业经营密切相关的关键性经济参数,如物资、税收、融资、价格等都由国家决定,对此企业拥有很大的谈判空间,可以通过与政府的协商使得自己的限制因素得到改善。二是国有企业的工厂制结构并未得到改变。工厂制结构不能容纳多元投资主体,也不存在以董事会为核心的现代公司治理结构,它只能依靠"党委领导下的厂长负责制",靠党委、职工和上级党政机关监督厂长。这种治理结构一方面由于厂长和党委之间的权责不清往往陷入瘫痪不力状态,另一方面也经常由于监督不力而导致内部人腐败。②

(二) 债权模式

承包经营责任制改革的推进使得企业产权模式由"国家所有,国家经营"开始向"国家所有,企业经营"转变。③ 后者的核心为"两权分离",即国家对企业财产享有所有权,企业享有自主经营权,即企业对国家授予其经营管理的财产享有占有、使用和依法处分的权利。这样,"国营"的概念便显得不合时宜。所以 1986 年实施的《民法通则》第 41 条首次将"国营企业"更名为"全民所有制企业"。较之"国家所有,国家经营"模式下的国营企业,实现"两权分离"的全民所有制企业享有了更多的自主权,在一定程度上成为"依法自主经营、自负盈亏、独立核算的社会主义商品生产和经营单位"。正因如此,承包责任制改革实行不

---

① 参见雅诺什·科尔奈:《短缺经济学》(下册),北京:经济科学出版社,1986 年,第 273—282 页。
② 参见吴敬琏:《当代中国经济改革》,第 143 页。
③ 参见刘股东:《推进国有企业公司制改革的法学思考》,《中国法学》2000 年第 1 期。

久,企业连续 22 个月利润滑坡局面便成功得以扭转。①

　　债权模式之所以可以实现,离不开以下两个原因:第一,企业的激励机制得到改善。在物权模式下,企业仅仅是国家的"算盘珠",是执行国家生产计划的工具。而在债权模式下,企业和员工可以在一定程度上分享利润,这将大大提高企业的生产积极性。债权模式也有利于引进竞争机制,在当时创造了"能人治企"的经营管理者。第二,企业生产自主性大大提高。承包制实际上是实现两权分离的初级形式。在政府职能没有转变、市场体系不完善的情况下,承包制以合同方式来明确国家与企业的权利义务关系,在一定程度上改变了过去企业对政府的行政隶属依附关系。

　　然而,物权模式向债权模式的转变并未触动国有企业基本制度。这造成以下两个方面的不良后果:第一,政企难以真正分开。实践中,合同内容在绝大多数情况下都是政府说了算。而作为发包方的政府常常不是同一的部门,而是好几个机构的混合。每个机构都对企业有一定的支配权,包括企业主管部门、财政部门、税务机构、计划委员会等等。有时候,企业会接到来自十多个甚至二十多个不同部门的指标,这些指标又相互矛盾。同时,企业要求独立的态度也不坚决。一方面,企业希望对自己的产品有自定价格和自销的权利,另一方面,企业又不愿意放弃旧体制下的诸多好处。所以,企业经常在找市场还是找市长之间犹豫。第二,软预算约束仍然存在。尽管存在承包合同的约束,但实践中,当企业遇到麻烦无法完成约定的任务时,它也总能够要求修改合同条款,或者通过税收减免、财政补贴、推迟归还银行贷款等多种途径逃避违约责任。这是因为,作为发包方的政府不会像对待自己的钱那样认真,个人也无力支付企业稍具规模的亏损。

　　债权模式的上述局限性导致的结果是,该模式也无法改变企业产权模糊的状况。甚而,相关改革举措造成了企业产权关系在国家与内

---

① 参见章迪诚:《中国国有企业改革的制度变迁研究》,博士学位论文,复旦大学企业管理系,2008 年,第 26 页。

部人之间的混乱关系,这使得内部人控制现象愈发严重。这主要表现为企业经营者并非着眼于企业的长期发展,而是注重短期收益。承包是有期限的,如果投资使企业增值,那也属于国家财产,承包到期后就需要留给下一个承包人,不能由自己带走。因此,对承包人来说,资金分配的顺序是工资奖金第一,福利消费第二,生产投资最后。这种由制度自然形成的利益动力机制使投资动力不足,短期掠夺行为加剧。"保两头,挤中间"是承包制下短期行为的普遍表现形式。一头是确保上交国家的利润,一头是经营者个人和职工的收入,中间是企业本身。企业的留利大部分用来发奖金和改善福利,只有小部分投资生产,几乎没有科研和技术改造的投资,因为那些投资回收慢,在合同期内无法给承包人带来好处。尽管合同中存在相应的约束条款,但实践中承包人仍然会寻求各种手段来掠夺企业。

第二节　产权清晰:1993 年之后的改革

1993 年 11 月,党的十四届三中全会通过的《关于建立社会主义市场经济体制若干问题的决定》提出,国企改革必须"着力进行企业制度的创新"。在这之后,国有企业改革进入到制度创新与深化时期。相应的改革举措聚焦于企业产权制度、国资监管体制与国有经济优化布局等三个部分,分别对应国企自身、政府与国企以及市场与国企等不同维度。

一、制度创新(1993—2012)

1992 年 10 月,党的十四大召开,这次会议明确建立社会主义市场经济体制是我国经济体制改革的核心目标。经济体制的转型推动了国企产权制度的变革,配套的国资监管体制与国有经济布局也进行了相应调整。

（一）国企产权制度改革

在制度创新时期，改革已经突破国有企业的基本制度，企业产权结构也因此变得清晰。其中，核心环节就是产权改革。这也使得国有企业逐渐由债权模式迈向股权模式。

1. 产权改革

要解决国有企业的深层次矛盾，首先就要从改革产权关系入手。在计划经济体制下，企业只是执行生产计划与维护社会秩序的工具，并非真正意义上的市场主体。这当然可以帮助国有企业实现其作为保障计划经济体制在城镇顺利运行的"单位"功能，但同时也严格排斥市场机制的作用，否定社会经济个体利益的差异性。随着社会主义市场经济逐步建立，市场机制发挥着越来越重要的作用，产权模糊的问题对国有企业发展的阻碍效应越发明显。

1993 年 11 月党的十四届三中全会通过的《中共中央关于建立社会主义市场经济体制若干问题的决定》（以下简称：《决定》）正式提出国有企业改革的目标是建立"产权清晰、权责明确、政企分开、管理科学"的现代企业制度。国有企业的现代企业制度建立是经济体制改革的重要组成部分。1992 年 10 月，党的十四大正式确立了将建立社会主义市场经济体制作为改革目标的指导思想。在这之后，国有企业改革开始以现代企业制度作为目标。《决定》在全面、系统地描述社会主义市场经济体制基本框架的基础上，明确了现代企业制度的建立。"法人财产权"概念首次在《决定》中提出来，并最终确定于 1993 年首次颁布的《公司法》中。

在实践层面，相关探索早在 20 世纪 80 年代中期全国仍以经营承包责任制为主的环境下便已在一些地方开展。1984 年 7 月，天桥百货股份有限公司在北京成立。同年 11 月，上海飞乐音响公司成为改革开放以后中国第一家向社会公开发行股票的股份有限公司。1992 年 5 月，《股份制企业试点办法》《股份有限公司规范意见》与《有限责任公司规范》意见及 14 个配套文件相继颁发，为股份制探索提供了规范基础。

而首部《公司法》的颁布,则确定了股份有限公司与有限责任公司两种法人形式,为国有企业的公司制改革提供了重要法律保障。

2. 股权模式

现代企业制度作为国有企业改革目标确立之后,国有企业进入了"国家享有股权,企业享有法人财产权"的股权模式。所谓股权模式,其实就是现代公司的治理模式。但是,在现代企业制度提出伊始国有企业距离"投资者享有股东权,对公司债务只负有限责任;公司具有独立的法人地位;股东之间根据股东平等原则,通过股东大会等途径实行股东民主"[①]的理想治理模式还存在较大差距。

这种差距首先表现为对"法人财产权"概念的争议。产权一词作为基本的经济学术语具有清晰的内涵,但由其引出的"法人财产权"却并非严谨的法律概念,学界围绕"法人财产权"的法律属性问题爆发了一场旷日持久、激烈异常的学界大讨论。各种新概念、新思想迭出,大致包含所有权、经营权、他物权、实际支配权、综合性权利等等。[②] 但这一讨论存在着重要的局限性,即囿于民法思维来解读新出现的属于商法领域的现象。其实,将"法人财产权"作为多种权利之笨拙的综述并无太大意义,而若将其作为一种新的权利,其又并不具有区别于其他权利的内容与特征。对这一概念的讨论并无太高理论价值,因为其本来就是为了否认法人所有权这一现实考虑而提出的。[③] 自此之后,股权基本上是作为一种社员权来被看待,而法人财产权的争议也慢慢平息下去。相关讨论更多地集中于股权的制度设计上来。国营企业的称谓也由"全面所有制企业"转变为"国有企业"。"国有企业"为 1993 年宪法修正案所采纳。

尽管理论争议逐渐平息,但国有企业迈向股权模式的实践进程也

---

① 参见刘股东:《推进国有企业公司制改革的法学思考》,《中国法学》2000 年第 1 期。
② 参见《法学研究》编辑部编著:《新中国民法学研究综述》,北京:中国社会科学出版社,1990 年,第 339—442 页。
③ 参见葛云松:《股权、公司财产权性质问题研究》,梁慧星主编:《民商法论丛》(第 11 卷),北京:法律出版社,1999 年,第 58—63 页。

并非从一开始就很顺利。对于现代企业制度这一目标,法学界将其转译为"推动国有企业的商事化、法人化,把国有企业从目前的假法人、不合格的法人转变成真法人、合格的法人"。[①] 为此,1993 年 12 月首部《公司法》颁布,确定了股份有限公司与有限责任公司两种法人形式,为国有企业的公司制改革提供了重要的法律保障。1994 年 11 月,国务院发布《关于选择一批国有大中型企业进行现代企业制度试点的方案》。据此,100 家国有大中型企业被选为改革试点。

但是,国有企业公司制与股份制改革在一开始又因陷入形式主义困境而显得困难重重。根据 1999 年有关部门对试点企业经营状况的调查情况,上述企业的组织形式转换成公司后,经营状况并未得到大幅改善,其主要问题是,即使实现了投资主体多元化,由于国有股权偏大,国家以外的其他股东既没有能力抵制来自政府部门的干预,也没有能力对企业管理层形成有效制衡。这实际上反映出国有企业初期公司制改革的形式主义弊端。企业的组织架构模仿西方的现代公司建立起来了,股东会、董事会、经理,还有监事会,样样俱全,但实质内容还是老样子。[②]《光明日报》发出这样的追问:"许多西方国家实践证明行之有效的企业财产组织机制、人事管理机制、激励约束机制,为何一经应用到我们国有企业中就走样失灵,使我们的改革预期一次又一次落空?"[③]

对于《光明日报》的问题,较为普遍的观点是:中国国有企业改革遵循实用主义改革思维,直接目的是要解决当时迫在眉睫的实际经济问题,但正式的所有权改革被刻意回避。然而,改革陷入了循环,即上一阶段改革举措引发的问题需要新一轮改革来解决。要想突破此怪圈,就必须改革中国国有企业的所有权。[④] 股份制改革意味着私人也可以

---

① 参见刘敬东:《推进国有企业公司制改革的法学思考》,《中国法学》2000 年第 1 期。
② 参见朱锦清:《国有企业改革的法律调整》,第 159 页。
③ 参见王东京:《关于国企改革攻坚的几个问题》,《光明日报》1999 年 11 月 5 日,第 6 版。
④ 参见张文魁:《解放国企:民营化的逻辑与改革路径》,北京:中信出版社,2014 年,第 23 页。

拥有国有企业的股份,因此一直有观点认为这是将国有资产私有化,违背社会主义公有制的做法。为了应对这一问题,改革实践中采纳了"股权多元"有利于国家以较少投入控制较多资产,是在发展公有制的观点。例如,《中共中央关于国有企业改革和发展若干重大问题的决定》(以下简称:《决定》)指出:"国有资本通过股份制可以吸引和组织更多的社会资本,放大国有资本的功能,提高国有经济的控制力"。

(二)国资监管体制创新

股份制改革打破了公有制经济"一统江湖"的局面。我国又进一步发展出多种形式的非公有制经济,如鼓励引入外资,允许民营企业存在和发展等。在这一新形势下,政府也具有了双重身份:既要充当"裁判员",为各类型企业制定规则,对企业是否遵守规则的情形进行监督;又要充当"运动员",自己设立国有独资企业或是向企业投资,亲自下场参与市场竞争活动,成为其他各种所有制企业的竞争对手。两种角色之间不可避免地会发生利益冲突。以此为出发点,国资监管体制改革也经历了以下三个发展阶段。

1. 国有资产管理局

建立国有资产管理体制,是随着国有企业改革的逐渐深化而提出来的。改革开放初期,人们就意识到国营企业缺少活力,根源在于政府管得过多,统得过死,提出要实现政企分开。随着改革的深化,人们又意识到解决企业活力问题还需进一步解决政资不分,要将国有资产管理的相关职能从其他经济管理部门中相对独立出来,集中由专门机构来行使,国家国有资产管理局正是在这一背景下成立。

1988 年,全国人大七届一次会议决定设立国家国有资产管理局(以下简称:国资管理局)。国资管理局是代表国家实施国有资产管理的职能机构,行使国家赋予的国有资产所有者的代表权、国有资产监督管理权、国家投资和收益权以及对资产的处置权。根据"三定"方案,国家国有资产管理局负责管理国内和境外的国有资产,拟订国有资产的各项管理制度,制定国有资产投资的利润分配办法,监督检查国有资产的使用情况,推动国有资产管理工作等等。

国家国有资产管理局的组建,试图分离政府社会公共管理职能与国有资产所有者职能,标志着我国国有资产管理体制改革探索的开始。国家国有资产管理局设立时,起步工作主要是清理整顿公司和国有企业股份制改革,产权界定、产权登记皆源于清理整顿公司的需要,清产核资工作也是在清理整顿公司的基础上,为进一步核实资产摸底数而开展的。为此,国有资产管理局进行了大量探索,这包括四个方面:第一,在全国范围内组织开展清产核资。清产核资的范围不仅包括经营性国有资产,还包括资源性国有资产和行政事业性国有资产在内。第二,形成了比较齐全的国资基础管理体系。在产权管理、产权界定以及国有资产统计等各个方面,国有资产管理局均开展了创造性工作。第三,建立了国有股权代表制度。通过委派股东代表、参与企业重要会议等方式,建立了国家国有资产管理局与企业之间的代表制度。第四,形成了较为完整的国有资产基础管理政策法规体系。

国有资产管理局设立伊始,我国市场经济尚未完全建立,国有企业的产权改革也尚未启动。大环境的影响加之经验不足,使得国有资产管理局在实践中履行职能时出现了诸多问题。这些问题可概括为以下两个方面:第一,国有资产管理局对所有者职能的履行并不充足、到位。所有者代表职能中的一些核心职责,如选择高层管理人员、批准财务决算和收取红利、决定重大投资方针等,实际上全部分散在其他不同部门,而并不属于国资管理局。有论者认为,国有资产管理局在实践中仅仅充当着"账房先生"的角色,[1]根本算不上真正的所有权职能机构。第二,资产所有者职能与社会公共给管理职能的分离不够彻底。一方面,国资管理局所享有的国有资产监督管理权中,便包含社会经济管理职能的部分内容,如通过制定行政法规对国有资产予以规范,监督国资运营是否符合国民经济宏观发展计划与社会整体利益等。另一方面,如上文所述,其他部门也分割走了部分所有者职能。这导致多个部门

---

① 　参见丁宇飞:《企业国有资产管理体制的法律探索》,博士学位论文,2010年,第40页。

可以同时对国有企业发号施令,效率低下,令企业无所适从。

由于在管理职能的实施上困难多多,相应的职能与定位也没有足够明确,国有资产管理局的工作最终没有办法取得预期成效。终于在1998年的机构调整中被并入财政部,从而结束了长达十年的国有资产管理局时期。

2. 多龙治水

国资管理局不复存在之后,对国有资产管理体制改革的探索并未停止。然而,在国有资产管理体制方面情势却没有如此乐观,而是呈现出"不进反退"的情形。而这种倒退的具体表现正是被称为"多龙治水"的国资管理体制。

根据1998年的机构调整,对于国有企业改革与管理、国有资产管理、收入分配等职能由国务院相关部门分别行使。主要涉及以下几个部门:第一,撤销行业主管部门后组建成立的国家经贸委负责指导国有企业改革与管理。它的主要职责包括:研究拟定国有企业体制改革方案;指导国有企业的管理工作;研究拟定企业国有资产的政策法规;组织实施兼并破产工作等等。第二,财政部负责管理国有资本金。它的主要职责包括:拟定国有资本金基础管理的法律法规草案和规章制度;负责监缴所监管企业国有资本金收益;负责国有资本金的统计分析等等。第三,劳动和社会保障部负责收入分配的管理。它的主要职责包括:拟定中央企业经营者的收入分配政策以及审核中央企业工资总额及主要负责人的工资标准。第四,国家计委负责企业的发展和项目审批。第五,党的各级组织部门负责重点国有企业负责人的任免。根据党管干部的原则,重点国有企业的负责人由中央组织部门考察和任免。

"多龙治水"所造成的弊端是显而易见的。从实践效果上来说,国资所有者职能散落到不同的部门,形成"政出多门,多头管理"的局面,结果是谁都管,也就是谁都不管;谁都负责,也就是谁都不负责,真正的问责机制根本无法实施。有论者指出:"1988年建立国有资产管理局具有过渡性的特点,其作用也没有得到充分的发挥。但就其实现国家的社会经济管理职能与国有资产所有权职能的分离这个改革方向来说是正确的。但到1998年国务院机构改革时,将独立的国有资产管理局并入财政部。这固然是出于精简庞大的政府机构的需要,但也反映了对原有的国有资产管理体制弊病及其改革方向的认识不清。就其实现国家社会经济管理职能与国有资产所有权职能合一的回归来说,是国有资产管理体制改革的倒退。"①亦有论者指出:"多龙治水"看似很像计划经济时期国有资产管理机构设置,但实际上比之还不如,因为"那时国家是把国有企业的管理与对国有资产的管理捆在一起进行的,其弊端表现为管理效率低下,却并没有出现管理真空和管理失控。"②从改革方向上来说,"多龙治水"复将政府的社会经济管理职能与国有资产所有者职能混为一体,这是一个重大的退步。基于上述原因,该体制仅持续五年左右,在2002年中共十六大提出进一步推进国资管理改革之后不久便宣告结束。

3. 国有资产监督管理委员会

2002年11月,党的十六大在总结过往经验的基础上对国有资产管理体制提出新的方案,要"建立中央政府和地方政府分别代表国家履行出资人职责"的重要任务。为此,2003年3月,全国人大十届一次会议决定成立国有资产监督管理委员会(以下简称:国资委),在国家统一对国有资产享有所有权的前提下,由中央和地方政府分别代表国家履行出资人职责,享有所有者权益,建立权利义务相统一、管资产和管人、管事相结合的国有资产管理体制。2003年4月初,各地国资委相继组建。截至2004年6月,全国范围内的组建工作陆续完成。新的国有资产管理体系初步建立。

在现有法律体系下,国资委是出资人。例如,《企业国有资产监督管理暂行条例》第7条第1款明确规定:"坚持政府的社会公共管理职能与

国有资产出资人职能分开,坚持政企分开,实行所有权与经营权分离"。第6条规定:"国有资产监督管理机构根据授权,依法履行出资人职责,依法对企业国有资产进行监督管理"。这一点在2009年实施的《企业国有资产法》中被进一步强化。首先,国务院代表国家行使国有资产所有权,是国有资产所有权的代表人(第3条)。继而,国务院和地方人民政府是国有企业出资人,代表国家履行出资人职责,享有出资人权益(第4条)。然后,各级国资委是履行出资人职责的机构,根据本级人民政府的授权,代表本级人民政府对国家出资企业履行出资人职责(第11条)。

至此,"国家—国务院—地方人民政府—中央与地方各级国资委"之间的委托链条构建完毕。有论者认为,该法是围绕出资人制度而进行全面设计制度创新的一部法律,它将国资委定性为"纯粹、干净"出资人,认为其在形式上属于"法定特设出资人机构"。① 综上,国资委的设立终结了"多龙治水"时期的乱象,使得国资管理的责任主体更加明晰。

(三)国有经济优化布局

国有经济布局的形成与特定历史背景脱不开干系。计划经济体制下,国有企业的建设无须考虑地区、资源、市场等因素,而是由中央政府以不同地区与行业之间平衡为目标进行统一规划。这种规划思路不仅仅是出于经济上的考虑,而更多考虑到政治与社会方面的因素。② 随着社会主义市场经济体制的建立,原有布局无法应对新的实践需求。例如,国有企业的落后区位与组织结构等特征使得其本身便无法满足市场竞争的需求。因而,国有经济布局亟需调整。

1. 总体原则

国有经济布局的优化总体上遵循"有进有退"原则。所谓"有进有退",是指国有资本应当从一般领域中有秩序地退出,以便集中力量,加强重点,实现国有经济特有的、其他经济成分无法替代的职能,办好那

---

① 参见李曙光:《论〈企业国有资产法〉中的"五人"定位》,《政治与法律》2009年第4期。
② 参见邵宁主编:《国有企业改革实录(1998—2008)》,第463—464页。

些非国有经济办不好或办不了的企业。这意味着,国家只需要对于重要的国有企业实行控股,对于其他企业则可让私人控股。

"有进有退"原则的形成是不断摸索的结果。1993 年党的十四届三中全会通过的《关于建立社会主义市场经济体制若干问题的决定》提出,公有制占主导地位并不意味着越大越公越好,而是要体现在国有经济控制国民经济命脉及其对经济发展的主导作用上。在这一思路指导下,国务院于 1995 年 3 月启动企业"优化资本结构"试点工作。1997 年党的十五大系统性阐述了国有经济的结构调整,主张"对关系国民经济命脉的重要行业和关键领域,国有经济必须占支配地位。在其他领域,可以通过资产重组和结构调整。"1999 年党的十五届四中全会通过的《关于国有企业改革和发展若干重大问题的决定》进一步提出"有进有退"的国有经济布局原则,即"从战略上调整国有经济布局,要同产业结构的优化升级和所有制结构的调整完善结合起来,坚持有进有退,有所为有所不为"。

"有进有退"原则至少包含以下三方面内容:第一,明确国有经济"进"和"退"的领域。总体而言,"进"的领域包含军工、造币等关系国家安全的领域,大江大河治理、重点防护林工程、大型基础设施建设等社会公益性领域,油田、煤矿等特大型不可再生资源领域,以及超大规模集成电路研制等对国家长期发展具有战略意义的高新技术开发领域。[①] 第二,在"进"的领域中,国有经济的控制力度也有所不同。通常只有在关系国家安全的领域中,国有资本必须垄断,其他几个领域都允许民营资本的进入。第三,国有资本"进"的领域并非一成不变,而是会随着经济社会背景的发展而不断变化,即现在需要国有资本控股的企业以后可能不再需要控股了,现在需要国家垄断的行业可能以后不再需要垄断了。

2. 实施路径

在不断总结实践经验与凝聚共识的基础上,1995 年党的十四届五

---

① 参见薛小和:《在什么领域进　在什么领域退》,《经济日报》1999 年 8 月 16 日,第 1 版。

中全会提出国有企业改组的"抓大放小"战略,即"搞好大的,放活小的"。这也是"有进有退"原则的具体实施路径。

"搞好大的"是指依靠组建大型企业集团形式来发展国有大中型企业。这主要包含下列举措:第一,做大蛋糕促发展。自国资委成立到2003年,中央企业通过重组调整,由196户减少到118户。尽管国有企业户数减少,但国有经济总量反而不断扩大,运营质量不断提高。1998至2010年,国有企业资产总量从14.87万亿增加到68.62万亿,实现利润总额从213.7亿元提高到2.21万亿元。第二,聚焦重要行业与关键领域。国有经济分布范围得以适度收缩,向国民经济基础性及支柱产业集中的趋势不断加快,优势地位不断巩固提高。以中央企业为例,2010年中央企业约80%的资产、70%的营业收入和80%的利润集中在石油石化、电力等重点领域。第三,国有资本向大型企业集中,国有企业产业集中度低、企业散、弱、小的局面得到较大改善。我国国有或国有控股进入世界500强的企业,从1998年的3家增加到2011年的65家、国资委监管的中央企业42家。国有企业的整体素质和企业管理水平不断提高。

"放活小的",则是指对国有中小型企业进行改制。20世纪90年代初,面临着民营企业与外资企业的双重夹击,国有中小型企业在市场竞争中遭遇到严重的生存困境。为此,国家决定开展一场针对国有中小型企业的改制。这次改制的突出特点在于"中央政府并不设定统一的改革模式,只规定一些基本的原则,完全依靠地方政府来寻找最优的模式"。[①] 实践中,各地方政府立足实际,摸索出租赁、承包、引入资本、股份合作制、出售拍卖、剥离分立、破产重组以及土地置换等多种改制形式。数据显示,全国各类型国有中小企业的数量从1995年的31.8万家降至2006年的11.6万家,减少了三分之二左右。而这一战略调整的结果也十分显著。而2002至2006年间,国有中小企业国有权益

---

① 参见张军:《中国企业的转型道路》,上海:上海人民出版社,2008年,第81页。

总额则从 51354.8 亿元增长到 68223 亿元,增长幅度为 34％。[①]

二、深化改革(2013—今)

自十八大以来,党中央带领全国人民开启了改革开放和现代化建设的新征程。2013 年 11 月召开的党的十八届三中全会对全面深化改革做出系统部署,新时代深化国有企业改革的大幕由此拉开。企业产权制度、国资监管体制以及国有经济布局等三个方面的改革均有所深化。

(一) 国企产权制度改革深化

国企产权制度改革深化的重要突破口是混合所有制改革(以下简称:"混改"),即将民资、外资等公有制以外的所有制资本进一步引入国有企业。与以往的改革相似,"混改"也是通过"政策推动 + 试点推行"路径来进行的。在党和国家的政策层面,2015 年 8 月发布的《中共中央、国务院关于深化国有企业改革的指导意见》(以下简称:《指导意见》)中,"混改"被列入深化国有企业改革的顶层设计中。为落实党中央的上述部署,2015 年 9 月《国务院关于国有企业发展混合所有制经济的意见》(国发〔2015〕54 号,以下简称:《混改意见》)发布,其作为《指导意见》的重要配套文件,成为新时代国有企业混合所有制改革的纲领性文件。根据《混改意见》,"混改"应当分层分类推进,鼓励各类资本参与"混改",建立健全企业治理机制并建立依法合规的操作方法等等。党的十九届四中全会则再次强调"发展混合所有制经济,增强国有经济竞争力、创新力、控制力、影响力、抗风险能力"。为了落实上述政策,国家从 2015 年起推出了一系列改革试点与专项行动,均将国有企业"混改"作为重要内容。目前,中央企业成为"混改"的重要载体。截至 2018 年底,中央企业及各级子企业中混合所有制企业户数已经超过

---

① 参见邵宁主编:《国有企业改革实录(1998—2008)》,第 149—151 页。

34000 户,占比超过 70％。[①]

国有企业"混改"具有重要的现实意义。第一,国有企业"混改"有助于平抑公众对国资垄断经营和不公平竞争的不满和愤怒。在经历20 世纪 90 年代末改制带来的改革红利消失后,很多国有企业陷入经营困境。而公众对国有企业继续依靠垄断经营和高额补贴维持不公平竞争表示不满。在"混改"过程中,民营资本有望"分一杯羹"。第二,"混改"旨在通过引入其他性质的股份,提高国有资本的运营效率。这主要通过两个途径来实现:一是引入战略投资者,在实现融通资金的同时拓展经营领域和范围。二是引入盈利动机更强的民间资本,从而有效推动公司治理结构的完善。第三,"混改"是我国以市场作为资源配置的基础性制度初步建立的条件下,实现国有资产保值增值目的的重要手段,从而缓解目前国有企业的保值增值压力。

(二) 国资监管体制改革深化

国有企业"混改"还推动了国有资产管理体制的革新,即从"管企业"为主到"管资本"为主。具体而言,国资管理体制从原来国资委"管人管事管企业"到通过设立作为政府和市场之间界面的投资运营机构,来实现国有资产的资本化。

传统的国资监管体制可以概括为"管企业"与"管资产"。在物权模式与债权模式下,国资监管体制体现为"管企业",即政府有关部门承担着与企业日常经营管理活动密切相关的管理事项。"管企业"的弊端是显而易见的,它使得企业与政府部门之间存在着千丝万缕的联系,企业各方面受到政府干预与影响较多。[②] 在股权模式下,国资管理体制逐渐由"管企业"向"管资产"转变,即侧重国有股权管理与国有资产的增值保值。政府应当将公共管理职能与出资人职能分开,由国资委履行出资人职责,坚持管资产与管人、管事相结合。

[①] 参见国企改革历程编写组编:《国企改革历程 1978—2018》(下册),北京:中国经济出版社,2019 年,第 385 页。

[②] 参见黄群慧等:《新时期国有经济管理新体制初探》,《天津社会科学》2015 年第 1 期。

与国企"混改"相匹配的国资监管体制则是"管资本"。在引入战略投资者完成经营实体层面的"混改"后,原来国有控股的经营实体将在一定程度上转变为资本社会化下的公众公司。民营资本之所以愿意参与"混改"成为战略投资者,是由于国有企业混改向民营资本做出享有所有者权益的承诺使其一定程度上变得激励相容。因而,在完成"混改"后经营实体层面,基本公司治理构架需要国有股东与主要战略投资者之间的平等协商。与国资委相比,独立于政府部门的国有资本投资与运营公司显然更适合这一角色。

围绕"管资本"国资监管体制,我国已经形成了较为完整的政策体系。2013 年召开的党的十八届三中全会首次提出建立"管资本"的国资监管体制:"完善国有资产管理体制,以管资本为主加强国有资产监管,改革国有资本授权经营体制"。2015 年发布的《中共中央、国务院关于深化国有企业改革的指导意见》深化了对于以管资本为主推进国有资产监管机构职能转变、改革国有资本授权经营体制的具体要求。2017 年发布了《国务院国资委以管资本为主推进职能转变方案》。党的十九大提出,以管资本为主的国资监管职能转变需要提速。2018 至2019 年间先后发布了《关于推进国有资本投资、运营公司改革试点的实施意见》。2019 年 6 月,国资委印发《国务院国资委授权放权清单(2019 年版)》,指出《清单》分别针对各中央企业、综合改革试点企业、国有资本投资运营公司试点企业以及特定企业相应地明确了授权放权事项。目前,中央和各省市区均已完成国有资本投资和运营公司的设立。国有资本投资、运营公司试点企业已达 21 家。①

以"管资本"为主的国资监管体制核心要素是,在以"管企业"为主的旧国资监管体制下"国资委-国有企业"的二级架构中引入隔离层,即组建和发展若干数量的国有资本运营和国有资本投资公司。"管资本"

---

① 21 家国有资本投资、运营公司试点企业包括:诚通集团、国新公司、中粮集团、国投公司、神华集团、宝武集团、中国五矿、招商局集团、中交集团、保利集团、航空工业集团、国家电投、国机集团、中铝集团、中国远洋海运、通用技术集团、华润集团、中国建材、新兴际华集团、中广核、南光集团。

的实质便体现在由国有资本投资、运营公司,对处于第三层次的具体国有企业履行出资者职能。① 可见,国有资本投资、运营公司是"管资本"体制的关键角色。对此,需从以下六个方面加以分析:第一,关于功能定位,国有资本投资、运营公司在国家授权范围内履行出资人职责。其中,国有资本投资公司以服务国家战略和提升产业竞争力为主要目标,国有资本运营公司则主要为了强化国有资本的经营效率。第二,关于组建方式,目前允许改组和新设两种方式。第三,关于授权机制,目前存在两种模式,即国资委授予出资人职责与政府授予出资人职责。第四,关于治理结构,国有资本投资、运营公司设立党组织、董事会、经理层,要充分发挥党组织与不同公司治理机构各自的作用。第五,关于运行模式,需要建立健全国有资本投资、运营公司的组织架构、履职方式、选人用人机制、财务监管、收益管理及考核机制。第六,关于监督与约束机制,需要完善对国有资本投资、运营公司的监督体系,并实施绩效评价。

当然,从更深层次意义来看,"管资本"国资管理体制并非仅仅是一种授权经营的体现,它本质上是对其他战略投资者与分散股东作为出资者基本权利的认同与尊重,因为这本来就是投资者以出资额为限承担有限责任后应该享有的基本权利。国家需要从原来高高在上的发号施令者变成同股同权的平等协商者。

(三)国有经济优化布局深化

在新的背景和形势下,国有经济布局体现出两个新的特点。一是符合新时代供给侧结构性改革的总体性要求。国家通过一系列举措推进供给侧结构性改革,促进国有经济布局的调整与优化。这些举措主要包括以下三个方面:一是压缩管理层级、减少法人户数。2016 年 5 月,国务院召开第 134 次常务会议,对"压减"工作进行了专项部署,随着管理链条的缩减,企业运行效率得到提升,有效增强了对国有资产的

---

① 参见黄群慧等:《新时期国有经济管理新体制初探》,《天津社会科学》2015 年第 1 期。

管控力。二是化解过剩产能。为解决部分产业供过于求的矛盾,避免恶性竞争,2016 年明确了钢铁和煤炭行业化解过剩产能的目标和解决措施,目前已基本实现非煤主企业原则退出煤炭行业的目标,形成了专业煤炭企业做强做优做大的格局。三是开展"处僵治困"工作。近年来,一些国有企业经营困难,产能过剩,竞争力较差,形成大量"僵尸企业",严重制约结构调整、转型升级和创新发展。在党中央、国务院的领导下,各企业积极推进"处僵治困"专项工作,截至 2021 年底,已累计完成 1954 户"僵尸企业"处置和特困企业治理的主体任务,总体工作进展达 95.7%。

国有经济布局持续深化的另一个特点是,从集团试点向培育具有全球竞争力的世界一流企业转型。在制度创新时期,始发于横向经济联合的企业集团,成为"抓大放小"战略中"抓大"的主要抓手。随着资本纽带的建立和完善,原有企业集团概念逐渐淡化,更多地使用集团公司的概念,一批具有全球竞争力的集团公司逐渐成长。2010 年,中国成为世界第二大经济体。党的十九大在新的历史起点上对国有企业改革发展做出重大部署,提出要培育具有全球竞争力的世界一流企业。党的二十大进一步将此目标置于中国式现代化大背景下予以阐述,提出中国式的国有企业改革任务。作为贯彻落实上述报告精神的重要改革举措,国资委也确定了若干家中央企业为创建世界一流示范企业,要求示范企业坚持加强党的全面领导,以世界一流企业为目标,聚焦主业和优势业务,力争用三年左右时间取得实质性突破。

在上述两个特点的基础上,国有经济布局优化取得了显著成果,主要体现在三个方面:一是国有资本增长迅速。2021 年以来,国有资本布局结构调整取得显著成效,全国国有及国有控股企业营业总收入 75.6 万亿元,同比增长 18.5%;利润总额 4.5 万亿元,同比增长 30.1%。国有企业上缴税费在全国占比高于同期主营业务收入及利润总额占比,为支撑国民经济发展做出了重要贡献。二是国有资本进一步向重要行业和关键领域集中。改革开放之前,公有制经济在国民经济中占据绝对主导地位,国有资本几乎遍布所有行业。随着经济体制改革的深入,多种所有制经济蓬勃发展,在保持关系国家安全和国民经济命脉的重要行业和关键领域控制力的同时,国有企业积极参与市场竞争,实现了优胜劣汰。国有资本在国防军工、石油石化、电力、电信、煤炭、燃气、市政水务等领域布局力度较大,行业占比始终维持在较高水平,为保障国家安全、促进经济社会发展、满足人民生活需要提供了根本保障。同时,国有企业也积极发展战略性新兴产业,在载人航天、探月工程、高端装备制造、电信基础设施建设、新能源、节能环保等领域提供了有力支撑,成为我国参与国际经济合作的"亮丽名片"。

第二章　国有企业法律调控的现实图景

如前文所言,在经济体制转轨背景下,我国国有企业改革遵循经济学家设计的"产权进路"模式,以提升企业自主性与效率为主要目标。受此影响,现有国企法律调控模式的形成也倾向于用私法的框架、方式及规则来调控国有企业,致力于将国有企业打造成"私法主体"。① 近年来,随着国企改革的不断深化,现有调控模式的局限性也愈发明显。

第一节　现状描摹

国有企业法律调控需要解决两个关键问题:一是调控对象,即要厘清国有企业的概念与属性;二是调控方法,即如何合理调控国有企业。这两个问题分别对应着法律调控的核心理念与运行机制。

一、背景概述

现有法律调控的形成与产权主义息息相关。这种联系可以通过经济学到法学的概念迁移予以表现。

---

① 参见蒋大兴:《作为"人民的"企业形式:超越国企改革的"私法道路"?》,《政法论坛》2023年第 1 期。

(一) 产权主义

"产权"概念源自经济学,意指"一些社会制度,这些制度界定了个人对于某些特定财产所拥有的特权范围"。① 可见,经济学意义上的产权范围较为广泛,它是指一种包括很多权利的"权利束",包括组织非所有者进入的权利,挪用因使用资源或对资源进行投资获得现金流的权利以及将资源卖给或转让给其他人的权利。②

近四十年,有关国有企业的改革和评价一直坚持"产权主义"思维,即有关国有企业改革的措施总是致力于追求如何理清其"产权结构、产权主体以及产权行使规则"。③ 正如本书第一章中所讨论的那样,中国国有企业历经三种产权结构模式——物权模式、债权模式与股权模式。在物权模式下,国有企业的产权结构单一清晰,所有者与经营者均为国家,企业自身不享有任何自主权。在债权模式下,所有权与企业经营权逐渐分离,而这一过程的实质其实是,国家和企业(主要是企业内部人)分割企业的剩余控制权与剩余索取权。在股权模式下,现代企业制度逐渐建立,国有企业逐渐转型为产权清晰、拥有现代治理结构的商事公司。

产权主义的改革思维坚持效率本位。这种改革思维认为,国有企业应当坚持"效率"与"增值"的目标,以效率实现与否来评价国有企业的成功与否。在上述目标引领下,确保国有资产保值增值,一度成为国有企业的主导性工作。例如,国资委对国有企业的考核完全是营利导向模式。根据《中央企业负责人经营业绩考核暂行办法》(国资委令第22号)中的相关内容,国资委对中央企业负责人的经营业绩考核指标以利润总额、经济增加值、资本保值增值率以及主营业务收入平均增长率等为主。

---

① 参见[美]加里·D. 利贝卡普:《产权的缔约分析》,陈宇东等译,北京:中国社会科学出版社,2001年,第1页。
② 同上书,第1页。
③ 参见蒋大兴:《作为"人民的"企业形式:超越国企改革的"私法道路"?》,《政法论坛》2023年第1期。

（二）财产权主义

在法学界，"产权"通常被转译为"财产权"进行讨论。计划经济时期，企业没有自主权，因此企业财产权通常被置于国家财产所有权范畴内。企业作为国家所有权的客体而存在。国家根据"统一领导、分级管理"的原则来划分中央、地方和企业对国家财产管理的职权。随着社会主义市场经济的建立，党的十四届三中全会提出了"法人财产权"概念："企业中的国有资产所有权属于国家，企业拥有包括国家在内的出资者投资形成的全部法人财产权，成为享有民事权利、承担民事责任的法人实体。"《公司法》（1993 年）第 4 条也对这一概念进行了规定，即"公司享有由股东投资形成的全部法人财产权，依法享有民事权利，承担民事责任。"

既然"产权"被转译为"财产权"，那么"产权主义"转译为"财产权主义"也就并不奇怪。"财产权主义"的实质是对于企业财产权的关注。而根据传统的大陆法系之公法与私法二元论（关于二元论的详细论述可参见本书第四章第一节），财产权属于私权，主要由私法规范来进行调整。这是因为，私有财产是私法的基础，神圣不可侵犯。原则上，当事人在民商事活动中，自行决定彼此之间的权利义务关系，不受国家干预。只有当相应的争议无法通过协商来解决时，国家才出面进行"第二次性的干预"，即由人民法院以仲裁者身份对当事人间纠纷进行裁判。这正是意思自治原则。[①]

私法模式本质上就是一种财产权结构模式，它关涉财产权内外运动的全部过程。[②] 就私法主体的成立而言，它通常需要满足一定的财产权要件，"其本身也是财产从投资人（股东）运动到组织体（合伙企业、公司企业）的过程"。[③] 根据我国《民法典》的相关规定，企业法人属于

---

① 参见梁慧星：《民法总论》（第六版），北京：法律出版社，2021 年，第 35 页。
② 参见蒋大兴：《作为"人民的"企业形式：超越国企改革的"私法道路"？》，《政法论坛》2023 年第 1 期。
③ 参见蒋大兴：《作为"人民的"企业形式：超越国企改革的"私法道路"？》，《政法论坛》2023 年第 1 期。

营利法人,其应当适用与营利法人相关的法律规定。《民法典》在编制时对此提出两个方案:一是按照民法理论和多数国家立法例,区分社团法人与财团法人;二是沿用原《民法通则》分为企业法人与非企业法人,并将企业法人改称为营利法人,非企业法人改称为"非营利法人"。考虑到采取第一个方案,将难以处理"机关法人"和"事业单位法人"。因为"机关"和"事业单位",虽可称为"人合组织体",但没有"成员"(如股东),难以纳入"社团"概念,且我国公司法中的"一人公司",也不符合社团(人合组织体)概念。因此,采用第二种方案,分为营利法人与非营利法人。

就交易规则而言,私法不仅为企业的成立设定了主体规则,更重要的是为企业的存续设定了规则。正如有论者所言,企业的存续过程实质上是"财产的内部和外部控制、流动过程"。① 对此又可以从两个方面来理解。一方面,企业需要完善自身的公司治理结构。现实状态中的公司都是内外部治理的统一。内部治理,即关于公司内部组织机构的制度安排,在我国由股东会(股东大会)、董事会、监事会与经理构成。这些组织机构以公司股东与管理层的委托——代理关系为基础,分权制衡,共同构成公司内部治理结构。同时,还包括外部治理,即公司的投资者(股东、债权人等)通过外部市场对管理层进行控制,以确保投资者收益的非正式制度安排。另一方面,企业需要完善其资本经营规则。资本经营也称"立体经营",即对公司可以支配的资源和生产要素进行运筹、谋划和优化配置,以实现最大限度资本增值的目标。换言之,资本经营就是进入证券市场融资、再融资和通过收购、兼并、重组等手段迅速壮大公司规模,求得以较少的资本推动更大的资本,并取得其资本经营权的方式。

---

① 参见蒋大兴:《作为"人民的"企业形式:超越国企改革的"私法道路"?》,《政法论坛》2023年第1期。

二、理念塑造

现有调控模式下,理想的国有企业应当符合以下定位:第一,国有企业应当是纯粹的商事公司。第二,国有企业存在的主要动机是从事营利活动,获取高额利润。

(一)商事本位

关于国有企业的定位,现行法律规定没有明确答案,这也导致该问题在理论上存在争议。在不同的改革阶段,对国有企业定位存在不同认知。早期认知呈现出"单一性"特点,强调将国有企业作为真正的市场主体来看待,要求突出国有企业的商事公司性,将其看作以营利性为主的市场主体。代表性学说为王保树教授提出的"商事公司说",该学说主张,国有企业改建为公司根本动机是把企业塑造成真正的市场经营主体,因此应当将国有企业看作一般性商事公司。具体而言,将国有企业改建为公司的动机主要包含以下几个方面:其一,转换经营机制,促进政企职责分开,实现企业的自主经营、自负盈亏、自我发展和自我约束。其二,筹措资金,企业通过改建为公司形式来开辟新的融资渠道,筹集建设资金。其三,通过股份制的实行来界定产权,实现所有权和经营权分离,使企业摆脱政府的行政控制。其四,可以向本公司职工发行股票,调动职工积极性,增强企业凝聚力。其五,实现企业管理现代化,推动科学管理机制的建立,提高公司资产的运营效率。①

"商事公司说"的提出与彼时国有企业改革的背景息息相关。经济转轨的大时代下,诞生于计划经济并与之相匹配的庞大国营工业体系迅速向市场经济"转身",力求尽快摆脱计划经济的烙印。"国有企业"迫切地向"国有公司"转变。1984 年 7 月,我国第一家由全民所有制企业改建而来的股份有限公司——北京天桥百货股份有限公司宣告成

① 参见王保树:《国有企业走向公司的难点及其法理思考》,《法学研究》1995 年第 1 期。

立。同年 11 月 18 日,上海飞乐音响公司向社会公开发行股票,这是新中国第一张符合规范的股票。1986 年,国务院首次允许各地选择符合特定条件的大中型国有企业进行股份制试点,并开启了公司立法工作。1987 年 10 月,党的第十三次代表大会强调,股份制是社会主义财产的一种组织形式,可以继续试行。1993 年 11 月,党的十四届三中全会将国有企业改制的思路最终肯定下来:"国有企业实行公司制,是建立现代企业制度的有益探索。"

宏观战略的要求与飞速发展的实践共同对学界提出亟待解决的议题:如何推动国有企业向公司法人的转变。这正是"商事公司说"在当时背景下的重要意义。诚如王保树教授所言,中国国有企业改建为公司是在特殊的背景下发生的。一方面,当时中国正处于经济体制转轨时期,由高度集中的计划经济体制向社会主义市场经济过渡。尽管旧体制逐渐在打破,新体制逐渐在建设,但旧体制的诸多影响仍然显著,新体制也尚未完全建立。作为与社会主义市场经济相适应的产物,商事公司的产生必然与旧体制的遗留部分发生冲撞。另一方面,在很长一段时期内,中国的经济生活并没有商事公司的传统,对商事公司的本质及其运行规律缺乏足够理解,这严重影响了人们对公司的规范操作。[①] 因此,强调国有企业的商事公司特性符合彼时公司制改革的需要,对促进国有企业现代公司治理制度的建立与完善具有重要的指导意义。

(二) 营利本位

"营利"包含两层含义:一是公司可以进行经营活动获取利润,至于利润实际获得与否则在所不论;二是公司将通过营业所得的利润最终分配给成员。从大陆法系各国与地区立法对于公司的定义中,也可以得出上述结论。我国《民法典》将企业法人列入营利法人范畴。我国台湾地区"公司法"第 1 条规定:"本法所称公司,谓以营利为目的,依照本

---

① 参见王保树:《国有企业走向公司的难点及其法理思考》,《法学研究》1995 年第 1 期。

法组织、登记、成立之社团法人"。相似的立法还有《韩国商法》第 169 条、第 171 条第 1 款,《法国民法典》第 1832 条,日本《商法典》第 52 条、第 54 条第 1 款。在英美法系中,现代公司法中所使用的 company 与 corporation,被认为是仅在商事法人团体概念意义上适用,这就排除了传统意义上这两个概念所包含的非法人团体与非营利组织。

在上述共识的影响下,将商事公司作为改制目标的国有企业,也自然地将营利性作为首要任务。对此,有论者将国有企业改制称为"重建国有企业的公司本质",即由于此前中国并不存在大量的西方商业意义上的公司,国有企业改制的过程也是重建公司的过程,这使得国有企业顺理成章地承担了本来应由商事公司承担的任务——追求营利成为国有企业存在的主要目标,国资委对国有企业的考核也完全是利润导向的模式。在今天,国有企业的商业目标已经日益超越了其公共目标,追求盈利——确保国有资产保值增值,成为国有企业的主导性工作。[①] 这导致国有企业的商业目标日益凸显。某种程度上,国有企业的商业目标早已超过其公共目标,追求营利、确保国有资产保值增值,成为国有企业的主要工作。

国资委对国有企业的考核标准也与商业目标至上理念相匹配。有关国有企业改革的措施,也多以商事公司的标准衡量、评价国有企业,强调国有企业需要解决所有权主体缺位问题、需要两权分离、权责清晰、能保值增值。国资委也乐于采用 EVA(Economic Value Added)这一业绩评价指标,其主要遵循"剩余价值"思想,即将投资行为视为在创造价值的标准是,投资的收益应当超过所投入的成本。据此,以 EVA 标准对企业进行业绩评价,其实就是在要求企业不断提高经营效益,不断提高企业的市场价值,最终实现企业投资者的资产增值。根据《中央企业负责人经营业绩考核暂行办法》(国资委令第 22 号)中规定,企业的利润总额、国有资本保值增值率以及主营业务收入增长率成为考核

---

① 参见蒋大兴:《国企为何需要行政化的治理——一种被忽略的效率性解释》,《现代法学》2014 年第 5 期。

中央企业负责人经营业绩的主要指标。国资委前主任李荣融曾感叹为何国有企业搞不好要挨骂，搞好了也要挨骂。[①] 这里所谓的"搞好了"其实就是指国有企业资产总额的上涨与盈利的增加。企业攫取利润的能力俨然成为评价国有企业改革成败的关键，甚至是唯一标准，此即"营利本位"理念。国有企业能否赚钱，成为衡量国有企业是否成功的重要指标。

三、运行机制

相较于将国有企业作为私法人的理念而言，法律调控的实际运行机制更为复杂。当下，关于国有企业的法律规定数量众多，分布广泛。总体而言，这些规定可以区分为两种类型：一类与私企业特征相契合，强调意思自治、竞争自由、主体平等；另一类与公企业特征相契合，强调政府干预、产业调整与特殊规制。上述情形可以概括为"双轨制"。

（一）政府与国有企业

就政企关系而言，国企法律调控的运行机制主要体现为两条轨道。对此，可以从外部形态与内部构造两个方面来理解。

1. 外部形态

从外部形态，"政府与国企"维度下的国企法律调控机制主要包含"以公司法为中心的轨道"和"以企业国有资产法为中心的轨道"。

（1）以公司法为中心

无论民营企业还是国有企业，只要呈现为有限责任公司与股份有限公司两种组织形态，均处于以公司法为中心的私法轨道之内，可称之为"轨道一"。

公司法的颁布与发展与中国国企改革历程紧密相关。这是因为，

[①] 参见《李荣融：想不通为啥国企好不好我都要挨骂》，2009 年 12 月 11 日，https://news.ifeng.com/c/7fYVdgFfsfA，2024 年 7 月 8 日。

"法律规范的组成及其体例不是任意的,有什么样的公司社会关系,就有调整什么样社会关系的公司法规范"。[①]《公司法》(1993)的制定与颁布,正是为了满足诞生于计划经济体制下的国有企业向市场经济"转向"而改制为现代公司的需求,它很难算是严格意义上的私法规范,因为其中有不少关于国有企业的特殊规定。例如,《公司法》(1993)第4条规定:"公司中的国有资产所有权属于国家",而公司只能享有"由股东投资形成的全部法人财产权"。再如,发行公司债券的主体通常只能是股份有限公司,但根据《公司法》(1993)第159条规定,国有独资公司和两个以上的国有企业或者其他两个以上的国有投资主体投资设立的有限责任公司可以获得例外性豁免。

　　《公司法》于2005年进行了大规模修订,其指导思想之一便是适当独立于国有企业改革的立法工作。所以,在这部新公司法中公司被赋予更多的自治权利,行政权与国家意志对公司经营活动的不必要干预大幅减少。国家股东与私人股东之间的不平等规定被取消,有关国有公司的特殊规定被删除或者修改。这主要表现在以下三个方面:其一,删除了《公司法》(1993)第4条第3款中"公司中的国有资产所有权属于国家",将国家股东的权利与其他股东的权利统一界定为股权,取消了国家股东的特殊地位。其二,取消了国有企业在设立与融资方面的特权。其三,基于国有资产经营安全所制定的特殊资产处置规则被剥离,由相关的国有资产交易制度进行专门规范。[②]为此,《公司法》(2005修订)被誉为"真正意义上的现代公司法"。[③]

　　(2)以企业国有资产法为中心

　　除公司法之外,国有企业还受到另一套法律体系的调控,即以《企业国有资产法》为龙头,《企业国有资产监督管理暂行条例》(以下简称《暂行条例》)为基础,以国务院国资委制定公布的21个行政规章和

---

① 参见郑玉波:《公司法》,台北:三民书局,1980年,第2页。
② 参见胡改蓉:《〈公司法〉修订中国有公司制度的剥离与重塑》,《法学评论》2021年第4期。
③ 参见朱慈蕴:《论中国公司法本土化与国际化的融合》,《东方法学》2020年第2期。

115 个规范性文件为主要内容,包括各省市区国资委起草制定的 1800 多件地方规章和规范性文件,可称之为"轨道二"。①

《企业国有资产法》自 2009 年 5 月 1 日起正式施行。除去"总则"与"附则"外,《企业国有资产法》包含"履行出资人指责的机构""国家出资企业""国家出资企业管理者的选择与考核""关系国有资产出资人权益的重大事项""国有资本经营预算""国有资产监督"与"法律责任"等七大部分。该法的出台主要是为了防止国有资产流失、保障国有资产安全。自我国国企实行公司制改革以来,出现了大量以国企改制为名,实则侵害国有资产的情形,比如刻意压低评估值、无偿地或以远低于市场价出租出售国有资产、违法将国有资产无偿分给个人等等。据有关部门统计,我国经营性国有资产每年至少流失 800 亿到 1000 亿元。因此,通过立法来防止国有资产流失,保护企业国有资产安全就显得迫在眉睫。

除了《企业国有资产法》之外,"轨道二"的组成部分还包括《暂行条例》等法规、规章与行政规范性文件。《企业国有资产法》颁布之后,《暂行条例》并未废止,而是继续有效,对《企业国有资产法》起到支持与补充作用。总体而言,《暂行条例》确立了适应社会主义市场经济需要的国有资产管理体制的基本框架,它主要包括三个方面:一是明确中央政府与地方政府监督管理国有资产的职权与责任,有利于充分调动地方政府的积极性。二是明确要求地方国资委应当根据同级人民政府授权,依法履行出资人职责,从机构和制度上实现国有资产出资人到位。三是要求国资委与政府进行职能分离。国资委只能履行出资人职责,政府则只能履行社会公共管理职责。这些基本制度的确立,为进一步推进国有资产管理体制改革,实现国有资产管理制度创新,提供了法律依据。

2. 内部构造

从内部构造视角来看,"轨道一"与"轨道二"所遵循的价值取向与

---

① 参见《国务院国有资产监督管理委员会关于贯彻实施〈中华人民共和国企业国有资产法〉有关问题的通知》,国资发法规〔2008〕194 号,2008 年 11 月 12 日发布。

核心规则不同,分别是公司自治与政府干预。

（1）公司自治

公司法以维护公司自治为核心价值导向。从法技术角度而言,公司自治需要借由一定的规范结构予以完成。通常来讲,公司法规范可以区分为任意性规范与强制性规范。强制性规范,是指私法主体不得以其意志排除适用的法律规范,反之为任意性规范。强制性规范又可区分为两类:一是禁止性规范,即禁止私法主体为一定行为的规范;二是命令性规范,即强制私法主体为一定行为的规范。就具体语词而言,任意性规范中常见的表述是"可以""有权"等,禁止性规范则经常使用"不得""禁止"等,命令性规范则习惯于使用"必须""应当"。

公司自治规范通常表现为任意性规范,因为此类规范更加能够体现与维护公司自治、赋予公司参与人自主选择、自主决策的行为,例如《公司法》（2023 修订）第 127 条规定:"公司董事会可以决定由董事会成员兼任经理"。但是,公司自治并不等同于任意性规范,强制性规范也不等同于国家强制,如《公司法》（2023 修订）第 113 条规定:"股东会应当每年召开一次年会。有下列情形之一的,应当在两个月内召开临时股东会会议……。"此处使用了"应当"表述,在性质上隶属为强制性规范,但其并无国家强制的涵义。如果股东会没有照此规定召开,不会引起行政权的干预及行政处罚,也没有司法权的介入,而只是引发下一步的公司自治行为——如有些股东提议召开临时股东会或者自行召集股东大会（《公司法》（2023 修订）第 114 条。这便是通过强制性规范实现公司自治的情形。

（2）政府干预

以《企业国有资产法》为中心的规则体系并非以公司自治为核心,而是以防止国有资产流失、保护国有资产安全为主要目标,强化政府干预。为此,相较于轨道一而言,轨道二在"扩大强制性规范适用范围"与"创设特殊规则"两个方面做出了许多明显的突破。

第一,轨道二中的许多规则扩大了强制性规范的适用范围。例如,《公司法》（2023 修订）第 172 条规定:"国有独资公司不设股东会,由履行出资人职责的机构行使股东会职权。履行出资人职责的机构可以授权公司董事会行使股东会的部分职权,但公司章程的制定和修改,公司的合并、分立、解散、申请破产,增加或者减少注册资本,分配利润,应当由履行出资人职责的机构决定。"而《企业国有资产法》第34条则将这一强制性规范在主体与具体事项两个方面均进行了扩展适用。一方面,在主体范围上,《公司法》(2023修订)第172条仅适用于国有独资公司,《企业国有资产法》第34条则规定"重要的国有独资企业、国有独资公司、国有资本控股公司"的重要事项,均应报请政府批准。这就将主体范围扩展到了国有资本控股公司上。另一方面,在具体事项上,《企业国有资产法》第34条也增加了"法律、行政法规和本级人民政府规定应当由履行出资人职责的机构报经本级人民政府批准的重大事项"。之所以做出这种规定,是因为国有企业在国民经济发展和国家经济安全等方面具有重要作用,其做出的重大事项的决定,不仅关涉企业生存发展,甚至可能关涉某个行业的发展与整个国民经济安全。所以,各级政府依法对其重大事项决定进行干预或控制,以保障重要的国家出资企业决策行为符合国民经济发展的要求。

第二,对于公司法中未涉及的事项,轨道二中也进行了特殊的制度安排,而这些制度的主要目标并不是为实现公司自治提供保障。例如,关于董事、监事、高级管理人员的任职资格,现行规定是以消极要件模式予以规范的,《公司法》(2023修订)第180条第1款规定:"董事、监事、高级管理人员对公司负有忠实义务,应当采取措施避免自身利益与公司利益冲突,不得利用职权牟取不正当利益。"同时,《企业国有资产法》则进一步规定了国有企业中上述人员任职的积极要件。该法第23条第1款规定:"履行出资人职责的机构任命或者建议任命的董事、监事、高级管理人员,应当具备下列条件:(一)有良好的品行;(二)有符合职位要求的专业知识和工作能力;(三)有能够正常履行职责的身体条件;(四)法律、行政法规规定的其他条件"。这种积极要件式的规定模式具有很鲜明的政府机关或中国共产党组织干部人事任命的资格要求色彩,如此的规定更多见于干部选拔任免文件当中。此外,《公务员法》

第 11 条中规定公务员的任职资格条件与《企业国有资产法》第 23 条第 1 款中的规定较为相似。可见,选择国家出资企业管理人员的标准在很大程度上参照了公务员的标准。另外,在诸多涉及国企改革的法规规章与规范性文件中,也会对公司法未作明确要求的事项进行试验性的创新,例如,国资委与党委联合发布的《关于进一步推进国有企业贯彻落实"三重一大"决策制度的意见》(国资党委纪检〔2010〕177 号)明确要求,董事会在研究"三重一大"事项时,应事先与党委(党组)沟通,听取党委(党组)的意见,进入董事会的党委(党组)成员,应当贯彻党组织的意见或决定。与公司法中以公司自治为核心的价值取向相比,上述规则存在显著不同,它们成为在公司法之外单独适用于国有企业的规范体系。公司法在我国体量庞大的中央和地方国有公司运行,其中所发挥的规范和调整作用明显受限。①

(二) 市场与国有企业

国有企业参与市场经济活动时同样受到两条法律轨道的调控,这便是"市场与国有企业"维度下的"双轨制"。对此,同样需要从外部形态与内部构造两个方面进行说明。

1. 外部形态

与民营企业相比,国有企业参与市场经济与竞争活动时不仅受到竞争法体系的调控,也在很大程度上受到产业法体系的调控。前者可称之为"轨道一",后者则称之为"轨道二"。

(1) 竞争法

在市场与国有企业关系维度下,法律调控轨道一是由反不正当竞争法与反垄断法为中心的竞争法体系。它面向"市场",主张国有企业与其他市场主体在竞争中享有平等地位,旨在通过遏制垄断与限制竞争来发挥市场机制在资源配置中的基础性作用,属于"市场之手"。

---

① 参见胡改蓉:《〈公司法〉修订中国有公司制度的剥离与重塑》,《法学评论》2021 年第 4 期。

　　《反不正当竞争法》自 1993 年实施以来,分别在 2017 年与 2019 年进行过修订。该法对鼓励和保护公平竞争,保障社会主义市场经济健康发展,发挥了重要作用。该法第 2 条第 1 款规定被认为是明确了国有企业与其他市场经营者的地位,即应当处于平等地位,它是指参加市场交易活动的经营者之间法律地位平等,都享有平等的权利能力。具体包含:其一,市场交易关系当事人不存在行政上的隶属关系,各自独立。其二,市场交易关系当事人依照法律规定享有平等的民事权利。其三,市场交易关系当事人之间权利义务的设定都是双方自愿协商,意思表示一致的结果。2017 年《反不正当竞争法》的修订过程便清晰反映出将民企与国有企业同等看待的理念。该法二审稿第 7 条中的商业贿赂对象将"国家机关、国有企业和企业、事业单位、人民团体,或者国家工作人员"单列出来。① 有反对者指出国有单位与其他市场主体在竞争中处于平等地位,单独强调国有单位并不合适。② 而在正式生效的法律文本中,国有单位最终未被单独列出。

　　《反垄断法》于 2008 年 8 月 1 日起施行,并在 2022 年进行了第一次修订。这部重要法律的制定和施行,是我国社会主义市场经济体制的重要保障。竞争是市场经济最基本的特征,市场经济本质上是竞争性的经济。正因为如此,市场经济发达的国家都高度重视制定和实施以保护公平竞争、禁止垄断和不正当竞争行为为宗旨的竞争法律制度,以保护正常的市场竞争格局,规范经营者的市场竞争行为。竞争法律制度在市场经济国家的法律体系中占有十分重要的地位。就我国反垄断法而言,其既从我国实际国情出发,也借鉴了国外反垄断制度中的一些通行规则。总体而言,制定反垄断法是为了保护市场竞争机制,维持正常的竞争环境,并在优胜劣汰机制的作用下,使资源得到优化配置,以提高整体经济效率。

① 参见《全国人民代表大会法律委员会关于〈中华人民共和国反不正当竞争法(修订草案)〉修改情况的汇报》,2017 年 8 月 28 日发布。
② 参见《全国人民代表大会法律委员会关于〈中华人民共和国反不正当竞争法(修订草案)〉审议结果的报告》,2017 年 11 月 4 日发布。

（2）产业法

除了上述竞争法体系之外，国有企业还同时受到产业法体系的调控。所谓产业法，是指由国家制定、认可并依据国家强制力为保证实施的，以产业行为关系为调整对象，以确认、保护和发展人民所期望的产业社会关系和价值目标为目的的行为规范体系。狭义的产业法，包括按照《立法法》（2023 修正）的规定，由国家或地方立法机关制定和实施的宪法、法律、行政法规、地方性法规和规章。广义的产业法还包括中央和地方人大与政府出台的依法制定的发展规划与计划、有关机关依法制定的各类经济和社会发展政策等等。

与作为"市场之手"的竞争法体系相比，产业法体系则更多迈向"政府"，以促进产业发展，优化产业结构为第一要务。按照 2011 年中国政府新闻办公布的《社会主义法律体系白皮书》，产业法属于经济法中的宏观调控法。这意味着，我国产业法应当秉承保护社会整体利益的目标。产业法的制定和实施，应当遵循国家宏观调控的基本原则，如间接调控原则、计划指导原则和相互协调原则等等。① 有时候为充分体现规模效益，产业法亦不惜促进垄断之形成。以石油市场为例，商务部 2006 年 12 月发布的《成品油市场管理办法》（已废止）规定了成品油经营许可制，提高了民营石油企业的准入门槛，大部分民营企业被迫转产或倒闭，显然与竞争自由原则不符。而这正是国家运用"政府之手"干预经济的典型表现。

2. 内部构造

就实质内容而言，两种规范的构造也完全相反。竞争法以保障竞争政策的实现与推进竞争自由为核心原则。产业法则以主导产业发展与推动产业结构升级等公益性任务为根本目标，其并没有放之四海而皆准的范式，而是更多地由各国根据自身实际情况进行决策与选择。

（1）竞争政策

竞争政策并非仅仅是学理上的概念，而是已被载入现行规定。《反

---

① 参见李昌麒：《经济法学》，北京：法律出版社，2007 年，第 480—494 页。

垄断法》(2022 修正)第 4 条规定"强化竞争政策基础地位",第 12 条规定反垄断委员会"研究拟订有关竞争政策"。但现行法律规定未对竞争政策进行明确的定义。从学理上来看,竞争政策可能涉及多样复杂的调整对象或调整手段,但其核心目标是明确的:市场竞争作为价值目标,构成竞争政策的边界与核心。一方面,只有在市场竞争遭到损害时,竞争政策才被适用;另一方面,市场竞争是竞争政策的核心,发挥着保障竞争政策的防御性功能。[①]

竞争政策是市场经济体制中国家经济政策的重要组成部分。自改革开放以来,我国竞争政策经历了从产生到地位逐步提升,再到被确立为基础性地位的发展过程。《反垄断法》颁布之时,强调竞争政策应当与国情相适应。《反垄断法》(2022 修正)第 4 条第 2 款规定,竞争规则应当与社会主义市场经济相适应。原因在于,法律制度必须受到现实社会环境与经济条件的制约。在之前我国市场竞争环境不够成熟,各类主体的竞争力不强,发展也不平衡的背景下,竞争法不能只体现竞争政策,而是也需要考虑到产业政策中的相关内容,并在二者之间进行科学的平衡。

《反垄断法》(2022 修正)进一步提升了竞争政策在我国的地位,赋予其基础政策地位。该法第 4 条第 2 款规定:"国家坚持市场化、法治化原则,强化竞争政策基础地位,制定和实施与社会主义市场经济相适应的竞争规则,完善宏观调控,健全统一、开放、竞争、有序的市场体系。"不仅如此,《反垄断法》(2022 修正)还设计了保障竞争政策基础地位得以实现的制度,即公平竞争审查制度。该法第 5 条规定:"国家建立健全公平竞争审查制度。行政机关和法律、法规授权的具有管理公共事务职能的组织在制定涉及市场主体经济活动的规定时,应当进行公平竞争审查。"竞争政策基础地位的确立有利于各类经营主体实现公平竞争,从而保障经营者的合法竞争利益。

(2) 产业政策

竞争政策固然重要,但并非国家唯一的经济政策。除了竞争政

---

① 参见董笃笃:《竞争政策法制化研究》,北京:法律出版社,2017 年,第 54—55 页。

之外,产业政策也是国家经济政策不可或缺的组成部分。此外,国家在不同行业与领域还有各种具体政策。因此各国不可避免地存在竞争政策与其他政策,特别是产业政策的协调。

之所以需要产业政策,主要包含以下原因:第一,市场机制本身无法克服其缺陷,很难确保它对于产业转型升级的结果是最优的。第二,产业政策作为欠发达国家克服其存在的严重信息外部性和协调外部性,已成为其赶超发展的重要工具。在资源与能力有限的现实约束下,政府只能采取"集中优势兵力打歼灭战"的精神,通过产业政策将有限资源集中起来,帮助回报最高的产业进行技术创新与升级,从而促进整体经济更加迅速与高质量地发展。[1] 与竞争政策不同,产业政策并非旨在维护市场的竞争性。并且,产业政策的制定与实施各国实际情况密切相连,并没有完全统一的模版。进入 2000 年后,随着经济体制改革的逐步深化与宏观经济的全面运行,产业政策干预微观经济主体的趋势日益加剧,行政手段在产业政策中发挥着越来越重要的作用。

第二节　问题分析

现有法律调控难以充分关照新时代下深化国有企业改革的现实需求。对此,可以概念界定、属性认定与体系融贯等三个方面,予以讨论。

一、不清晰的概念界定

现行法律规定对国有企业的表述并不统一,即便同一种表述在不同语境下也可能具有不同含义。国有企业概念的表述与内涵尚未达成共识,这为相关规定的理解与适用造成了困难。

---

[1]　参见林毅夫等主编:《产业政策:总结、反思与展望》,北京:北京大学出版社,2018 年,第 7 页。

（一）表述不一

关于国有企业存在着多种表述。对于这些表述之间的差异，可以分别从时间维度与空间维度加以考察。

1. 基于时间维度的考察

从整个国企改革历史来看，我国立法实践中对国有企业概念的表述并非一直不变。总体来说，大致可按时间顺序分为以下四个时期。

第一，物权模式下，"国营工厂"或"国营企业"是最早的表述。这是因为，物权模式的特点便是"国家所有，国家经营"的产权结构。《宪法》（1982）第16条就采用了"国营企业"的表述。宏观的计划体制和微观的国营厂，像是骨骼和肌肉的关系，是不可分割的。国营工厂的分布、形态、管理制度和意识文化，都需要和计划经济体制相一致。改革开放以前的30年，我国通过对国营企业实行高度集中的计划管理来推进工业化进程。在此期间，尽管由于政治运动给国民经济造成重大损失，但不可否认，我国经济建设仍然取得巨大成就，作为整个国民经济支柱的国有经济在特定的历史条件下发挥了重要作用。1952至1978年间，我国独立核算的国营工业企业，固定资产原值由149.2亿元增加到3193.4亿元；资金总额由147.1亿元增加到3273亿元；利润和税金总额由37.4亿元增加到790.7亿元。与此同时，我国主要工业产品生产能力得到大幅度增长，初步形成了较为独立的、相对完整的工业体系和国民经济体系，为国民经济的进一步发展奠定了必要的物质基础。但不可否认的是，这种体制也严重抑制了企业的积极性和创造力，因而是不可长期持续的。

第二，债权模式下，"全民所有制企业"成为新的表述。这是因为，国有企业的产权结构由"国家所有，国家经营"转变为"国家所有，企业经营"，后一种结构的核心在于"两权分离"，即国家在享有财产所有权的情况下，授予企业经营权，企业对国家授予其经营管理的财产享有占有、使用和依法处分的权利。如此一来，"国营"的概念便显得不合时宜。因而《民法通则》（已废止）第41条首次将国营企业更名为"全民所有制企业"。在全民所有制企业时期，国家在保持原有体制的基础上,尽可能通过多种承包形式来适应企业的不同情况,以便充分调动企业和职工的积极性。在种种不变的前提下,承包制几乎已经做到了极致。

第三,制度创新时期,如今最常用的"国有企业"表述登上历史舞台。这一时期,国家开启了与市场及经济体制配套的现代企业制度改革。1992年10月,党的十四大正式确立我国要建立社会主义市场经济体制。1993年召开的十四届三中全会发布的《关于建设社会主义市场经济体制若干问题的决定》(以下简称:《决定》),在全面、系统地描述社会主义市场经济体制基本框架的基础上,明确了现代企业制度的建立。"法人财产权"概念首次在《决定》中提出来,并最终确定于1993年首次颁布的公司法第4条之中。由此,国有企业进入了所谓"国家享有股权,企业享有法人财产权"的产权模式,国有企业的称谓也由"全民所有制企业"转变为"国有企业"。"国有企业"为《宪法》(1993年修正)所采纳。如今,国有企业仍然是理论与实务界中最为常用的表述。

第四,深化改革时期,除了"国有企业"之外,"国有公司"也成为主要表述甚至有取代国有企业之势。但曾经很长一段时期内,国有企业不能等同于国有公司。这主要是因为,现代企业制度改革是一个渐进的过程。一方面,全民所有制企业仍然存在。另一方面,一些国有企业仅仅是在形式上建立了现代公司治理结构,但实质上仍与之前的全民所有制企业无异。而如今,可以说国有企业在事实上已等同于国有公司。随着改革的不断深化,全面所有制企业在事实层面已经逐步退出历史舞台。2017年底,68家需改制的中央国有企业集团公司已经在2017年全部实现改制目标。《国有企业改革三年行动方案》也明确提出,要全面完成国有企业公司制改革。所以,如今国有企业与国有公司的区分已意义不大,主要是一种习惯性的用法而已。

2. 基于空间维度的考察

即便不考虑时间维度,仅以现行法律规定作为考察对象,也不难发现,针对国有企业的表述仍不统一,而且即便同一种表述在不同语境下也可能具有不同含义。以下对几种主要表述作简要梳理。

第一,"国有企业"是目前最常见的一种表述。《宪法》(2018 修正)第 16 条第 1 款规定,国有企业在法律规定的范围内有权自主经营。《情报法》(2018 修正)第 24 条和《监察法》第 12 条也采用此语。但法律文本与官方释义中均未释明"国有企业"的含义。

第二,"国家出资企业"是《企业国有资产法》中的表述。该法第 5 条规定,国家出资企业包括国有独资企业、国有独资公司,以及国有资本控股公司、国有资本参股公司。实践中,国家出资企业仅包括国家直接出资的企业,还是也可以由国家出资企业出资存在争议。在河南物资集团公司等与郑州港盛祥汽车销售服务有限公司等股权转让纠纷案中,一审法院认为,河南物资集团是省政府出资的国有独资公司,其持有 51% 股份的亿泉公司也属于国家出资企业。二审法院则持反对意见,认为亿泉公司并非由国家直接出资,不属于国家出资企业。[①]

第三,有的又表述为"国有及国有控股企业"。《村民委员会组织法》第 38 条以及《最高人民法院关于实施最高人民法院〈关于人民法院委托评估、拍卖工作的若干规定〉有关问题的通知》(法〔2012〕30 号)司法解释中均采用"国有及国有控股企业"的用语。相似表述也见于《审计法》(2021 修正)第 22 条"国有资本占控股地位或者主导地位的企业"。

第四,《刑法》(2023 修正)主要采用"国有公司"表述。该法第 93 条以及"妨害对公司、企业的管理秩序罪"一章中多处使用"国有公司"。最高院在《关于在国有资本控股、参股的股份有限公司中从事管理工作的人员利用职务便利非法占有本公司财物如何定罪问题的批复》(法释〔2001〕17 号,以下简称《批复》)中将"国有公司"进行限缩解释,认为其单指国有独资公司,不包括国有资本控股、参股公司。但是,在徐某兰挪用公款案中,法院认为最高院与最高检在 2010 年做出的新司法解释顺应社会经济发展,因而将"国有公司"扩大解释为"国有出资企业"。[②]

---

① 参见河南省郑州市中级人民法院民事判决书,(2016)豫 01 民终字第 12053 号。
② 参见新疆维吾尔自治区克拉玛依市克拉玛依区人民法院刑事判决书,(2015)克刑初字第 124 号。该案中提到的新司法解释为《最高人民法院、最高人民检察院关于办理国家出资企业中职务犯罪案件具体应用法律若干问题的意见》(法发〔2010〕49 号)。

除此之外,不一致的法律规定也加剧了概念界定的困惑。例如,《企业国有资产法》第 5 条规定,国家出资企业包括国有独资企业、国有独资公司,以及国有资本控股公司、国有资本参股公司。而《公司法》(2023 修订)第 143 条则规定,"国家出资公司"包含国有独资公司与国有资本控股公司、股份有限公司。《刑法》(2023 修正)第 93 条以及"妨害对公司、企业的管理秩序罪"章节中的"国有公司"之理解也经历了由"国有独资公司"向"国家出资企业"之变迁。无怪乎有论者感叹,在中国,国有企业概念在法律规范层面被广泛使用,何谓国有企业却从来没有被认真对待过。[①]

(二) 内涵不明

鉴于现行法律规定中的表述及其内涵不清,给国有企业下一个准确的定义比较困难。究其根本,可以发现争议焦点在于国家持股比例这一要素。对此,目前存在三种意见:国有企业全部资产都归国家所有,[②] 国有资本比例必须超过 50%,[③] 以及国有企业中国家所占资本可以低于 50%,但不得影响国家对企业的控制性地位。[④]

1. 100%论

国家持股 100%的企业属于国有企业。国有独资企业(公司)是无可争议的国有企业。前文提及的最高院《批复》就曾将《刑法》第 93 条中的"国有公司"限缩解释为国有独资公司。《审计法》第 20 条与第 22 条也将"国有企业"与"国有资本占控股地位或者主导地位的企业"区分开来,前者必须接受国家审计,后者的审计办法则由国务院另行规定。通过体系解释,《审计法》中的国有企业仅包含国有独资企业(公司)。

---

① 参见蒋大兴:《超越国企改革的观念谬误》,《中国法律评论》2016 年第 2 期。
② 参见刘大洪:《试论市场经济下中国国有企业及国有企业法》,《法律科学》1997 年第 3 期。
③ 参见张荐华:《政府经济学概论》,武汉:湖北人民出版社,1997 年,第 94—99 页。
④ 参见漆多俊:《经济法基础理论》(第三版),武汉:武汉大学出版社,2000 年,第 334 页。

100％论强调国有企业的全部资产都应归国家所有。诚如有论者所言,公司的财产权属于公司法人,其财产的取得、维护、保管及使用均取决于法人意志机关,而国有企业则是由国家享有财产的所有权,国家对于国有企业享有人事任免权,国有企业的重要经济活动处于国家经常监督之下,因而为了更好地协调国有企业法与公司法之间的关系,应将国有企业与公司制改革后的国有公司区分开来。①

尽管这一观点与现行法律规定相差较远,但它所强调的核心内容值得重视,即国有企业中国家对于企业的控制权。关于这一点,另一名学者描述得更加透彻,即国有控股或参股企业中存在非国有股份,国有股东不能因其与政府的特殊关系而凌驾于其他股东之上,因而在此类企业中"国有"仅仅是名义上的。综上,认为国有企业仅包括国家全部出资的企业,终归是不能舍弃国家对于国有企业的绝对控制权。

2. 51％论

51％论是指,国家持股超过50％的企业才属于国有企业。如《村民委员会组织法》第38条、《最高人民法院关于实施最高人民法院〈关于人民法院委托评估、拍卖工作的若干规定〉有关问题的通知》、《审计法》第22条中的所规定的"国有资本占控股地位或者主导地位的企业",显然包含此类企业。

51％论意味着将国有控股企业也列入国有企业范畴。该思考模式仍然以产权为基本点,认为国家通过享有国有企业50％以上的产权而获得企业经营权。这是因为,一般情况下,政府需要拥有51％以上的股份才能达到控股的目的。只有在少数股权较为分散的情形下,政府只要拥有30％、20％,甚至10％的股份即可实现控股目的。②若将产权大致对应到法学中的所有权,所有权结构反映了股东之间对公司控制力的强弱,50％以上的控股比例基本上可在绝大部分情况下保证国家对于国有企业的控制权。

---

① 参见刘大洪:《试论市场经济下中国国有企业及国有企业法》,《法律科学》1997年第3期。

② 参见张荐华:《政府经济学概论》,第94—99页。

3. 49％论

49％论是指，国家持股等于或少于50％的企业也有可能属于国有企业。对此，需区分两种情形。一种情形是，国家持股虽不超过50％，但仍对企业有控制力，也被认定为国有企业。最为典型的例证即为"相对控股"。（原）国有资产管理局1994年发布的《股份有限公司国有股权管理暂行办法》（已废止）与1997年发布的《股份有限公司国有股东行使股权行为规范意见》（已废止）中将相对控股的下限规定30％。

另一种情形是，国家持股不超过50％，且对企业也无控制力。目前尚不见将此种企业认定为国有企业的规定，但也无法就此认为其不属于国有企业。这主要是因为2008年《企业国有资产法》中将"国有资本参股公司"纳入"国家出资企业"范畴，却又未明确"国有企业"与"国家出资企业"是否等同。但在司法实践中，最高院的批复已经将《刑法》（2023修正）第93条中的"国有公司"扩大解释为"国家出资企业"情形。由此可见，厘清国有企业概念的关键在于论证对于国家不具控制力的国有参股公司是否属于国有企业范畴。

二、不明确的法律属性

国有企业既属于公司法人，又与一般性商事公司有所不同。这使得国有企业在法律属性上具有独特之处。对此，无论是学理层面，还是政策层面，都存着较大的争议。

（一）学理之争

在学理层面，关于国有企业的法律属性认定，一直以来都存在着"单一性"与"双重性"之争。二者争论的焦点在于：究竟应当如何看待国有企业的公益性特征。

1. 单一性理论

"单一性"是指突出国有企业的商事公司性，将其看作以营利性为主的市场主体。典型代表为"商事公司说"，该说主张国有企业改建为公司根本动机是把企业塑造成真正的市场经营主体,因此应当将国有企业看作一般性商事公司。[①]

改革初期,与市场经济相适应的商事公司仍与旧有高度集中的计划经济体制残留痕迹有所冲撞。且商事公司已远离中国经济生活几十年,相关传统于中国并不存在,相关认知更是匮乏。[②] 因此,强调国有企业的商事公司特性符合彼时公司制改革的需要,对促进国有企业现代公司治理制度的建立与完善具有重要的指导意义。随着改革的深化,国有企业的公司治理结构日趋完善,营利能力与竞争力均得以大幅提升。2013 年党的十八届三中全会通过的《关于全面深化改革若干重大问题的决定》指出,国有企业总体上已经同市场经济融合。国有企业改革进入全面深化阶段。此时,单一性理论已不足以应对新的矛盾,更无法有效指导改革实践。

单一性理论无法解释国有企业双重属性之间的矛盾。以该理论所遵循的逻辑来看,既然国有企业是商事公司,是真正的市场主体,那么营利性本就是公司法人的天然追求和核心目标,所以注重国有企业的商事效率似乎也无可厚非。因此,国有企业公共性法律保障的缺失导致一系列严重的问题。比如,改制过程中的国有资产大量流失。《公司法》(1993)为国有企业公司制改革提供了有限责任公司与股份有限公司两种组织形式的选择。然而,直到 2008 年《企业国有资产法》颁布之前,都没有一部法律对国有企业股份制改革中国有资产流失的问题进行规范。前些年大规模、深层次、关系数万亿国有产权变动和流转、牵涉上亿职工命运的改制,却是由不少彼此矛盾与冲突的行政规定指导的。[③] 再如,国资委的法律定位模糊不清。按照公司法的设计,国资委本应像民营企业的私人股东一样行使职权,但实践中国资委又不可能"放手"到如此地步。于是,国资委一直在"老板"和"婆婆"的双重角色之

---

① 参见王保树:《国有企业走向公司的难点及其法理思考》,《法学研究》1995 年第 1 期。
② 参见王保树:《国有企业走向公司的难点及其法理思考》,《法学研究》1995 年第 1 期。
③ 参见郑万青:《国企改制的法律缺位及其原因探究——对郎咸平现象的法理学思考》,《法学家》2005 年第 1 期。

间游离。一方面以纯粹出资人自居,另一方面又通过大量红头文件的方式对国有企业进行行政化管理。上述种种问题已非简单地将国有企业打造成一个"纯商事公司"便可以解决的,法学理论需要进一步的突破。

不仅如此,国有企业公益性遭遇被营利性吞噬的危机。在新时代背景下,依旧坚持"营利本位"的思想,可能会误导国有企业改革的观念与举措。就观念而言,有人主张国有企业的效率远低于民企,推行私有化是国有企业改革的唯一出路。① 但是,《宪法》(2018 修正)第 7 条明确规定,国有经济是国民经济中的主导力量。所以,国有企业私有化论调有违宪之虞。就举措而言,改革中存在着国有资本盲目涌入暴利行业的现象。党的十五届四中全会早已确定了国有企业经济布局的基本战略,即"要同产业结构的优化升级和所有制结构的调整完善结合起来,坚持有进有退,有所为有所不为"。然而,在"营利本位"理念驱使下,部分国有企业以逐利为己任,偏离了我国的政策精神。例如,2017年改制后的全国 18 家铁路局在完成集团有限公司更名后,立即变更经营范围,新增房地产开发业务。② 显然,这些国有企业追求的主要是盈利性目标而非公共利益。

2. 双重性理论

单一性理论的困境促使学界对国有企业除商事公司之外的另一重特性开始进行挖掘,即所谓"双重性"。2015 年 8 月《中共中央、国务院关于深化国有企业改革的指导意见》中开宗明义地指出,国有企业是推进国家现代化、保障人民共同利益的重要力量,是我们党和国家事业发展的重要物质基础和政治基础。这一政治话语背后隐含着若干法律上的难题需要回应。如何保障国有企业的战略意义与特殊地位得到真正实现? 这是否意味着又需要政府对国有企业进行干预? 国有企业与民营企业究竟是否具有同样的法律属性与功能? 关于国有企业的"双重性",目前也存在争议,主要观点包括以下三种。

---

① 参见张文魁:《解放国企:民营化的逻辑与改革路径》,第 132 页。

② 参见《18 家铁路局公司进军房地产 3 亿平米待开发》,2017 年 12 月 20 日,https://www.sohu.com/a/211557571_115479,2024 年 7 月 8 日。

第一,"特殊公司法人说"提出国有企业是一种兼具公司与行政色彩的特殊公司法人。该说毋宁是国有企业的现实状况在法律上的表达,对其特殊性的来源与表现之理论关照稍显不足。若将特殊性归咎于国有企业的"准政治人"身份,那么"准政治人"与公司的意思自治原则是否相互违背。同时,该说认为特殊性主要表现为国有企业的公益性。那么,公益性与资本的天然逐利性又是如何相互融合的? 简言之,该说并未能充分说明国有企业特殊性的来源及其与公司性之间的关系。

第二,"特殊法人说"更加具有突破性,它试图在公法人与私法人之间创设出一种"特殊法人"。然而,该说的困境在于与现行法律制度的冲撞。一方面,《民法典》第 96 条规定,"特别法人"是指机关法人、农村集体经济组织法人、城镇农村的合作经济组织法人、基层群众性自治组织法人。这与该说中的"特殊法人"含义大相径庭,不足以作为法律依据。另一方面改制后的国有企业依《民法典》第 76 条之规定,应当属于营利法人,即私法人范畴。可见,在公私法人二元分立格局尚未形成的我国,构建一套突破公私法人区分的"特殊法人",只能加强理论及现实间的龃龉与摩擦。

第三,"公共企业"说强调国有企业的公益性本质。该说认为,当下改革举促使国有企业向营利性强的商人主体转变,这极易导致国有企业"在现实政策中完全沦为私法意义上的商事工具"。[1] 国有企业的真正问题"不在于是否能盈利",而在于"作为人民的企业能否满足普通民众福利提升"以及"利润有多少贡献给公众福利"。[2] 国家或政府是公共利益的天然代表,私人不愿追求或无法实现的公益任务应由政府或国有资本来承担。[3] "公共企业说"与"特殊公司法人说"相似,本质上

---

① 参见蒋大兴:《国企为何需要行政化的治理——一种被忽略的效率性解释》,《现代法学》2014 年第 5 期。

② 参见蒋大兴:《废除国资委? ——一种理想主义者的"空想"》,《清华法学》2016 年第 6 期。

③ 参见史际春:《国企公益性之辨》,《中国社会科学报》2014 年 4 月 9 日,第 A07 版。

是将国有企业视为一种"特殊的公司形态"。这种新型公司应当被置于一部《公共企业法》中，从含义、目标、设立到公司治理、财务制度、信息纰漏、解散以及法律责任全部单独规范。从这一意义上来讲，"公共企业说"其实为"特殊公司法人说"提供了一种更加具体的方案。但二者亦面临同样的困境，即国有企业作为公共企业，其公共性的正当性基础究竟何在。

但是，即便是双重性理论也始终未能回答公益性的来源这一基础性问题。特殊公司法人说无法应对进一步的追问，即国有企业的"准政治人"身份又是从何而来。而特殊法人说尝试在公法人私法人二元分立格局尚未形成的我国，构建一套突破公法人私法人区分的"特殊法人"，不仅不具有可操作性，还与现行法律制度相悖。因为依照《民法典》第 76 条，作为公司法人的国有企业应当属于营利法人即私法人范畴。公共企业说的进步之处在于，公益性终于不再作为国有企业的特殊性而存在，而是优于营利性，成为国有企业的本质特征，但它仍然未能回答"国有企业公益性从何而来"这一基础性问题。

（二）政策之困

国有企业的分类不仅是学理上的问题，在政策实践层面也需要进一步讨论。党的十八届三中全会明确提出，国有企业深化改革的方向与核心任务是"准确界定不同国有企业功能"。这一政策上的诉求并非"想当然"，而是基于深厚的历史背景与实践基础。在改革已迈入"深水区"的今天，改革既没有现成的参照模式，也几乎已经摸不着石头，人们必须前瞻性地实施国有企业改革框架的顶层设计，这就需要细化国有企业在经济社会发展中的功能定位，以便于对不同类型的国有企业明确其改革方向、改革程度和改革手段，避免凭着感觉走。然而，国有企业分类政策仍面临不少困难。

1. 标准不统一

国有企业的功能性分类在中央与地方层面有所不同。在中央层面，现行政策区分了公益性国有企业与商业性国有企业。根据国资委、财政部与发改委联合发布的《关于国有企业功能界定与分类的指导意见》(国资发研究〔2015〕170 号)与国资委、财政部联合发布的《关于完善中央企业功能分类考核的实施方案》(国资发综合〔2016〕252 号),公益性与商业性国有企业具有不同的功能与考核方式。前者为弥补市场缺陷而存在,肩负基础服务、经济调节和社会政治职能三大功能,一般来说仅存在于"战略性垄断行业和提供重要公共产品和服务的行业"。① 后者则主要在市场竞争性领域进行投资经营,且以经济效益为指导。"所以,有论者认为,公益类国有企业本质上是"政府职能的延伸,对于商业类国有企业",政府应保持"一臂之距",不干预企业的日常运营。②

地方层面来看,各地具体政策内容并不完全统一。但与中央政策相比,地方政策制定者在公益性与商业性的二分法之外,还引入了竞争维度。比如,上海市采取"三分法",将国有企业分为竞争性、功能性与公共服务性等三类,主张推进竞争性企业主营业务资产、功能性和公共服务性企业的竞争性业务资产上市,提高证券化水平。其中,竞争性国企以市场为导向,以企业经济效益最大化为主要目标,兼顾社会效益。功能性国企,以完成战略任务或重大专项任务为主要目标,兼顾经济效益。公共服务性国企,以确保城市正常运行和稳定、实现社会效益为主要目标。③ 与上海不同,广东省采取"二分法",将国有企业区分为准公共性与竞争性两类:"根据国有资本的战略定位和发展目标,结合国有企业实际,将我省国有企业分为竞争性和准公共性"。准公共性国企旨在强化公共服务功能。竞争性国企则需按照市场化要求运作,以增强国有经济活力、放大国有资本功能、实现国有资产保值增值为主要目标。④

---

① 参见顾功耘、胡改蓉:《国企改革的政府定位及制度重构》,《现代法学》2014 年第 3 期。
② 参见顾功耘、胡改蓉:《国企改革的政府定位及制度重构》,《现代法学》2014 年第 3 期。
③ 参见《中共上海市委、上海市人民政府关于进一步深化上海国资改革促进企业发展的意见》,2013 年 12 月 17 日发布。
④ 参见《中共广东省委、广东省人民政府关于深化国有企业改革的实施意见》,2016 年 7 月 21 日发布。

2. 结果不科学

制度的设计必须回归实践问题的解决,否则再精妙的制度也只是空中楼阁。上述分类虽各有侧重,自成体系,然横向观之,仍存在共性,即均以国有企业的功能作为分类标准,这导致以下两个问题:

第一,分类标准具有割裂性。以特定功能为视角的功能分类,往往将两种功能置于水火不容的对立地位,却忽略了其并存的可能性。如有观点认为公益性国有企业不以营利为目的,或是即使承认公益性国有企业存在营利空间,也属于"微利"。^① 但实践中,像中国电力总公司、中石油等承担着电力、石油等能源供应安全任务的公益性企业,营利能力也非可小觑。这是因为,公益和营利从来不是一定对立的,公益的目标也可以通过营利的方式来实现。再如地方分类政策中将公益性与竞争性国有企业对立起来,但是诸如中国国际航空公司、中国南方航空公司等承担交通公共任务的国有企业,不仅需要与航空业的其他公司竞争,甚至不可避免地要与铁路、公路等行业中的企业来竞争。因此,将国有企业功能进行简单机械的对立,割裂它们的联系,既不符合实践,也不利于全面、深入地解读国有企业的本质及其正确功能。

第二,分类标准具有片面性。将功能类型化视角下的各观点进行横向比较,便不难发现,其中提到的概念在内容上多有重叠。如"不完全竞争性国有企业"是指"承担弥补市场失灵功能"的国有企业,这与公益性国有企业的定义似乎颇为相像。究其原因,营利性国有企业通常存在于竞争领域,而公益性国有企业中则存在着垄断的可能性,这实质上是"一体两面"之表现。现有观点仅以"一面"为出发点进行分类,硬将原本"一体"的特征分别开来,则不免顾此失彼,流于片面。

三、不融贯的法律体系

现行调控模式下,国有企业所涉不同规范中的价值导向与利益取

---

① 参见顾功耘,胡改蓉:《国企改革的政府定位及制度重构》,《现代法学》2014 年第 3 期。

向时常出现相互矛盾之处,从而呈现出两套互相矛盾的法律体系并行
的局面,引发诸多问题。

(一) 为何需要融贯?

1. 融贯的内涵

现有的"双轨制"体系面临融贯性难题。所谓融贯性,最早源自哲
学上的融贯论真理观,即如何判断某一命题是"真命题"还是"假命题"。
人们最早接受的是符合论。正如亚里士多德所言:"凡以不是为是、是
为不是者就是假的,凡以实为实、以假为假者,就是真的。"[①]据此,真理
是命题与相关事实之间一一对应的符合关系。但是,符合论只适用于
"可感觉事物的真实观念",对于历史命题、逻辑或数学命题,该理论的
解释力较为有限。为此,融贯论取代了符合论。融贯论认为,当人们判
断某命题是否为真时,合理的标准应当是,这一命题与其所在系统中的
其他命题是否融贯一致,如果答案是肯定的,那么该命题为真。至于此
命题与事实是否能够对应,则并不是关键性标准。这一主张的核心观
点在于,所谓"真",其实在于命题与命题之间融贯关系。从而把真理界
定在规范世界,避免了符合论会滑向不可知论的困境。

具体到法学领域,融贯论是用来解释法规范目的的方法。传统上,
当法规范解释不明确时,人们习惯于以立法者意志作为法规范的真正
目的。这一方法实际就是哲学真理观意义上的符合论。但是,立法者
的真正意旨事实上是很难获得的。这就导致,以融贯论来解释法规范
的目的更为适当。尽管关于融贯的标准不尽相同,但总体而言,存在一
个大体的共识,即只有满足以下两个条件的情况下才能判定某一组命
题具有融贯性:第一,符合一致性的要求,每个命题之间都不会彼此矛
盾;第二,各个命题之间具有相互支持关系。这也正是法律体系融贯性
的含义:从消极方面来看,体系应当前后逻辑统一,不存在矛盾;从积极

---

① [古希腊]亚里士多德:《形而上学》,吴寿彭译,北京:商务印书馆,1959年,第79页。

方面来看,体系的内部要素能够互相支持与证成。①

2. 融贯的意义

之所以要实现法律体系的融贯性,首先是因为法规范的实效标准。一直以来,法学教育都是以现行有效的法律规范为主,致力于讨论这些法律规范在实践个案中如何进行操作。为此,我们不仅需要了解法规范的字面内容,更要澄清法规范的实质意义,才能进一步判断如何将其适用于个案中的纠纷解决,这就是法规范的实效性。融贯论正是为了实现这一目的所采取的方法。

融贯论是在两种意义上使用的。我们现在所讨论的是法律体系的融贯,需要将其与法律推理或法律论证的融贯区分开来。② 法律论证需要融贯性,是为了寻求法律知识的正确性。人类知识包含两种,即纯粹科学和实践智能。③ 纯粹科学的典型代表是自然科学,它是指关于客观世界中自然事物的知识。因此,以符合论来判断自然科学命题真假比较合适,因为此类命题本就多是对客观事物状态或关系的描述。与此相反,包括法学在内的社会科学中的知识主要是实践智能,它是指不能通过单纯学习和传授获得还是智能通过长期经验积累的智能。④ 所以,法学命题具有论题取向,因为并非对客观事物之描述,而是一组大致趋同的意见或观点的集合。要证明观点的正确性就说明"一个人面临一个规范表达或价值陈述能够问为什么,并且寻求支持这个陈述或表达的理由"。⑤ 当我们举出理由证明某一法律决定的正确

---

① 参见方新军:《融贯民法典外在体系和内在体系的编纂技术》,《法制与社会发展》2019 年第 2 期。

② 参见 Leonor Moral Soriano, "A Modest Notion of Coherence in Legal Reasoning: A Model for the European Court of Justice", *Ratio Juris*, vol. 16, no. 3(September 2003), p. 297.

③ 参见[古希腊]亚里士多德:《尼各马可伦理学》,廖申白译注,北京:商务印书馆,2003 年,第 169—177 页。

④ 参见洪汉鼎:《诠释学与修辞学》,《山东大学学报》(哲学社会科学版)2003 年第 4 期。

⑤ See Aleksander Peczenik, "The Passion for Reason," in Luc J. Wintgens, eds., *The Law in philosophical Perspectives: My Philosophy of Law*, Dordrecht: Springer Science & Business Media Press, 1999, p. 177.

性时，就进入了法律论证的范围。

与法律论证意义上的融贯不同，法律体系需要融贯性则是基于法律内在道德的需要。各个法规范之间不存在矛盾，对于整个法律体系而言十分重要。这是因为它有助于实现法的安定性。一个融贯和连贯的体系可以促使相同情况下的个案能够得到同等对待，从而使得人们能在这个法律体系下，能够清晰地预见到自己行为的后果，且这一后果具有确定性。如此一来，法的安定性这种形式正义的要求就能更好地在一个融贯体系导向的规制，而非无序与分散的规制中得以实现。①

融贯性并非法律体系存在的前提，但一个融贯的体系更有利于法安定性的实现，即使得个人能够清晰预见到其行动的确定性后果，因而法律体系越融贯，就可以认为它越好。②

（二）为何难以融贯？

1. 不融贯的表现

现有法律调控体系并没有实现融贯性的目标。与国企相关的众多法律规定，并非总是协调一致的。与此相反，这些规定还经常出现相互矛盾与冲突的情形。有论者指出，自 1993 年颁布《公司法》以来，国有企业的法律制度设计总体上向两个方向努力：一是朝着现代公司法制方向努力，包含产权多元化与现代公司治理结构完善等；另一则是强调国有企业治理制度与运行机制的特殊性。③ 实践中，这两种制度的配合并非完美，而是存在诸多不协调之处

其一，在"政府-国有企业"维度下，公司自治与国家干预经常发生冲突。如公司法旨在保障公司自治，强调政府不得干预企业自主经营。但《企业国有资产法》第 53 条与第 34 条却分别规定了国有股权转让与

---

① Vgl. C.-W. Canaris, *Systemdenken und Systembegriff in der Jurisprudenz*, 2. Aufl., Berlin 1982, S. 18.

② 参见雷磊：《融贯性与法律体系的建构——兼论当代中国法律体系的融贯化》，《法学家》2012 年第 2 期。

③ 参见李建伟：《国有企业特殊法制在现代公司法制中的生成与安放》，《中南大学学报（社会科学版）》2017 年第 3 期。

国有企业重大事项的审批制。中央与地方也发布了大量与国有企业相关的行政法规、部门规章或规范性文件,在公司法之外生成一套适用于国有企业,却与公司自治原则存在明显差异的规则体系。①

其二,在"市场-国有企业"维度下,竞争自由与产业规制经常发生冲突。竞争法强调国有企业与其他市场主体在竞争中享有平等地位。产业法则以促进产业发展,优化产业结构为第一要务。为充分体现规模效益,产业法有时不惜促进垄断之形成。以石油市场为例,商务部发布的《成品油市场管理办法》(已废止)规定了成品油经营许可制,提高了民营石油企业的准入门槛,不少民营企业不得不退出石油市场。② 这显然与竞争自由原则相悖。

2. 不融贯的原因

法律体系的不融贯主要是因为,不同规范之间产生了价值与功能上的冲突。面对这种冲突,传统思路并非予以调和,而是呈现出非此即彼的特征,即要么偏重私法,要么偏重公法。这使得现有法律体系的不融贯性愈发突出。

(1) 私法论

"私法论"认为深化国有企业改革的实质就是在公司法的轨道上建立健全现代公司制度,应把所有国有企业纳入公司法的私法调整轨道。③ 该观点实际上是彻底否认了公法手段在国有企业法律调控中的作用,将公法手段视作行政干预权的回归,本质上"沿用计划经济下的管理思维",并认为应当废除国资委,因为国资委对企业的干预大大超出了其出资人职责,是非常全面、系统和任性的。④

"私法论"无视现行公法规定与相关政策背后的出台背景与现实功

---

① 参见胡改蓉:《〈公司法〉修订中国有公司制度的剥离与重塑》,《法学评论》2021 年第 4 期。
② 参见王先林:《从成品油定价机制看反垄断法在垄断行业的实施》,张守文主编:《经济法研究》(第 12 卷),北京:北京大学出版社,2013 年,第 57 页。
③ 参见刘俊海:《深化国企公司制改革的法学思考》,《中共中央党校学报》2013 年第 6 期。
④ 参见邓峰:《国资委的历史使命》,2016 年 12 月 19 日,https://www.aisixiang.com/data/94040.html,2024 年 7 月 8 日。

能，一味排斥公法手段，过度尊奉私法手段。这既不符合改革实践，也不符合现有法律规定及相关政策。例如，关于国有股权转让审批的规定，其目的是保障国有资产权益，防止国有资产流失。在改革过程中，国有经济实力日益发展壮大，但也出现了一些侵占、损害国有资产的现象。因此，健全相关制度，堵塞国有资产流失的漏洞，保障国有资产权益与国有经济安全十分重要。再如，国资委制定风险管控规范，并在国有企业推行全面风险管理，不仅提升了国有企业的风险意识与合规管理水平，增强了管理者的责任意识，还逐渐影响到其他企业，减少了国有企业的危机风险。①

（2）公法论

"公法论"则偏重公法，它从国有企业的法律属性出发，认为国有企业与一般性商事公司不同，应当属于公共企业。据此，国有企业的法律治理中也会具有明显的行政权力因素，这是世界的普遍现象。只不过行政治理手段的目的有所不同。在西方国家，行政治理主要是以保障国有企业公益性目标实现为动力，而中国的行政治理手段主要目标是提高国有企业的经营效率，即有利于国家获得经济资源，从而实现其营利性目标。②

"公法论"也具有两个明显的问题。第一，它将公法手段称为"行政化治理"，这很容易令人联想到计划经济体制下的过度行政干预。计划经济时期，企业完全被当作政府的附属物，没有任何生产经营自主权，只需要完成上级下达的产品生产计划。这种行政干预使得企业丧失了内在的主动性和积极性，也成为国有企业改革启动的动力。那么，所谓"行政化治理"与计划经济体制下的政府干预究竟存在哪些不同？在不能有效回答这一问题的情况下，"行政化治理"的表述很有可能给人留下开历史倒车的印象。第二，它缺乏对国有企业公益性进一步的理论阐释。"公法论"的起点是国有企业属于公共企业。但是，该理论未能对公共性的内容进行充分阐释。例如，国有企业的公共性是否具有正

---

① 参见蒋大兴：《废除国资委？——一种理想主义者的空想》，《清华法学》2016 年第 6 期。

② 参见蒋大兴：《国企为何需要行政化的治理——一种被忽略的效率性解释》，《现代法学》2014 年第 5 期。

当性来源？公共性的内涵如何？公共性与营利性的关系又是怎样的？对于这些问题的回应不足，也导致"公法论"的解释力不足。

　　归根结底，现有方案共同的问题在于：它们均各自偏重公法私法体系之一端，却未能有效协调两个子体系之间的矛盾，而这正是"双轨制"不融贯的根本。目前，国有企业改革已如火如荼地推进四十年，但是中国法学界并未发出足够的声音。与实践成就相比，国有企业法律理论研究明显不足。在长期处于经济学主导思维下的"产权进路"国有企业改革中，"法观念"是缺失与缺位的。它导致的严重问题在于国有企业的法律调控以及法律关系一直处于混沌之中。公司制改革后的国有企业原则上受公司法调控的同时，《企业国有资产法》中又增加了不少审批性条款，二者间的关系应如何解读？政企分开的内涵与实现路径为何？国有企业垄断与竞争机制的引入现行如何从法释义学上进行理解与回应？上述问题的模糊不清，造成法释义学上国有企业部分的空缺，并大幅削弱法学在国有企业改革中的存在感与指导作用。

第三章　国有企业法律调控的理念转型

传统法律调控模式已无法充分关照到深化国企改革的现实需求。新时代背景下,过分强调国有企业的私法属性,容易导致国有企业的公益性被营利至上的论调扭曲与异化,反而无助于改革目标的实现。面对改革任务的变化,国有企业法律调控理念也亟需转型。为此,下文提出一个新的分析框架——行政组织私法化。

第一节　新的框架:行政组织私法化

自公司制改革以来,国有企业便一直被置于公司法人范畴进行讨论,国有企业的公司性无疑是第一位的。然而,若将时间节点向前拉伸,会发现国有企业诞生之初是作为行政组织而存在的。所以,不同于传统的私法性视角,对国有企业的观察也可以从公法性视角出发,将其置于"行政组织私法化"框架下予以分析。

一、理论框架

行政组织私法化是一种过程,而私法化的行政组织则是这一过程的结果。对于这两个要素的讨论,构成新框架的主要内容。

(一) 行政组织私法化

"行政组织私法化"也可称为"行政组织民营化",主要是对 Privatisierung 一词的不同翻译。因此,它的出现与新公共管理运动以及民营化的蓬勃发展息息相关。

1. 新公共管理运动与民营化

20 世纪 70 年代末 80 年代初,西方国家开启了一场政府"企业化"改革。以这场改革为起点,各国掀起了一场声势浩大且旷日持久的政府改革运动。尽管各国改革的性质、规模和途径不同,但都有一个已发展起来的共同议程,即所谓"新公共管理"。[1] 澳大利亚学者欧文·休斯(Owen E. Hughes)在《公共行政与管理》一书中指出:"新公共管理运动并不是一种改革事务或管理方式的微小变化,而是政府作用以及政府与公民社会关系的一种深刻变化。"[2]

"新公共管理"并不局限于改革实践层面,它还意味着一种新理论范式的出现。传统公共行政理论可概括为以下四点:第一,政府组织及其结构应根据官僚体制,即韦伯所提出的科层制原则建立;第二,只能由政府机构来提供公共物品和服务;第三,主张制定政策和战略的政治事务与作为执行命令工具的行政事务分开,以保证责任制的落实;第四,行政被当作一种特殊的管理形式,因而需要职业化的官僚。上述观点与西方工业社会时期的政府管理是相契合的,然而随着西方各国由工业社会向后工业社会乃至信息社会转变,这种理论就显得越来越不合时宜。首先,官僚体制逐渐被证明是一种过时的、僵化的和无效率的政府体制模式。其次,政府部门作为公共物品及服务的唯一提供者的垄断地位已经动摇,市场机制在公共部门中发挥着越来越重要的作用。最后,公共人事管理的体制及模式也发生重大变化,公务员的永业观念被打破,合同雇用方式开始出现,绩效工资制成为主要的报酬方式。[3]

---

① 参见陈振明:《评西方的"新公共管理"范式》,《中国社会科学》2000 年第 6 期。

② See Owen E. Hughes, *Public Management and Administration: An Introduction*, New York: St. Martin's Press, 1998, p.1.

③ 参见陈振明:《评西方的"新公共管理"范式》,《中国社会科学》2000 年第 6 期。

基于上述种种,学界认为,在公共管理领域,传统上刻板僵化的层级官僚体制应当逐步转化为一种灵活的、以市场为基础的新公共管理形式,它要求政府掌舵而不是划桨、授权而不是服务、把竞争机制注入到提供服务中、具有使命感、按效果而不是投入拨款、满足服务对象而不是官僚政治的需要、获得收益而不浪费、重视预防而不是治疗、加强参与和协作、以市场为导向。[①] 美国学者萨瓦斯(Emanuel S. Savas)提出,新公共管理其实就是"一系列创造性改革的通用标签,其最显著的特征是将市场机制引入政治领域……从这个意义上讲,民营化就是新公共管理。"[②]不止于西方国家,中国被认为是社会主义国家中民营化的先驱。从允许民营农业取代国有和集体农场,再到允许私营工商业存在,股份制企业的出现等等,中国亦被卷入这一历史性的改革洪流中。

2. 法学范畴中的行政组织私法化

由民营化的形成背景可以发现,其最初并非法学范畴的概念。直至 20 世纪 80 年代末 90 年代初,民营化议题才逐渐延伸至法学领域。由于民营化概念既非法律明文规定,在学理上也尚未形成统一的认知,遂成为学界热烈讨论的重点议题。有学者将民营化定性为在法释义学上尚需加以分析与评价的"不确定性法律概念",[③]亦有学者认为民营化并非严格意义上的法律概念,毋宁说其仅具有启迪学意义上的功能。但基本上来说,法学界对于民营化属于典型之集合概念的观点是认同的,认为它泛指原由行政部门担负执行责任的行政任务移转到私人的变更过程。[④]

---

① 参见〔美〕戴维·奥斯本,特德盖·布勒:《改革政府——企业精神如何改革着公营部门》,周敦仁等译,上海:上海译文出版社,2006 年,第 78—96 页。

② 参见〔美〕E. S. 萨瓦斯:《民营化与公私部门的伙伴关系》,周志忍等译,北京:中国人民大学出版社,2002 年,第 2 页。

③ Vgl. Hans J. Wolff/Otto Bachof/Rolf Stober, *Verwaltungsrecht*, *Bd. 3*, 5. Aufl., München 2004,§90, Rn. 6.

④ Vgl. Joachim Sanden, Die Privatisierungsprüfpflicht als Einstieg in die Verwaltungspri- vatisierung, *Die Verwaltung* 38(2005), S. 370.

（1）法学范畴中的民营化

民营化在法学范畴中的讨论与保障行政的发展紧密相关。与传统的干预行政、给付行政不同，保障行政强调国家的保障责任，即在涉及国家安全、人民基本需求、社会稳定等公益目标的行业与领域中，国家是否能够全身而退，放任其由私人与社会力量承担。对此，国家保障责任学说已给出了明确的否定答案。该说源自"责任阶段论"，认为按照国家执行公共任务密度由高至低的顺序，依次将国家责任区分为履行责任、保障责任与网罗责任三种。[①]

在上述三种责任中，保障责任为国家于任务民营化领域的主要责任实现形式。其存在的主要意义在于，国家于某领域释出行政任务后，该行为领域成为私经济活动，私经济主体自以追求利润为最终目标，然而国家释出任务之领域，通常涉及与人民生存照顾休戚相关之公用事业领域，如能源、通讯、邮政、交通运输等，若全然放任私经济主体依市场法则行事，则在不符成本或利润过低的情形下，恐其会放弃人民服务或提高资费。[②] 由此可见，公用事业走向"自由"并非国家完全卸责之理由，而是要求国家以另外的责任形态来维护公用事业领域中公共福祉之实现，即国家一方面卸除原先之任务履行责任，另一方面退居监督者地位，借由管制立法与行政，对私人与社会履行公共任务肩负保障责任。[③] 所以，与上述保障责任与管制目标相关的立法，也被称为民营化结果法。

（2）民营化与组织私法化

民营化并非一种结果，毋宁说是渐进式过程。对于纷繁复杂的民营化现象，普遍的做法是根据对象设计出相应的光谱：组织民营化、功能民营化与任务民营化。组织民营化，亦即组织私法化，位于光谱最弱

[①] Vgl. G. F. Schuppert, Die öffentliche Verwaltung im Kooperationsspektrum staatlicher und privater Aufgabenerfüllung: Zum Denken in Verantwortungsstufen, *Die Verwaltung* 31(1998), S. 423.

[②] 参见詹镇荣：《民营化后国家影响与管制义务之理论与实践——以组织私法化与任务私人化之基本型为中心》，《东吴大学法律学报》第15卷第1期（2003年8月）。

[③] 参见刘淑范：《行政任务之变迁与"公私合营事业"之发展脉络》，《"中研院"法学期刊》第2期（2008年3月）。

一端,意指行政部门仅于组织形式上利用私法工具,在一般行政组织体系之外,另行设立、承继或将原公法组织改制为私法形式组织。① 因此组织民营化亦被称为形式民营化,程度最弱。位于光谱另外一端的则为任务民营化,意指行政部门完全卸除对特定行政任务的主体地位和履行责任,进而将该行政任务划至私人与社会的范畴。

任务民营化,是指行政部门卸除对特定行政任务的主体地位与履行责任,该行政任务自此划归至私人与社会活动范畴。换言之,国家所释出的任务虽仍然属于关系公共利益的社会任务,但不再属于国家任务或行政任务。国家不再亲自履行原来的任务,还是退至监督者地位,通过管制立法来对公共任务的履行承担责任。以其民营化程度之彻底,任务民营化实乃民营化历程的终极目标,因此也被称为实质民营化或纯正民营化。

位于组织民营化与任务民营化之间的便是功能民营化,它居于民营化光谱之间,是一种折衷样态。功能民营化是指,即任务仍保留于公部门,但不局限于仅使用私法形式的组织,而是进一步引进真正的私人资源力量协助履行行政任务。这一现象背后的原因在于,随着现代行政任务的日益多元及复杂,无论从财政负担还是从人员精力方面,行政部门已经很难独自承担全部任务。其中最困难的部分,当属公共基础设施,其建设与运营需要巨额资金以及专业知识、先进科技及现代化经营管理能力等。为此,政府与社会资本合作(PPP)模式便是功能民营化的典型表现,在公共基础设施建设领域得到广泛适用。

(二) 私法化行政组织

如前文所述,"行政组织私法化"是一个过程,那么"私法化行政组织"正是这一过程所导致的结果。"私法化行政组织"的本质特征在于,组织的形式与功能发生了错位。基于此,才能对"私法化行政组织"之

---

① Vgl. Martin Burgi, Privatisierung, in: Josef Isensee/Paul Kirchhof (Hrsg.), *Handbuch des Staatsrechts*, Bd. IV, 3. Aufl., Heidelberg 2006, S. 207.

法律属性与法律调控达成共识。

1. 本质特征

本框架的研究对象正是"行政组织私法化"后的结果"私法化行政组织",其以公司法人形式为主,但也不排除其他私法人形式。如德国也存在私法社团与基金会,但实践中较为少见。这一"私法化行政组织"最大特点在于组织形式与功能性质的分离。对于此种组织形态而言,其所承担的行政任务之属性与行政部门对任务所负有的履行责任均维持不变,但任务履行者已由传统的行政组织转变为私法组织,最典型的例子为我国通信业务由前邮电部向新组建之中国联通公司转移之政企分开过程。与传统形态的行政组织相比,私法形式的行政组织受到较少的公法约束,在人事、管理、财务上均具有更强的独立性与灵活性,在经济活动中的效率更高。但是,私法化组织在形态上属于私法人,其行为规范应在私法框架内进行,如公司法、民法等等。同时,私法人又需继续承担原本所具有公共任务,因而其又需受到公法上的调控,以保证行政任务之顺利实现。这一组织形式与功能之错位特征,亦为该框架中基本共识之出发点。

"私法化行政组织"在形态上呈现为私法人,比如公司,但同时又承担着公法属性上的行政任务。历时四十年的中国国有企业改革便是一场持续的行政组织民营化过程。它在具有与本国国情相适应的特殊性的同时,仍与"私法化行政组织"这一学理层面的抽象概念面临相似的问题。第一,私法组织形态与公法任务属性的结合,使得"私法化行政组织"法律属性之判断较为困难,其究竟是属于私法人,还是应被纳入行政机关范畴。第二,进一步的问题是对"私法形式的行政组织"如何进行法律调控。私法化组织在形态上属于私法人,其行为规范应在私法框架内进行,如公司法、民法等等。同时,私法人又需继续承担原本所具有的公共任务,因而其又需受到公法上的调控,以保证行政任务之顺利实现。

2. 法律属性

既然私法化的行政组织兼具私法人形态与公共任务属性,那么其究竟作为国家还是个人而存在就成为首要之问题,即法律属性的厘清。就宪法层面而言,这决定着私法化的行政组织是基本权的权利主体亦或义务主体。就单行法层面而言,这决定着私法化的行政组织接受怎样的法律调控及其背后的价值秩序。

由国家百分之百控股的政府独资公司,在我国习惯称国有独资公司,对于这一类私法化行政组织,学界普遍认为其仅是国家换上"私法袍服"而已,它只不过是国家的私法卫星,本质上仍属于行政权的行使。[①] 我国台湾地区詹镇荣教授更是称政府独资公司为"实质意义上的行政"。[②] 较为困难的判定在于公私合营公司法律属性的判定。公私合营公司是否具有国家本质要视其实际控制人而定。顾名思义,公私合营公司由公共部门与私营资本共同出资经营,亦被戏称为"雌雄同体"。由于私人股份的混入,使得判定公司属性更加困难。

早期的判定方法为"企业活动说",即以公私合营公司履行的任务与从事活动性质来判断其受基本权约束还是保护。在"德国电信股份公司案",德国联邦行政法院认可了这一理论。该案基本案情为:拥有电信基础设施的新企业要求租用德国电信股份公司在科隆地区的市话用户回路,双方协商未果,该企业遂要求电信管制机关介入。管制机关首先做出纠正处分,认为德国电信股份公司的行为属滥用市场支配地位之行为,并限期停止。因德国电信公司未作改善,管制机关遂做出负担处分,责令其于一定期限内向新企业提供用户回路。德国电信股份公司向科隆行政法院提起行政诉讼,三审诉至联邦行政法院,均败诉。

德国联邦行政法院首先根据德国《电信法》第33条,判定电信管制机关对于德国电信股份公司滥用市场支配地位之管制处分具有合法性。继而法院对该管制处分是否侵犯了电信公司的职业自由权以及财

---

① Vgl. Dirk Ehlers, Verwaltung und Verwaltungsrecht im demokratischen und sozialen Rechtsstaat, in: Hans-Uwe Erichen (Hrsg.), *Allgemeines Verwaltungsrecht*, 10. Aufl. , Berlin 1995, S.62.

② 参见詹镇荣:《民营化后国家影响与管制义务之理论与实践——以组织私法化与任务私人化之基本型为中心》,《东吴大学法律学报》第15卷第1期(2003年7月)。

产权进行斟酌,最终认为并未侵犯。但依法院之见解,自1996年释股为公私合营事业的电信股份公司,因基本法87f条第2项之规定,其所经营的电信相关业务已不再属于公共任务,而成为私经济之行为,因而该公司亦不受基本权之约束,相反应成为基本权保护之主体。联邦虽仍持有德国电信股份公司绝大多数股份,但至少已视为国家不再拥有支配性质之影响力,因而与本案判决无涉。[1]

"企业活动说"最大的问题在于,究竟何为公共任务本就争议颇多,以此作为标准似有不妥。对此,有学者借助于联邦宪法判定法人是受到基本权保护亦或约束的方法,提出应当以公司背后的"人"为标准判定公司属性。[2]公司背后的实际控制人为国家,则公司本质属性为国家;若实际控制人为私人,则公司本质属性为私人。那么,又应如何判断公司背后的实际控制人是谁呢?较为清晰易行的标准为持股比例,即国家股东与私人股东哪一方的持股比例超过50%便被认定为公司实际控制人。这意味着,"国家支配＋持股比例"逐渐取代"企业活动说"成为判断公私合营公司法律属性的标准。

3. 法律调控

私法化后的行政组织在形式上属于私法人,应当在私法框架内活动。唯有如此,私法组织具有的灵活性、决策效率高、融资渠道广等优点才能够充分发挥。否则,行政组织私法化便丧失了其应有之义。但是,与一般性私法人不同,私法化的行政组织仍担负着公共任务。因此,它又需要受到公法的调控,以保障公共任务不被私法人的逐利性所吞噬。那么,受到哪些公法的调控?公法与私法之间的关系如何协调?这无疑是行政组织私法化现象对法律调控最大的挑战,难度之大使得其一度被形容为"在悬崖之间的行走"。[3]

[1]　Vgl. BVerwGE 114,160(189).

[2]　Vgl. Willy Spannowsky, Der Einflub öffentlich-rechtlicher Zielsetzungen auf das Statutprivatrechtlicher Eigengesellschaften in öffentlicher Hand: öffentlich-rechtliche Vorgaben, insbesondere zur Ingerenzpflicht, *ZGR* 1996, S.409f.

[3]　Vgl. Beatrice Fabry/Ursula Augsten (Hrsg.), *Unternehmen der öffentlichen Hand*, 2.Aufl., Baden-Baden 2011, S.71.

对此,颇具代表性的处理方法为"行政公司法"理论的提出,其旨在解决德国的政府公司同时受到市镇自治章程等公法规范与联邦层面的公司法等私法规范调控所产生的矛盾(更为详细的论述见本书第四章第三节中的相关讨论)。"行政公司法"主张,政府公司作为国家之一部分,参与经济活动需具有公益目标,方具有宪法上之正当性基础。国家则负有影响或介入政府公司的义务,以保障其公益性的实现,即所谓"影响义务"。但公司法属于联邦法,根据"州法不破邦法"的原则,市镇自治章程中关于国家影响义务的规定很难完全在公司法框架下得以实现。因此,市镇自治章程等公法规范有权对公司法进行补充与调整。比如,依公司法之公司自治原则,监事具有独立性与高度自主性,不受任何第三方指令的约束,仅对公司利益负责。[①] 但自治章程中往往会规定市镇对其所派监事代表的指令权,即其有权向所派监事发布相关指令。依"行政公司法"之主张,市镇可借助《有限责任公司法》52 条中公司章程的形成空间,将市镇对监事的指令权载入章程中,以便使其实践中成为可能。

如今,以"行政公司法"理论为基础,亦发展出若干其他理论,最具代表性者为"特别公司法"与"新公司形式"理论。"特别公司法"主张以例外性规定或新设性规定来保障政府公司公益性的实现。例外性规定是指,直接在公司法中增加指令权的相关内容,使得影响义务在公司法框架内得以更加充分之实现。比如德国《股份有限公司法》第四章第一节"区域社团法人参股公司的特别规定"中设置了若干"例外性规定"。[②] 新设性规定则是指通过特别法的形式创设一种新的公司形态,而毋需对现有公司法体系进行调整。比如德国 1994 年颁布的《邮政法》与 1933 年颁布的《铁路股份有限公司成立法》就采用了此种模式。根据两部法律中的相关规定,联邦相关主管部委对改制后的德国邮政公司与德国铁路公司的董事会及监事会均享有直接的指令权与信息获

---

① Vgl. Beatrice Fabry/Ursula Augsten(Hrsg.), *Unternehmen der öffentlichen Hand*, 2. Aufl., Baden-Baden 2011, S. 75.

② Vgl. Otto Kunze, Für modifiziertes Aktienrecht, *DÖW* (6)1995, S. 11ff.

取权。

"新公司形式"理论则主张将国有公司解读为公法框架下的一种全新的组织形态。其中,"公共经济公司"是呼声最高的形式,甚至还产生过专门的《公共经济公司法》(草案)。虽然此份草案最终并未转化为正式立法,但它的出现却引发了法学与企业管理学对于公司形式改革的争论。弗里德里希·蔡斯(Friedrich Zeiß)认为,公共经济公司也可以视为股份有限公司在公法的场域中的"变形"。[①] 除了公共经济公司之外,米歇尔·夏普(Michael Schaper)从企业管理经济学的角度提出另一种组织构想。他认为,政府公司只需要两类职能机构,一种负责企业的经营管理活动,另一种则为出资人代表。无论是独资企业还是合营企业,都不需要设立监事会。如果职工要寻找渠道参与到公司决策与管理中来,完全可以在出资人代表的决策程序中设计某些环节来实现。[②]

从上述理论的激烈争议中,我们可以发现,一方面各种理论均致力于解决同一个问题,即政府公司同时受到的公法规范与私法规范之间的关系。对于私法化的行政组织而言,兼顾公法规范保护的公益价值与私法规范保护的自由价值是不可动摇的命题。另一方面,实现两种价值协调与平衡的具体机制与制度设计可以有多种选择。民营化是一种高度复杂的现象,它在不同的国家,在不同的社会背景下亦有着不同的解读和实现形式。同样的,行政组织私法化中的价值平衡亦需要在结合各国的具体实践与法律体系而展开。

二、实践应用

国有企业改革实质上是一种行政组织私法化的本土实践,当下国

---

① Vgl. Friedrich Zeiß, *Die öffentliche Unternehmung-eine neue Betriebsform der gemeindlichen Versorgungswirtschaft? Vortrag vor dem Energiewirtschaftlichen Institut der Universität zu Köln*, Köln 1951, S. 56 ff.

② Vgl. Michael Schaper, *Die Idee einer Rechtsform „Öffentlicher Betrieb "-Eine Untersuchung aus betriebswirtschaftlicher Sicht*, München 1982, S. 43ff.

有企业正是这一现象的结果,即"私法化的行政组织"。与民企不同,国有企业并非天然作为公司法人而存在,它是诞生于计划经济体制并与其紧密契合的行政组织。在经济转轨过程中,国有企业才逐渐改制为私法人,向市场经济转身并融入其中。

(一)作为行政组织的国有企业

建国伊始,因缺乏经验积累,中央政府效仿苏联模式将没收的官僚资本企业组建为工业企业,彼时称为"国营企业",旨在促进独立、完整工业体系之形成,为国家经济发展提供物质基础。国营企业作为"行政机构的附属物"与"被动执行上级计划指令的执行者",具有浓厚的"行政性",其表现为组织形式的行政属性与功能性质的行政属性两方面。

1. 组织形式上的行政属性

在酷似苏联"国家辛迪加"[①]的计划经济体制下,中央政府决定将没收的官僚资本企业也按苏联模式组建为国有工业企业,并规定国有工业企业属中央人民政府所有,企业管理权由地方人民政府或军事机关行使。可见,国营企业具有极其浓厚的行政色彩,将其喻为国家的"算盘珠"也并不为过。就此而言,早期国营企业实质上是一级行政机构。企业在人财物无任何自主权,仅是完成上级机关下达生产计划与指令的工具。国营企业在国家组织中的位置如图1所示:[②]

国营企业组织上的行政属性首先体现为自身的行政级别。一般而言,国营企业的级别比它的主管部门低一级。从图1中可以看出,一个部直属的企业具有局级地位,它的负责人相当于一个局长,它的中层干部就相当于一个处长。一个部属的局或者部下设的行政性公司管辖的企业,或者由一个省属的工业局的管辖的企业,就享有处级的地位,其

---

① 在俄国,"辛迪加"是一种主要的垄断组织形式。列宁用其来比喻社会主义国家,认为在这里全体公民都成了国家的雇员,成了一个全民的、国家的"辛迪加"职员和工人。参见《列宁选集》第3卷,人民出版社,1972年,第254页。

② 参见朱锦清:《国企改革的法律调整》,第10页。

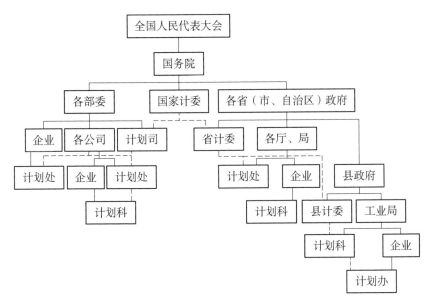

图1　国营企业与其他国家组织关系图

负责人相当于一个处长,其中层干部相当于一个科长。每个企业内部都有一套与企业的行政机构相对应的党组织机构,机构负责人的基本待遇分别与行政机构相一致。

　　与行政机构相似的是,国营企业在管理与运作方面几乎不具有任何自主权。就企业管理而言,企业要顺利生产,必须要获取必要物资与资金,并具有相应的人员。在物资方面,企业获取物资必须先向其主管部门提出申请。主管部门将其下属所有企业上报的各种物资需求量汇总后,逐级上报至国家。国家确定分配方案后,再遵循原来上报的路线逐级下达,最后落实到企业。在资金方面,企业运营所需的资金,只能按照国家财政部制定的财务规则计算出所需的不同类别的资金,并逐级向主管部门申请,中央主管部门编制预算报国务院批准后,再逐级分配至企业。在人员方面,企业如同行政部门一样,有固定的人员编制,引进职工需要向劳动主管部门申请,由国家进行分配,他们的工资也由国家发放。企业对干部的选用仅有建议权,任命权掌握在主管部门手中。

就企业运作而言,最重要的两个环节是生产与销售。就生产而言,生产计划的制定为"两上一下"模式。国务院根据国家计划委员会的建议制定生产额度与指标,层层下达至企业。之后,企业根据自身能力提出建议草案,逐级上报至国务院。国务院汇总草案,在全国范围内做出平衡后,制定最终方案并报全国人大批准。最后,国务院将最终方案下达至各企业,并责令其严格执行。生产考核指标通常由不同部门制定,相互之间并没有很好的衔接,经常出现互相矛盾甚至脱节的情形。就销售而言,产品销售实行"统购统销"制度。国家物资局将物资区分为不同的类别,分别由不同系统的政府机构进行收购,再通过批发站销售至各商店。为了减少流通环节,企业也可以本着就近原则直接和持有计划分配额度的产品使用者订立经济合同,但不允许自行销售,否则将受到警告,甚至处罚。如武汉某香烟厂于一个展销会上自销了部分卷烟,便受到收购部门的严厉惩罚,停止收购该厂卷烟 31 天,致使该厂库存饱和,产品积压,利润损失高达 700 万元。企业生产与销售更像是一种下级机关对上级机关的指令的执行过程。

2. 功能性质上的行政属性

国营企业作为行政组织,还表现为其承担的主要功能并非如现代民营企业一样的商业功能,而是包括生产职能与社会保障职能。计划经济体制下,全社会的经济被视为一个有机整体。苏联将其形象地比喻为"辛迪加",即全体公民都是国家的雇员,共同构成一个全民的、国家的"辛迪加"工厂。[①] 这一体系下,每家国营企业都是作为国家大工厂中的一名雇员。它们建立的目标并非自身盈利,而是完成国家任务。

(1) 经济生产

国营企业首先担负着生产任务,它更像是国家的生产工具。我国在 1953 年完成国民经济恢复后,开始着手发展经济,建立社会主义经济制度。国营企业作为计划经济体制的重要支撑,在当时历史条件下,对迅速改变我国经济的落后面貌、集中资源建设独立完整的工业体系

---

① 参见《列宁选集》(第 3 卷),北京:人民出版社,1972 年,第 254 页。

发挥了重要作用,这也为之后国民经济的发展奠定了必要的物质基础。

改革开放前三十年,我国通过对国营企业实行高度集中的计划经济体制来推进工业化进程。在特定历史时期下,我国经济建设仍取得巨大成就,作为整个国民经济支柱的国有经济发挥了重要作用。1952 年到1978 年,我国独立核算的国营工业企业,固定资产原值由 149.2 亿元增加到 3193.4 亿元;资金总额由 147.1 亿元增加到 3273 亿元;利润和税金总额由 37.4 亿元增加到 790.7 亿元。1952 年到 1978 年,国营商业企业的收购总额由 175 亿元增加到 1739.7 亿元,其中工业品收购额由 84.5亿元增加到 1263.4 亿元,农副产品由 90.1 亿元增加到 459.9 亿元。

与此同时,我国主要工业产品生产能力得到大幅增长,初步形成了较为独立、完整的工业体系与国民经济体系。主要工业产品产量增长如下表所示:[①]

表 2　主要工业产品产量

项目	单位	1952 年	1978 年	1978 年比 1952 年增长(倍)
丝织品	亿米	0.65	6.11	9.4
糖	万吨	45	227	5.0
自行车	万辆	8	854	106.8
原　煤	亿吨	0.66	6.18	9.4
原　油	万吨	44	10405	236.5
发电量	亿度	73	2566	35.2

独立完整的工业生产体系与国民经济体系,为公有制基础上计划经济的顺利运行提供了有效保障。在计划经济下,一方面,国家按照国民经济客观存在的比例关系统一安排生产,制定全国的经济计划,以达到全社会的供需平衡。计划落实到每个企业,每个企业也会积极地配合,因为它是国营的而不是民营的,它的生产目的不是利润最大化,而

---

① 参见邵宁主编:《国有企业改革实录(1998—2008)》,第 5 页。

是满足人民不断增长的物质和文化生活的需要。生产企业会根据国家计划完成生产任务;商业企业不但销售产品,而且会将了解到的市场信息及时地向计划部门和生产企业反馈,从而使得产品的品种和质量不断改进和提高。上面的计划从宏观上避免了资本主义生产的盲目性,避免了经济的失衡和因经济危机而产生的生产力的巨大浪费,从而提高了经济的运行效率,使之更快发展。下面的配合又使计划得以顺利地完成和实现。

(2)社会保障

计划经济体制下的国营企业不仅是一个经济实体,承担着经济生产的任务,同时也是一个社会和政治实体,甚至曾被称为无产阶级专政的基层组织。国营企业作为国家基层政权组织与经济组织的职能是合二为一的,所谓政企不分不仅仅是政府直接管企业还包括企业承担基层政府的相应职能。因此,国营企业在按照国家计划组织生产活动的同时,也自然地承担了大量本应由政府承担的各种社会职能,包括福利、养老、医疗、教育、社会保障、基础设施建设及管理等各项社会职能,有些缺乏城市依托的"三线"企业和大型企业,还有自己的治安、司法系统,甚至包括殡葬厂。这就使得国营企业成为小型全能型的社会组织,而职工也成为"企业人",所享受的福利和社会保障等成为"铁饭碗"的应有之义。

国营企业提供种类繁多的社会服务。以中石化及其下属企业所具有的社会职能为例,经调查后,该企业认为:"一个人从生到死所涉及的社会职能,中石化全有,从医院、幼儿园、学校、就业到火葬场。"经过对国营企业办社会职能的统计和梳理,共涉及几大类数十项内容:企业自办教育机构(全日制普通中小学校、职业教育、成人初等中等学校,幼儿园、教育管理中心等)、医院、公共交通、社区管理等公益性服务职能;消防、公安、检察院、法院、环境保护监察、卫生防疫管理等政府职能;市政道路、路灯、供水、供电、供暖、排水、排洪、通信管道等基础设施的建设、维修与管理,城市清洁卫生、市政园林绿化、城市环境综合治理、城市卫生检查监督和城市市容监督等城市管理职能;劳服公司、生活服务公司、职工住房保障、自办农场等保障性服务职能;劳动用工管理、社会保险管理、劳动安全监察、劳动合同签证、劳动监察与仲裁,离退休人员、失业员工管理等企业承担的劳动人事、社会保险管理的职能;广播、电视等社团管理职能等。

国有企业办社会职能是计划经济体制下政企合一的产物,在其特定的历史条件下,曾经为企业自身的发展乃至整个国民经济的发展都做出过重大的历史贡献,一度被作为社会主义优越性的重要体现。从积极的方面,国有企业承担社会保障职能具有以下优点:一是解除了职工的后顾之忧,稳定了职工队伍。企业职工在这样一种无所不包的体制中有了当家作主的感觉,尤其是在一些远离城市的独立工矿区和三线企业,企业办的"小社会"使生产得以正常运行,职工的社会生活始终保持着一种稳定状态。二是促进、维护了社会的发展和安定。在当时低工资、高就业的情况下,国有企业通过兴办幼儿园、中小学、医院、商店等机构,低价或者无偿地向职工提供各种生活福利和社会服务,弥补了政府和市场功能的不足,对维护社会安定起到难以替代的作用。当然,国有企业承担社会保障功能的条件是计划经济体制。当企业无力承担各项社会负担的时候,国家财政将会"兜底",这样企业办的各项社会职能才能持续正常运转。

(二)组织的私法化与国企改革

如前文所述,计划经济时代下的国有企业实质上相当于一级行政组织。中国国有企业改革实质上是一种行政组织私法化的过程。所谓行政组织私法化,是指行政主体仅于形式上利用私法法律工具,实质上行政任务属性与行政主体之责任不变。[①] 具体而言,这一改革过程可从组织私法化与功能性维持两个层面来理解。

1. 组织私法化

国有企业改革的启动并不是出于一种什么理论,而是出于一种常

---

① 参见刘淑范:《行政任务之变迁与"公私合营事业"之发展脉络》,《"中研院"法学期刊》第 2 期(2008 年 3 月)。

识和常理。结合彼时的历史背景与社会现实来看,此一讲法应当是符合实际的。而正是这种无意识的自发性本土实践,却暗合了行政组织私法化的内在逻辑与演变进程。这一进程主要包含以下几个阶段。

(1)国营企业时期(1978 年—20 世纪 80 年代中期)

1949 年新中国成立后,便开始实行酷似苏联"辛迪加"的计划经济体制。中央政府没收官僚资本企业,并按照苏联模式改建为国有工业企业,企业管理权由地方人民政府或军事机关行使,此即所谓"国家所有,国家经营"的模式。因此,国有工业企业被统称为"国营企业"。彼时,国家成立了第一批国营企业。这些企业虽冠之以"公司"名号,却由贸易部进行控制。有观点将其总结为"以行政管理为主的经济管理体制",因为它的运行依赖于国家行政机关对企业的行政命令,以及国家行政干部和企业领导人的责任心。[①] 由此可见,这一时期的"国营企业"本质上与行政组织并无二致。

(2)全民所有制企业时期(20 世纪 80 年代中期—1992 年)

继 1984 年 10 月党的十二届三中全会发布《关于经济体制改革的决定》之后,我国开始由计划经济转向有计划的商品经济。在这一经济体制转变的大背景下,国有企业的经营模式也开始发生转变,由"国家所有,国家经营"转变为"国家所有,企业经营",名称也由"国营企业"变为"全民所有制企业"。这一时期,企业享有了更多的自主权,并因承包经营责任制改革进一步完善了企业内部机制。但实际掌握企业命运的仍然是政府,经理或厂长直接由上级主管部门任命,作为下级官员向上级负责。因此,全民所有制企业仅是获得了更多灵活性与自主权的准行政组织。

在立法层面,1988 年 4 月颁布的《企业法》是一个重要节点。此后,属性也由行政组织向准行政组织转变。一方面,企业的自主经营权大幅扩张,例如企业有权自主任命干部,决定工资形式与奖金分配办法,等等。另一方面,全民所有制企业仍非真正的"公司",毋宁说是一

---

① 参见章迪诚:《中国国有企业改革的制度变迁研究》,第 22 页。

种"准行政组织"。经理或厂长由上级主管部门任命,作为下级官员"纵向从属"于上级官员,真正执掌企业命运的是作为企业之外政治力量出现的中央政府与地方政府。

（3）国有企业时期（1992—2003 年）

自我国确立了社会主义市场经济体制目标以来,国有企业改革也迈入一个全新的阶段。新阶段的改革以建立现代企业制度为目标。国有企业的产权结构将由"国家所有,企业经营"转变为"国家享有股权,企业享有法人财产权"的模式。这一时期,"国有企业"的称谓也确定于1993 年宪法修正案中。而 1999 年中共党的十五届四中全会做出的《关于国有企业改革和发展若干重大问题的决定》提出国有企业的现代公司制改革,2003 年党的十六届三中全会则进一步提出股份制改革。至今为止,绝大部分国有企业已经完成公司制改革。

在立法层面,为了推动"现代企业制度"的建立,1993 年中国首部《公司法》颁布,该法规定了有限责任公司与股份有限公司两类公司形式。同年,国家经贸委确定了 100 家国有大型企业作为公司改革的试点,国有企业改制轰轰烈烈地拉开帷幕。2017 年 7 月,国务院发布《中央企业公司制改制工作实施方案》（国办发〔2017〕69 号）,要求到 2017年底,央企（不含中央金融、文化企业）应全部改制为公司形式。至此,中国国有企业在组织形式上已实现向私法人,即公司法人的转变。

可见,从"国营企业"到"国有公司",正是行政组织私法化在中国的本土生成,即使整个过程是在一种无意识的状态下被实践所驱动的。而在国有企业改革进程中,同样体现出行政组织法二重功能的分离。在组织建制上,公司法已经替代行政组织法成为了国有公司完善内部治理结构的依据。在任务调控上,国有公司却仍然被作为国家完成特定任务的工具,难以摆脱政策性与政治性的烙印。国有企业改革中经常被探讨的问题,几乎全部可以从中找到源头,如国有企业是"政"还是"企"、国有企业是否与民争利、政企如何分开等。

2. 功能性维持

除采用私法上的组织形式之外,行政组织私法化具有的另一特点为任务属性与责任不变，即国有企业的功能性维持。与国有企业改革相关的重要中央文件中，不乏对国有企业功能的政策性表述。比如，《关于深化国有企业改革的指导意见》中指出，国有企业是推进国家现代化、保障人民共同利益的重要力量，是我们党和国家事业发展的重要物质基础和政治基础。虽然组织形式已经转变为私法属性的公司法人，但国有企业仍然承担着公共性任务，这与以营利性为核心目标的民营企业具有本质的不同。

政治性话语尚需转化为法律话语，即在计划经济向市场经济转轨的过程中，国有企业所承担的国家任务属性始终未变。公法学上的国家任务理论由德国学者汉斯·皮特森（Hans Peters）于1965年在其发表的《公共任务与国家任务》一文中提出。① 依其见解，基于社会与国家二元分立之基础，公共任务应与国家任务进行清晰界分。公共任务泛指与公众利益相关的任务，具有开放性内涵，随经济社会之发展而不断变化。公共任务既可由私人完成，也可由国家亲自完成。其原因在于，公益性并非由国家垄断。对此，德国学者马丁·布吉（Martin Burgi）曾举过一个形象的例子。他认为，卖面包属于公共任务，既可由国家也可由私人完成。但当瘟疫爆发时，卖面包的任务就完全转移至国家手中，成为国家任务。②

计划经济下的中国，尚无真正意义上的"社会"。在整个国家作为一个"辛迪加工厂"的背景下，所有公共任务均由国家完成。公共任务即国家任务。随着市场经济的逐步确立，"社会"在不断形塑与扩大。原本由国有企业所承担的国家任务一部分逐渐转移与释出至私人和社会资本，另一部分虽被保留但又被赋予与时代相适应的新型内涵。

就转移与释出部分而言，随着政企分开进程的加快，计划经济时代

① Vgl. Hans Peters, Öffentliche und staatliche Aufgaben, in: Rolf Dietz/Heinz Hübner (Hrsg.), *Festschrift für Hans Carl Nipperdey zum 70. Geburtstag*, Bd. 2, München 1965, S. 877 ff.

② Vgl. Martin Burgi, Privatisierung, in: Josef Isensee/Paul Kirchhof (Hrsg.), *Handbuch des Staatsrechts*, Bd. IV, 3. Aufl., Heidelberg/München/Landsberg/Frechen/Hamburg 2006, S. 207.

下国有企业承担的社会保障任务已通过"减轻国有企业办社会负担"的改革举措转移至政府部门。1995年5月,国家经贸委等五部委联合发布《关于若干城市分离企业办社会职能分流富余人员的意见的通知》(国经贸企〔1995〕184号),指出国有企业的办学、办医、后勤服务等"社会保障"任务应逐渐分离与转移出去。同时,19世纪末20世纪初进行的"放小"与"退出"国有经济战略性调整使得国有企业更多地集中于自然垄断与公共服务领域,大批中小型国有企业退出竞争性领域。上述领域中原本由国有企业承担的国家任务也释出至私人与社会资本,交由民营企业承担,如日用品、食品、纺织品等等。

就保留的国家任务而言,首先是"公共服务"功能。具体表现为:国有企业在公用事业领域提供满足人民基本生存需求的产品与服务,包括供气、供水、供电、供热、能源、交通、电信领域等。基于我国的历史背景以及对于保障人民基本生活需求与社会秩序稳定之考量,我国的大部分公用事业处于国有化模式之下,由国有企业进行垄断。从工具性视角来看,国有企业是国家为了实现公共任务所选择的一种私法组织形式工具。这一选择的做出,是基于国家角色的重要变迁。20世纪80年代,全球化趋势下现代国家逐渐放弃传统上大而全给付者角色,开始转型为私部门合作者以及企业国等角色。随之而来的则是急速扩张的行政任务与沉重的财政负担,政府面临着资金与效能的双重压力。此种背景下,僵化低效的科层制组织已不能满足实践需要。反之,私法组织由于受到较少的公法约束,在人事、管理、财务上均具有更强的独立性与灵活性,因而在经济活动中的效率更高,更加符合行政经济性原则的要求。

再者是经济调控功能。《宪法》(2018修正)第7条明确规定,国有经济是国民经济的主导力量。实践对于这一功能的重视往往存系于政治话语中,如党的十四届三中全会指出"国有经济控制国民经济命脉及其对经济发展的主导作用"。实质上,法律话语中的"经济调控"就是现代国有企业承担的国家任务的重要内涵。这也意味着国家对经济活动的调控方式发生了重要变化。传统科层制组织下,国家通常以高权主体的身份出现,习惯于以行使行政职权的方式,如行政处罚、行政许可等来直接做出决定。计划经济体制下,国家甚至直接对交易的价格、数量与方式做出"一刀切"的规定。与此不同,现代意义上的国有企业是通过参与经济活动来实现国家的公益性。国家以市场参与者的身份出现,不再直接做出行政决定,而是通过影响决定做出的过程进行调控,即在遵循"供给-需求"价值规律的基础上通过国有企业的经营活动间接性地影响市场的供需。这也被称为从干涉型调控到媒介式调控的转型。① 因此,国有企业被称为"天才的发明",它能够将公益性的实现与企业经济活动很好地结合。②

总体而言,通过四十年的改革历程,中国国有企业已明显出现私法化的行政组织所具有的组织与功能的错位特征。国有企业的组织形式已经完成私法化转变,但它承担国家任务的功能性质并未改变,只是被时代赋予新的内涵,由生产与社会保障任务发展为公共服务与经济调控。当下国有企业既不是计划经济体制下行政组织的一部分,也很难讲已经成为完全的市场主体。它更像是古罗马神话中的双面神邸亚努斯(Janus),兼具功能性质上的"国家"与组织形式上的"公司"双重面孔。

第二节 传统理念:形式主义的谬误

将国有企业视为私人这种理念,其实是将着眼点仅仅置于企业外观形式上的"公司"迈向,而忽略了国有企业真正的功能,即其"国家"面向。本部分将尝试指出形式主义理念的认知谬误。

---

① Vgl. Wolfgang Hoffmann-Riem, Ermöglichung von Flexibilität und Innovationsoffenheit im Verwaltungsrecht-Einleitende Problemskizze, in: Wolfgang Hoffmann-Riem/ Eberhard Schmidt-Aßmann, *Innovation und Flexibilität des Verwaltungshandelns*, Baden-Baden 1994, S. 10f.

② Vgl. Günter Püttner, Öffentliche Unternehmen im europäischen Gemeinschaftsrecht-das Spannungsfeld zwischen Wettbewerbsregeln und „allgemeinem wirtschaftlichen Interesse" (Art. 90 Abs. 2 EWGV), in: Peter Eichhorn (Hrsg.), *Perspektiven öffentlicher Unternehmen in der Wirtschafts- und Rechtsordnung der Europäischen Union*, Bd. I, Baden-Baden 1995, S. 14.

一、理念概述

形式主义理念至少包含两方面的内容：一是根据形式主义的标准对国有企业进行概念界定，另一是仅仅从外观形式上对国有企业的法律属性进行认定。

（一）定义中的形式主义

形式意义之认定标准以所有权结构来区分国有企业与私企，这一做法具有简明清晰，可操作性强的特点，但其同时也具有若干问题。正是这些问题，导致了现行立法中国有企业概念的混乱。

1. 形式标准的内涵

现行法律规定并没有对国有企业进行定义，也不存在一部统一的立法。因此，只能通过对现行规定的解释得出相关概念。由于不同的法律规定中使用的概念与表述各不相同，从中提炼出关于"国有企业"的统一概念内涵并不容易。

目前，国有企业概念界定主要采取的是形式意义上的标准，即所有权结构。据此，国有企业就是指由中央或地方政府投资，并对其拥有所有者权益的企业。换言之，拥有"国有""国家出资""国家持股"特征的企业为国有企业。反之，拥有"私有""私人出资""私人持股"特征的企业则为私人企业，或称民营企业。根据上述标准，国有企业与私企的划分仅仅与企业的所有权结构有关，而不取决于企业的目标设定、经济管理、企业政策等内容。即便是国有企业，也可能完全像私人一样行事，丢掉所有公共目标，它可能是一个差的、一个不好的国有企业，但它仍然是国有企业。这种划分标准与现行法律规定基本上是一致的。例如，《企业国有资产法》第5条与《公司法》（2023修订）第168条第2款均采用了此种形式标准。

所有权结构标准的形成与两个原因相关：一是企业的定义，另一是中国的企业类型划分方式。企业基本上是一个经济的概念，而并非主要是法律概念。在《牛津法律大辞典》中,根本就没有企业这个词条。德国法中,企业通常被理解为特定的人与物,基于特定目标组合起来的统一体。① 日本法中,企业通常是指从事一定财物生产和提供劳务的经济组织。② 在我国,企业被界定为"经营性的从事生产、流通或服务的组织"。③ 根据上述定义,可以根据所有权人的不同而对企业类型加以区分。当国家拥有企业财产,且对企业具有控制力与管理权时,就认为国家已经成为企业主。而且这种情形不会因为国家掌握所有还是部分财产而改变。相反,如果国家将企业全部转让出去,它就失去了企业主的地位。

另一原因是我国按照所有制成分划分企业的传统。建国以后,我国的情况与近代资本主义的传统恰好相反。长期以来,国有企业和集体所有制企业是典型企业。由于实行公有制,《宪法》上明确规定公有制是经济制度的基础,民营经济和个体经济是公有制经济的补充,所以立法、司法和管理上的基本做法,是按所有制来对企业进行分类,将企业划分为全民所有制企业、集体所有制企业和民营企业。当前在建立现代企业制度的过程中,各种公司得到了广泛发展,但在相当时期内,这种企业分类方法仍将维持其一席之地。

2. 形式标准的局限

以所有权结构作为国有企业概念界定标准的局限在于,当国家将所有权分享给其他人时,这一标准的使用会遇到较大的困难。例如,国家在出租企业过程中保留了盈利与影响的权利,给企业留下了自己的烙印,又或者是国家向私企参股,形成公私合营企业。在最后一种情况下,尽管国家还参与经营活动,但它不是公营企业,而是公私合营企业。多个政府部门参加的是公营企业,加入私人股东也可以。当政府部门仅仅是占有股份时,这就不存在企业活动,而属于金融财产。在我国,随着国有企业混合制改革的推进,上市国有企业数量迅猛增加,社会资本大量涌入国有企业,企业股权结构日益分散与多元化,"国家持股"标

---

① 参见范健:《德国商法》,北京:中国大百科全书出版社,1993 年,第 71—74 页。
② 参见《中日经济法律辞典》,北京:中国展望出版社,1987 年,第 55 页。
③ 参见史际春,徐孟洲:《经济法》,台北:月旦出版社股份有限公司,1994 年,第 23 页。

准正遭受强烈质疑——上市后动辄拥有几十万社会公众股东的国有企业还能称之为"国有企业"吗?[①] 在这种情况下,所有权标准难以解决国家之于企业所有权分配给私人情形下的国有企业概念认定问题。(详细论述可参见本书第二章第一节)

在股权多元化背景下,所有权标准的使用之所以出现问题,是因为该标准内部存在着错位现象。从表面上来看,所有权标准关心国有资本在企业中所占股份结构,并以此作为判断一个企业是否属于国有企业的关键。但是,如果我们更进一步,不难发现,这种关注其实是因为所有权结构与股东的表决权,即对公司的控制力息息相关。

股东权利的具体内容因公司的类型及股权的性质不同而不尽一致,各国公司法一般不具体列举股权的内容,但都明确规定最为核心的具体股权,如表决权、分配股利请求权等。《公司法》(2023 修订)第 4 条第 2 款规定:"公司股东对公司依法享有资产收益、参与重大决策和选择管理者等权利。"也就是说,股权包含股东的资产收益权与参与公司经营管理权。而后者则解释了,为何所有权结构决定了对公司的控制力。股东参与公司经营管理权集中体现为对公司重大决策和选择管理者事项的表决权,并借此实现对公司的控制。为保障表决权的实现,股东还享有必要的派生性权利,包括出席股东会会议权;提议召开临时股东会、董事会权;股东会的召集和主持权;临时提案权与监督权等。

认为我国立法者完全未注意到上述区别并不公平。1994 年国有资产管理局发布的《股份有限公司国有股权管理暂行办法》(已废止)的规定中便体现出股权比例与国家控制力之间的联系。该《办法》规定了"绝对控股"与"相对控股"两种情形。前者是指国有资本持股比例超过50%,后者是指以股权多元化为前提,国有资本持股比例高于30%、低于50%,但国家仍对企业具有控制性影响。这意味着,立法者有注意到资本结构与国家控制力之间的关系。但遗憾的是,一来注意的力度

不够,立法者似乎仅仅模糊地、直观地感受到资本结构与国家控制力之间是有联系的,并未充分意识到资本结构只是"外衣",若没有国家控制力的"核心",单纯的"外衣"便沦为数字的游戏;二来也并未将"外衣"与"核心"的关系明确在更高层级的法律条文中表现出来。在立法路径中,国家持股比例因其直观、清晰成为主要标志,更加重要的国家控制力反而退居其次。这导致立法中的标准对解决国有企业改革中的实践问题,尤其是政企分开问题并不能提供有效借鉴。

(二) 定性中的形式主义

在国有企业的法律属性认定上,形式主义理念表现为:将国有企业视为纯粹的现代商事公司,致力于推动国企的公司治理结构完善。公司治理源自现代企业所有者与管理者的分离,旨在解决委托人与代理人之间的契约不完全问题。消除或降低代理成本、保护所有者利益,是企业治理机制产生的缘由和宗旨。自 1600 年东印度公司成立,随着所有者和管理者几百年来监督与反监督、控制与反控制的博弈,公司治理制度得以产生和发展。在全球经济一体化背景下,不同法系、国家相互学习,形成各具特色但整体趋同的企业治理机制和制度。国有企业从诞生的那一天起,就存在两权分离问题,而现代公司治理制度是迄今为止人类找到的最有效解决两权分离问题的制度。

国企的公司治理结构完善无法仅仅从"公司"面向这一维度上解决。以董事会为例,现代公司中,董事会独立性是公司治理的基石。通常,保障董事会独立性需要处理董事会与股东层、经理层的关系。但在国有企业中,董事会独立性往往受到国资委与党委会的"威胁"。就国资委而言,相关"威胁"既来自制度方面,例如,中央企业的董事长虽不是公务员编制,但参照同级别公务员管理,享受同级别政府官员待遇,属于"准官员"。[①] "威胁"也可能来自董事会的自我赋权,如国资委公

---

① 参见杨瑞龙等:《"准官员"的晋升机制:来自中国央企的证据》,《管理世界》2013 年第 3 期。

开为中央企业选聘董事。就党委会而言,党组织参与国有企业重大问题决策这一点经常会与董事会独立性产生矛盾,尽管前者更多地关注政治层面,后者更多注重业务层面,但政治与业务的区分也并不总是清晰的。① 所以,仅仅将国企视为单纯的商事公司,难以应对上述特殊性问题。

形式主义理念还会导致国有企业迷失于对利润的追逐中。如果仅仅关注国有企业的"公司"面向,那么就必然会导致将利润与效率作为国企的核心目标。例如,对于国有企业效率低下的批评一度成为主流。经济学界将国有企业比作高油耗白牌车,认为尽管一些企业凭借技术创新与先进的管理水平获取了高额利润并赢得市场地位,但国有企业群体仍消耗了太多的生产要素,占有了太多的生产机会。这会导致更多的效率损失和公平损失。这是因为,国有企业与政府有着天然的政商关联,它们能获得更多资源、特权与保护。② 在这种论调下,便难以避免地会得出"民营化与私有化是国有企业改革的唯一出路"的结论。持有此类观点的经济学家认为,国有企业不可能解决经理的长期激励问题和经营者的选择问题。从根本上来看,国有企业的经理是由政府而非资本家选择的,官员有权选择经理却不必为此承担认责,它们没有适当的激励去发现和任命真正的人才。所以,选择经理的权威应当从政府官员手中转移到真正的资本所有者手中,为此必须对国有企业进行民营化与私有化。③

二、谬误分析

若以私法性视角观之,将国有企业视为一般意义上的商事公司,那么就必须回答以下两个问题:第一,国有企业是否与民营企业等私法主

---

① 参见胡改蓉:《国有公司董事会独立性之保障》,《华东政法大学学报》2010 年第 6 期。
② 参见张文魁:《解放国企:民营化的逻辑与改革路径》,第 93 页。
③ 参见张维迎:《企业理论与中国企业改革》,北京:北京大学出版社,1999 年,第 137—138 页。

体一样,享有意思;第二,国有企业是否与私法主体一样,均属于基本权主体。遗憾的是,关于这两个问题,答案都是否定的。

(一)国企不享有意思自治

在行政组织私法框架下,国有企业被看作私法化后的行政组织,即呈现为私法组织形式的国家活动。私法组织形式的国家活动不排除对私法的适用,但这并不意味着,它具有意思自治。

1. 意思自治与市民社会

意思自治是私法的核心,因此也称为私法自治。但是,关于意思自治的概念,则各自成言。法国学者莱昂·狄骥(Leon Duguit)强调意思自治是普通自由的要素,它这是人们利用具有合法目标的意思表示来创立法律地位的权力。① 我国民法学者江平将意思自治称为私法自治,认为它是指私法主体有权自主实施私法行为,他人不得非法干预;私法主体仅对于自由表达的真实意思而实施的私法行为负责。② 我国台湾地区学者苏永钦则从历史渊源上进行解读,认为私法自治在经济意义上可以追溯至亚当·斯密的国富论,伦理学意义则可追溯至康德理性哲学中的自由意志。因此,私法自治是支撑现代民法的基础。③

尽管对概念的具体表述和阐释角度不同,但从最基本的意义上来说,意思自治就是意味着个人的行为自由,即自治的概念应当是个人做出决定时能够充分意识到可能得到的机会,参照相关的信息,对偏好的形成过程没有违法或者过分的限制。④ 意思自治的适用范围很广泛,在不同的领域有不同的表现形式。例如,在合同法中,意思自治表现为合同自由,当事人有权决定签订合同与否,以及签订合同的对象、形式与内容。在亲属法上,意思自治表现为婚姻自由与收养自由,个人有结

---

① 参见[法]莱昂·狄骥:《"拿破仑法典"以来私法的普通变迁》,徐砥平译,北京:中国政法大学出版社,2003年,第49页。

② 参见江平、张礼洪:《市场经济和意思自治》,《法学研究》1993年第6期。

③ 参见苏永钦:《走入新世纪的私法自治》,北京:中国政法大学出版社,2002年,第3页。

④ 参见[美]凯斯·R·孙斯坦:《自由市场与社会正义》,金朝武等译,北京:中国政法大学出版社,2002年,第12页。

婚与离婚的自由,收养关系的设立与解除原则上亦由个人自决。在商事法上,意思自治称为营业自由,指具有行为能力的人,可以按照自己的意思进行商事活动。

意思自治对于自治性的强调正是相对于公法而言。公元3世纪,《学说编纂》就指出:"公法规范不得由个人之间的协议而变更"。私法则意味着"对当事人而言,协议即法律"。① 私法强调权利,即意思自治。公法强调权限,即必须有法律依据。公法重于管制,私法重于授权。也正是在与公法区别的意义上来看,意思自治更多地被称为私法自治。尽管在内容上没有区别,就措辞而言,私法自治更强调自身与公法的区别,是对于公法领域内纵向的、有上下隶属关系的、约束的法令的一种排斥。

私法主要适用于市民社会,而"市民社会"一词的意义也在不断变化。19世纪,理论上将与国家相对的非政治的社会作为市民社会,倡导"权力机构＝国家,非权力机构＝市民社会"之二分法。德国学者施泰因认为,市民社会是在以人权宣言的原理为基础的社会体制中与国家权力相分离而谋求国家维持社会安定的经济社会。当时的共同见解是,将自由资本主义体制下的经济社会作为市民社会;在暴力为国家垄断时,国家的角色限于通过警察、军队等维持社会秩序与经济基础的完善,即所谓守夜人国家,国家由此丧失了以暴力等强制要素干预经济活动的权力,整体上的经济作为企业自由活动之结果,而得以顺利运行。现代市民社会的含义更加丰富,已不以经济社会为限,市民社会的主角,也不限于个人与企业,而是包含消费者保护组织、环境保护组织、人权保护组织、动物保护组织等非营利组织或非政府组织等。

2. 私法形式的国家

尽管私法的核心价值是意思自治,但是对于私法的适用并不等同于享有意思自治。如前所述,私法指向市民社会,它主要指向自由的、自我决定的、法律地位平等的个人,与之相较,国家看起来就像一个异

———————————

① 周枏:《罗马法原论》(上),北京:商务印书馆,1994年,第84页。

类。国家不享有意思自治。但这并不意味着国家不能够适用私法。这就涉及私法形式的国家,即国家采用私法形式的组织或是从事私法形式的活动。在行政组织私法化的理论框架下,国有企业属于前一种情形。而当谈及私法形式的国家活动时,就会涉及国库理论。回溯至 19 世纪的活动与概念,可能会使得国库理论在今天受到谴责。但是,国库理论并不仅仅象征着过时的教义,而是象征着公法与私法差异的变迁历史。

诞生于君主专制晚期的国库理论承认,当行政以私法形式活动时,其就像私人一样具有了意思自治。这与其诞生时的历史背景有关。在君主专制晚期,随着高权领域与财产关系的逐渐独立,人民对于公权力行为造成的损害要求赔偿成为可能,国家存在的意义与目标也逐渐分离为两个层面。关于高权性干预,公民仍然无法采取法律救济。但至少,已经可以向法院起诉要求国家予以赔偿。于是,国库成为高权主体的"替罪羊""另我""市侩"。这种对于国家双重角色的介绍也适用于现在的情形,人们可以或者应当将处于财产关系中的行政作为私人来对待,也就是承认其具有意思自治。据此,国库被理解为以下四种情形:除了从事高权行为的国家之外的,被委托以财产性关系的独立法人;作为财产主体的国家;作为私法主体的国家;为了财产的保值增值与转让,为了满足必要给付的作为私法主体的国家。

而如今,毋庸讳言,随着公法的发展,国库理论的目标已经过时,并且随着行政法院可裁判性的发展,该理论几乎已经失去了其最初的意义。但是,随着行政诉讼实践的发展,人们逐渐可以对高权命令提起诉讼,而无需单独提起国家赔偿。例如,在普鲁士法中,作为防御诉讼的撤销之诉就已允许被提起。如今,再坚持国库概念,其实是对法治国原则以及尽可能扩大诉讼范围的违反,因为公法与行政诉讼法比私法有着更为严格的限制。因此,关于国家双重性的构建,如今也值得怀疑。国家的公法形态与私法形态只是同一个法人的不同表现形式。因此,一般认为,在作为高权主体与国库的国家之间,存在着同一性。在实践中,直接履行行政任务的行政私法行为与单纯的国库行为很难清晰的区分。因为实践中大量的国库行为也在从事着公共目的。最为明显的是传统上被归为需求行政的公共采购:除了需求功能之外,其也经常伴随着补贴功能;它们在有意识地实现经济促进或是补贴目的,即在履行公共任务。因此,国库行政与行政私法行为之间的界限是流动的。

因此,并不令人奇怪的是,如今国库只是国家的另外一个名字而已。跟之前一样,国家法与行政法文献中使用国库概念,更多的是强调国家的私法面向,即国家的私法组织与私法行为。但即便是今天也要求,国库行为应当符合国家私经济行为的后果。国库应当作为公共行政的反义词,与其区分开来。并不存在所谓的国库行政。从目的论角度来看,国库理论改变了其前沿阵地。最初,它用于支持人民向国家提起诉讼,后来,它的任务变成,赋予国家针对人民的私法活动以正当性。公法的发展与重塑,国家与基本权之间的现代关系,使得国库理论在适用于国家私法活动时不再受到批评,而是来证明国家在适用相关法秩序时的私法权利能力。

(二) 国企不是基本权主体

现代意义上来看,国有企业是否享有意思自治,进一步指向宪法中的基本权主体认定之问题。国有企业作为私法形式的国家,它并非基本权利的主体。

1. 法人是否属于基本权主体

从历史渊源与根本目的来看,基本权主体首指自然人。基于保障公民权利的根本出发点,早期基本权相关理论认为,唯有国家为基本权之义务主体,唯有人民为基本权之权利主体。且所谓人民仅仅包含自然人。正如德国公法学者卡尔·施密特(Carl Schmitt)所言,基本权利如果丧失个人主义根基,就势必导致"多元主义式团体国家"[1]之危险,

---

[1]　Vgl. Carl Schmitt, Inhalt und Bedeutung des zweiten Hauptteils der Reichsverfassung, in: Gerhard Anschütz/ Richard Thoma (Hrsg.), *Handbuch des Deutschen Staatsrechts*, Bd. 2, Tübingen 1932, S. 589.

因而应从根本上否定法人的基本权权能。直至 1949 年德国制定《基本法》，该法 19 条第 3 款规定："基本权利亦适用于本国法人，但以其本质得适用者为限"，从而终于跳出传统理论的局限，正式承认了法人基本权权能。此条款也被称为"基本权利之资格规范"或"基本权利之延伸规范"，其引发的关于法人基本权利能力之争，至今未歇。

在德国联邦宪法法院审理的巴登-符腾堡州 S 市镇诉经济部案中，联邦宪法法院仅从"法人"的层面，提出了判断"法人"受基本权约束还是保护的标准，即居于其背后的"人"的属性。[①] 该案中，某第三人想要在巴登-符腾堡州的维尔镇建核电站，为此向该州申请相关行政许可。与核电站距离较近的 S 镇对此提出异议。经审查，该州驳回 S 的申请，并向第三人颁发了核电站建设许可。于是 S 镇在提起行政诉讼败诉后，以核电站建设用地侵犯了自己《基本法》第 14 条所保护的财产权为由向联邦宪法法院提起宪法诉讼，仍败诉。

法院认为，基本权的设立初衷是保护私人尤其是自然人免受国家公权力之侵害。关于《基本法》第 19 条第 3 款将保护范围延伸至法人，法院援引之前判决中所提出的"穿透理论"，[②]认为唯有当法人的成立及活动均为自然人的自由发展之表征时，该条款方得以适用，因而"穿透"至居于法人背后的个人对于判断法人是否受基本权保护得非常"有意义而且必要"。换句话讲，法人是否受基本权保护，要根据法人背后的"人"的属性来决定。本案中，S 作为公法人，其背后站立的是公部门，代表的是公权力，因而并不受基本权之保护。

2. 国有独资公司不是基本权主体

在前述案件中，联邦法院确立了"穿透理论"原则。那么，是否可以据此来判断国有独资公司是否属于基本权主体呢？有论者认为"既然政府独资公司背后的股东只有国家（或其他公部门），那么法院的倾向

---

① Vgl. BVerfGE 61,82(85).

② Vgl. BVerfGE 21,362(369).

也就不言而喻了"。① 但无论如何,德国联邦宪法法院并未明确其态度。于是联邦普通法院在私立学校诉政府交通公司案中明确指出,即使是国家以公司形态活动,仍不能免除其特定的公法约束。②

该案中,被告为位于德国市镇 D 的一家从事有轨电车与公交车等交通运输业务的政府独资公司,其全部股份由市镇 D 拥有(以下简称:D 公司)。由于工人薪酬不断提高,D 公司的成本也随之增加,连年处于亏损之中。为扭转这一局面,公司董事会决定,取消或限制已有的票价优惠政策,其中便包括学生的月票。德国的中学分为公立学校与私立学校两种,私立学校又包括基本法中所明确承认的所谓"替代学校"与"职业培训学校"。开办替代学校需经国家特别许可,而职业培训学校则不需要,相应地后者也不必接受相关的监督。D 公司的票价政策调整之后,仅保留了公立学校和替代学校,以及部分参加高中结业考试的职业培训学校的学生的月票。原告所开办的私立学校恰恰不符合 D 公司的要求,因而该校学生不能继续享受学生月票的优惠。基于此,原告提起诉讼,以被告违反了基本法中的平等权和私人学习自由权为由,要求被告继续向自己学校的学生提供月票优惠,且赔偿由此造成的损害。

联邦普通法院认为,D 公司为从事交通运输业务的政府独资公司。就公司从事业务来说,交通运输与天然气、电力和自来水等能源供应相似,均为满足人民必要生活之需要,属于所谓"生存照顾"领域,乃公共任务之履行。就公司之组织形态而言,虽然 D 公司呈现为私法上的组织形式,但其股份全部由行政部门持有,完全受行政部门控制,因而 D 公司与一般的营利性私人公司不同,其更应被视为市镇之一部分,与市镇公用设施大致相当。综上,法院认为"经营交通运输业务的政府独资公司制定价格的行为",虽不属于传统上的干涉行政,但应属于给付行

---

① Vgl. Willy Spannowsky, Der Einfluß öffentlich-rechtlicher Zielsetzungen auf das Statut privatrechtlicher Eigengesellschaften in öffentlicher Hand: Öffentlich-rechtliche Vorgaben, insbesondere zur Ingerenzpflicht, *ZGR* 1996, S. 409f.

② Vgl. BGH 52, 325(328).

政范畴,即行政活动,自然应当受到公法之约束,尤其是"基本法第 3 条第 1 款所规定平等权之束缚",D 公司不能够像私人公司一样享有完全的意思自治。但 D 公司对学校进行分类的行为有相关法律规范作为依据,且并非恣意之选择,而是具有相当之合理性,因而应得到支持。

与上述观点一致,著名公法学者 Dirk Ehlers 甚至直接指出政府独资公司只不过是国家的"私法卫星",其本质仍属于基本法第 1 条第 3 款中规定的"执行权",即行政权。[①] 而我国台湾地区詹镇荣教授则更加直白地将政府独资公司称为"实质意义之行政"。[②]

3. 国有资本控股、持股公司不是基本权主体

较之政府独资公司,国有资本控股、持股公司因私股东的加入,在是否受公法约束的问题上争议更为激烈。主流观点认为,应当强调国家对于公私合营公司的支配力,以及该支配力的表征为国家持股比例,此即所谓的"国家支配说 + 持股比例说"。[③]

关于"国家支配说",学界基本无异议,反对意见主要集中于"持股比例说",主要有以下两种:第一,认为该说会使得公私合营事业中的私股东也必须受到基本权的约束,这一基本权的国家化对私股东并不公平;第二,认为持股比例与国家支配力并无必然之因果联系,即使国家持股低于 50%,仍可以通过各种影响手段,如派驻代表进入监事会,或是在国家仍为第一大股东的情况下,对公司实施控制,反之即使国家持股高于 50%,但也不一定会对公司具有控制力,如国家、州和市镇分别占 15%、16% 和 20% 股份,在三者意见不一致的情况下,极有可能被占有更多股份的私股东获得控制权。在第一种意见判决中便已有相关回

---

① Vgl. Dirk Ehlers, Verwaltung und Verwaltungsrecht im demokratischen und sozialen Rechtsstaat, in: Hans-Uwe Erichsen (Hrsg.), *Allgemeines Verwaltungsrecht*, 10. Aufl., Berlin 1995, S. 62.

② 参见詹镇荣:《民营化后国家影响与管制义务之理论与实践——以组织私法化与任务私人化之基本型为中心》,《东吴大学法律学报》第 15 卷第 1 期(2003 年 7 月)。

③ Vgl. Peter Selmer, Zur Grundrechtsberechtigung von Mischunternehmen, in: Detlef Merten/Hans-Jürgen Papier (Hrsg.), *Handbuch der Grundrechte*, Bd. II, Heidelberg 2006, S. 1266 ff.

应。第二种意见虽然很有道理,但并非无法弥补,只要将其作为例外情况即可,即当有充足、明显的证据证明国家对企业有支配力,即使国家持股未能过半,仍应当认定国家支配力之存在。因而"持股比例说"仍以其清晰性和可操作性得到学界普遍之认同。综上,在公私合营公司中,当国家控股超过半数时,即认为其对该公私合营公司享有支配力,因而此类公司不属于基本权主体;相反,当国家持股少于半数时,因缺乏支配力而该公司属于基本权主体。

第三节　理念革新:功能主义的路径

国有企业法律调控理念应当从形式主义向功能主义转型。基于功能主义,在国有企业的"国家"与"公司"双重面孔中,国家属性应当作为第一性,公司属性仅仅作为第二性存在。这意味着,国有企业本质上是承担国家任务的一种私法组织工具。

一、调控理念转型

对国有企业的考察重点应当从其形式外观转移至实质功能上来。从实质功能来看,国有企业是国家亲自从事经济活动的一种组织工具。这意味着,国有企业不仅是经济活动,也是行政活动。只不过这种行政活动是以私法组织形式来进行的。

(一) 国企的功能

国有企业是国家为了亲自从事经济活动所选择的一种新组织工具。随着时代发展与国家角色的变迁,国有企业的功能,即所承担的国家任务也有所不同。

1. 国有企业是组织工具

传统上人们习惯以制度性视角来研究行政组织,即将行政组织视为行政权力存在与实施的表现形式。因此,国家在完成公益性任务时所选择的传统组织工具通常以公法组织为主,并遵循德国学者马克思·韦伯(Max Weber)所提出的科层制组织原则,即行政机关彼此之间层层节制,立基于上下隶属关系之"金字塔型"垂直分工体制。[①] 科层制具有两个主要特点:一是层级性,即行政任务的分配与执行依照层级,从上至下逐渐细腻化、分工化、专业化以及技术化;二是指令拘束性与下级服从义务,即上级机关对下级机关享有全面而广泛的指挥监督权,可以进行全方位控制。上述特点赋予科层制组织上行下效的优点,有利于维护"行政一体性",即强调行政必须有整体性考察,无论如何分工,最终仍需隶属最高行政首长统筹指挥与监督,才能促进合作,提升效能,并使得具有一体性特征的国家有效运作。正因如此,科层制行政体制一直被认为是实现行政权民主正当性的最佳组织手段。

新近学理则认为,在制度性视角之外,行政组织还应当从功能性视角予以研究,即行政组织的存在并非为了实现自身意志,而是作为一种实现国家公益性的工具。[②] 据此,行政组织法的存在目的并非为组织的自我实现,而是应当属于行政权行使的一种组织化工具。行政组织法的任务,应当在于从法律规制角度,提供适当的组织形式、人员编制、专业分工、作业流程,以及调控机制等结构性工具与框架,协助行政任务得以顺利达成。因而,行政组织形态的设计与运用,势必不可避免地与行政任务之种类与特性存在不可切割的"手段-目的"关联性。

上述认知的转变也大大影响了行政组织形态的选择,其主要表现便是"组织最适原则",即国家在选择行政组织法律形式、具体形态及建构组织内部结构时应以任务为导向,力求采取最适当的方案,促成行政任务的最佳履行状态之实现。近年来全球各国为了解决国家财政困境以及提升经济全球化下国家整体竞争力,纷纷推动政府改造工程,为迈

---

① Vgl. Thomas Groß, Die Verwaltungsorganisation als Teil organisierter Staatlichkeit, in: Wolfgang Hoffmann-Riem/ Eberhard Schmidt-Aßmann/Andreas Voßkuhle (Hrsg.), *Grundlagen des Verwaltungsrechts*, Bd. I, 2. Aufl., Tübingen 2012, S. 925.

② Vgl. Herbert Krüger, *Allgemeine Staatslehre*, 2. Aufl., Stuttgart 1966, S. 677.

入 21 世纪之国家从事角色新定位。尽管各国根据自身实际情况提出了不同的具体方案,但对于国家角色转型与政府再造的总体趋势仍形成共识:现代社会背景下,国家不应当再担任提供一切给付的"全能国"与官僚统治者,而应转化为小而效率之担保者、与私部门分享决策形成之合作者,以及企业之身份。从而,与之相对应的行政组织改造策略即随之被各界提出,诸如组织调整与精简、强调效率效能之新的治理模式的导入,以及公私部门合作型行政组织建制等。就具体行政组织形态而言,私法形式的行政组织、公私合资公司等尤为受到关注,成为反映新世纪国家角色变迁的行政组织"新宠儿"。

传统行政活动中,行政决定与行为的合法性通常最受关注,但在"组织最适原则"理念的影响下,行政组织作为一种调控性工具,被认为应当能够促使行政决定与行政行为正确性的实现。具体而言,"正确性"包含合法、完美、可接受以及可行性等指标。行政活动的多元评价体系正在逐渐形成,除了合法性之外,其他衡量因素也开始被考虑。例如,"经济性原则"逐渐成为重要因素之一。换言之,行政组织是否适宜于行政任务之履行,也可以从其是否具备经济性的角度予以观察。事实上,这项原则的提出,正是导致国家角色变迁下,推动政府再造的关键性因素。这也对行政组织法的变革提出新的期待,即能够重新建构出有助于提升行政任务执行效率与成果效能之行政组织法释义学。有论者指出,行政组织与行政法之改革,越来越多是与国家结构性之财政危机有关,但也同时蕴含有传统手段与制度经常不足以稳妥达成目标之想法。从而,被过度要求之国家不仅只是寻求缩减其任务领域而已,也更加在使用已有机制时,寻找新的着重点。在此,效率要求就变得意义俱增。

经济性原则不仅注重效率,也注重效能。它要求手段遵循最小原则,尽量以最少的资源投入达成目标,即所谓"效率";目的遵循最大原则,以固定资源投入创造出最大效益,即所谓"效能"。国家角色的变迁使得行政任务急速扩张,国家不仅亟需缓解沉重的财政压力,也在努力探索提升行政品质与效率的有效路径。于行政组织变革与再造领域而言,将行政任务交由私法形式行政组织完成是这一探索的重要表现,亦即"组织私法化"。

私法形式的组织,如国有企业,更加能够满足经济性原则的要求。与传统形态的行政组织相比,私法形式的行政组织受到较少的公法约束,在人事、管理、财务上均具有更强的独立性与灵活性,在经济活动中的效率更高,因而受到各国政府的青睐。例如,国家在某些领域放弃传统的公法组织形态,改用私法组织形态,有助于其摆脱诸多适用于公法组织形态的人事、预算、审计、立法机关监督等高密度管制的法律规范,而争取更大的行为弹性。并且,可以企业具有创意以及富有绩效取向之弹性经营管理方式,创造更大的行政效能。在我国,国有企业的发展充分展现出公司形式因摆脱传统科层制的众多束缚而具有的高效、灵活、融资渠道广等优点。1998 年到 2010 年近十年间,国有企业资产总量从 14.87 万亿元增加到 68.62 万亿,实现利润总额从 213.7 亿元提高到 2.21 万亿元。[1]

2. 国有企业的功能变迁

我国现有政策将国企区分为公益类与商业类。暂且不论对此分类内容的争议,此种分类某种程度上恰恰反映了国有企业的两种功能。

(1) 传统功能:公共服务

公益类国企的主要功能是提供公共服务,因此其集中于公营事业领域。在西方国家中,国有企业传统上则被认为是承担所谓生存照顾任务的私法组织形态。生存照顾(Daseinsvorsorge)一词由德国学者恩斯特·福斯特霍夫(Ernst Forsthoff)首创,他指出,面对 19 世纪后半叶工业化与城市化所造成的大众社会,一系列新的社会需求应运而生,这些社会需求除了包括传统的自来水、煤气和电力供应外,还包括公共卫生、大众运输、邮政电信和养老、失业以及更多其他的生存必要之给付。[2] 就其实质而言,生存照顾与公共服务的内涵大致相同。

---

① 参见邵宁主编:《国有企业改革实录(1998—2008)》,第 495 页。
② Vgl. Ernst Forsthoff, *Die Verwaltung als Leistungsträger*, Stuttgart/Berlin 1938, S.7.

福斯特霍夫将生存照顾这一社会学层面的概念发展到了行政法学范畴。他认为国家应超越传统的干预行政范围,承担起与人民生活息息相关的"生存照顾"任务,向给付行政转变,以促进社会公平正义目标之形成。"生存照顾理论"最值得人关注之处,在于该理论将生存照顾与国家任务两个概念联系到一起。在论及生存照顾责任应当由何人担负时,即所谓生存责任之隶属时,依序将其区分为个人责任、集体责任以及政治责任三个阶段。有鉴于现代社会之都市生活形态,福斯特霍夫承继法国21世纪著名法学家莱昂·狄骥(Leon Duguit)坚持的公共服务理论,认为现代国家应当将生存照顾作为必要的给付任务。

战后初期的德国公法学中,几乎没有一个概念术语,能比"生存照顾"更具有吸引力,而又同时激起褒贬两极之评价。"生存照顾"更多地在社会学和启迪学意义上发挥功能,它是否足以作为能够衍生出特定法律效果的法律概念,则备受质疑。这是因为,"生存照顾"所关乎生存必要或生活有益的给付,其实是欠缺清晰轮廓而内容空泛的社会学描述。"生存照顾"被认为仅仅是一个用来单纯描述提供人民生存所需货币及服务之社会现象的用语而已。而且,古典生存概念所依存的假设前提要件,是福斯特霍夫观察当时社会现实环境后所进行的设定,并不是生存照顾的本质内容,它是否永续存在,难以定论,所以很难将其视为法律概念。并且,不仅仅是国家,生存照顾也可以由私人完成。除非法律有明文规定,否则就事物本质来看,生存照顾与国家任务二者之间不能当然地画上等号。所以,生存照顾概念恐怕与其社会学上的原始面貌更为贴切。

(2) 现代功能:经济调控

现代国家中,国有企业的功能已超越生存照顾,扩展至经济调控功能。所谓商业类国企承担的便是此类任务。这种功能变迁背后更深层次的现象是国家对经济活动的调控模式转型。这首先与"调控国"理念的兴起有关。调控意味着领导与控制、管理与影响,是功能意义上的概念。例如,近年来,行政法上关于调控形式的讨论围绕瘦身国家、国家退却、行政退却、解管制、民营化以及新调控模式等关键词展开。过去,"国家性"与"国家权力"总是与"高权""上下层级""命令与强制"等联系在一起,如今已无争议的是,国家也可以采取私法性的调控形式。

与传统调控活动不同,国家化身为国有企业对经济活动所进行的调控具有以下两个特征。首先是反身性。这一特征源自对传统条件式规制法的危机,即由于过度规制导致社会负荷过重等原因,社会不再接受规制法,从而导致社会对规制法的免疫。而反身法则主张对规范的解管制,即从直接调控社会行为转向规范组织、程序与职权。与传统条件式和决定式规范不同,反身性调控通过影响决策过程实现目的。国家利益具有"输入"与"输出"指向性,不再是具体举措指向。以国有企业为例,相关决策不再受传统的条件式规范调控,而是在设定框架内自主、合理地研究不同事实,参与市场竞争。就此意义而言,竞争可以被定义为一种决策程序。基于此,反身性调控激活了社会自我调控机制。

其次,国家借由国有企业进行的经济调控还具有媒介式特征。所谓"媒介式调控",是相对于传统的干涉式调控而言,意为国家并不直接做出决定,而是通过影响决定的过程进行调控。[1] 国家不会再像计划经济下那样直接对交易的价格、数量与方式做出一刀切的规定,而是通过国有企业的经营活动间接性地影响市场的供需。国家不再以高权方式对经济活动进行干预,而是亲自参与,作为私人的竞争者出现,更加灵活,将自己置于市场之中,但不能让自己失控。

可见,国有企业的调控功能实质上反映了国家对经济生活的"柔性干预"。它主要表现为两个方面:身份的柔性化与方式的柔性化。身份的柔性化是指,国家不再趾高气扬地通过行使高权行为的方式干预经济活动,而是屈尊穿上"私法的袍服",以竞争者的身份出现在市

---

[1]　Vgl. Wolfgang Hoffmann-Riem, Ermöglichung von Flexibilität und Innovationsoffenheit im Verwaltungsrecht-Einleitende Problemskizze, in: Wolfgang Hoffmann-Riem/Eberhard Schmidt-Aßmann, *Innovation und Flexibilität des Verwaltungshandelns*, Baden-Baden 1994, S. 10f.

场中。① 当国家以国有企业的面貌出现时，它与民营企业应当处于平等的地位。方式的柔性化则是指，国家不再像计划经济下那样直接决定生产种类与数量、交易价格等，而是通过影响决定的过程进行经济调控，即通过经营活动间接性地影响市场的供需。在这种模式下，调控对象往往是作为交易方当事人或是消费者身份而出现。

（二）国企的本质

在现有调控模式下，将国企视为经济主体是非常自然的。但是，将国企与行政活动联系在一起，经常会引起巨大的担心与质疑。这种观念似乎会激活人们对于计划经济体制下政企不分的恐惧。然而，这并不能否认以下事实，即国有企业既是经济活动，也是行政活动。

1. 行政活动

国有企业是一种国家活动，更加确切地说，是一种行政活动。这并不意味着回到计划经济体制下的政企不分状态，而是要以一种广义行政的新视角，来重新看待国有企业作为私法形式行政活动的本质属性。

（1）国有企业与广义行政

关于"行政"的定义，在很长一段时间内占据统治地位的是"除外说"。持有这种观点的代表性人物是日本公法学家美浓部达吉，他认为：行政是除立法、司法之外的一切活动。② 这一观点为资产阶级学者普遍接受，因为这与他们的三权分立原则比较相合。近年来，"除外说"的表述方式愈发受到质疑，因为它并不能反映行政的实质内容。根据该理论，行政是"除立法、司法以外的一切活动"，立法是"除司法、行政以外的一切活动"，司法是"除立法、行政以外的一切活动"。这其实什么也说明不了。尽管如此，"除外说"仍为论证国有企业属于国家活动

---

① Vgl. Wolfgang Hoffmann-Riem, Ermöglichung von Flexibilität und Innovationsoffenheit im Verwaltungsrecht-Einleitende Problemskizze, in: Wolfgang Hoffmann-Riem/Eberhard Schmidt-Aßmann, *Innovation und Flexibilität des Verwaltungshandelns*, Baden-Baden 1994, S. 10f.

② 参见张载宇：《行政法要论》（第 6 版），北京：汉林出版社，1977 年，第 10 页。

提供了一个分析框架。国有企业是一种国家活动,它并非立法与司法,而是属于行政活动。将国有企业与行政联系在一起,似乎有"开历史倒车"之嫌。这一观点很容易被误解为是在提倡重回计划经济体制下政企不分之情形。这一方面是由于国有企业改革所处的经济转轨之特殊历史背景,另一方面也是因为人们对"行政"概念的理解,仍然过于狭隘。

"行政"一词在我国语言体系下习惯于专指与国家政权有关的活动。换言之,行政是国家行政主体实施国家行政政权的行为。这包含以下几层含义:其一,行政是指国家行政主体所实施的活动。其二,行政的核心是体现国家行政权的运行,即行政主体实施国家管理与社会管理的活动。其三,行政是一种国家活动,而且这种活动能够引发特定的法律效果。当然,对行政概念还有更为广义的理解。如西文体系下的"行政"并非与国家必然挂钩,英文与法文中的 administration、德文中的 Verwaltung 均含有经营与管理之意,用作说明国家与政府活动时须加上"公共"前缀,以与私人活动区分。[①] 即便是对于公共行政,也存在两种理解:一种观点是目的实现说。正如德国行政法学者奥托·迈耶(Otto Mayer)主张的那样,行政是实现国家政治目的的一切活动。[②] 另一种观点是国家意志执行说,即反对将所有国家活动均视为行政,而是认为,涉及国家意志制定与表达的活动并不是行政,只有为了执行已经制定的国家意志而采取的活动才是行政。正如美国学者古德诺(F. J. Goodnon)所主张的,在一切政治制度中,只有两种基本功能,即国家意志的表现和国家意志的执行。前者谓之政治,后者谓之行政。[③] 也就是说,"行政"概念并不必然与行政主体挂钩。

按照上述广义行政,实践中的行政活动内容复杂,形态多元,因而

①　参见吴庚:《行政法之理论与实用》(增订八版),北京:中国人民大学出版社,2005 年,第 3 页。

②　Vgl. Otto Mayer, *Deutsches Verwaltungsrecht*, Bd. 1, Leipzig 1895, S. 10.

③　See Frank Johnson Goodnow, *Politics and Administration: A Study in Government*, New York: Macmillan, 1900, p. 22 - 35.

对"行政"给出一个具体定义十分困难。因行政活动之复杂多元,"行政"概念也具有多重意涵,其在学理上通常从组织与行为(作用、活动)视角予以观察。就组织视角而言,行政是指自成体系,与其他国家活动领域区分开来的组织结构,也被称为"组织意义之行政"或"制度意义之行政"。"组织意义之行政"又有广义与狭义之分,狭义概念仅包括公法形态的组织,广义概念也将受到行政部门控制的私法形态组织包含在内。[①] 我国关于行政概念的定义则接近于狭义的组织意义之行政。组织意义的行政,在理解上不存在困难,但仅呈现出行政组织的样态,而未及于行政作用(行为)方面,因此对于行政概念的描述有所不足。

就行为视角而言,又可从形式与实质对行政进行区分。形式意义上的行政是指,由组织意义行政主体所进行的活动,即行政主体所为各类行为的总称,至于该行为内容与性质如何则一概不论。这一定义虽简单易懂,但不足以描述完整的行政显现实,因为并非尽有行政机关的行为才是行政,在立法或司法机关中也存在行政的作用,例如法官等公务员的薪资支付等。因此,对于行政的界定必须着眼于其实质内涵,此即"实质意义之行政",泛指履行"行政任务"的国家活动。

在界定实质意义之行政这一问题上,又存在"消极说"与"积极说"两种观点。受到希腊哲学家亚里士多德所提出的权力三分法之宪法架构影响,自德国行政法学者奥托·迈耶(Otto Mayer)以来,学者多采反面定义方式,即将行政视为立法及司法之外的国家活动,此即"消极说"。[②] 但是,"消极说"具有明显弊端:第一,立法与司法(监察)的概念范围也不清晰,同样需要进一步界定。第二,立法与司法之外的国家活动全部归入行政范畴也并不确切,比如政府做出的统治行为便不属于行政活动。有鉴于此,"消极说"不足以勾勒出清晰的行政概念,学界仍努力从正面来定义行政,此乃"积极说"之核心要义。然则,由于任务设定、活动范围与组织形式等内容极为繁杂,从正面给

---

① Vgl. Dirk Ehlers, *Verwaltung in Privatrechtsform*, Berlin 1984, S. 4.
② Vgl. Otto Mayer, *Deutsches Verwaltungsrecht*, Bd. 1, Leipzig 1895, S. 13.

出行政的准确定义何其难也。因此持"积极说"者或仅侧重于行政的某个或某几个特征,或求全责备,给出精细却繁琐之定义,于实践并无太大参考意义。

对于"实质意义之行政"而言,从正面角度勾勒出的通用涵义尚不存在。故而,只能综合上述从不同角度所做出的关于行政的理解,给出一个大致定义,即"行政,是指行政组织(组织意义之行政)所做出的除立法、司法活动之外的一切活动"。① 根据这一定义,国有企业属于广义上的组织意义之行政,其活动自然也可以纳入行政活动范畴。

(2) 国有企业与私法行政

从前文关于行政概念的讨论中可以看出行政活动的多样性与复杂性特征。基于研究与讨论的需要,学理上所采取的方案是对行政进行类型化,即按照特定的标准,将多样而庞杂的行政进行分类。这种做法不仅可以弥补行政概念无法定义只能描述的缺憾,还可以作为学理发展的基础。依据不同标准,可得出各种各样的行政分类。譬如,以职权履行主体为国家还是其他主体(如地方自治团体、其他公法人等等),行政可区分为直接行政与间接行政。又以行政手段对人民权利影响强度为标准,存在干预(侵益)行政与给付行政之差别。再者,依法律形态不同又可将行政划分为公法行政与私法行政。此处需要着重讨论的正是最后一种分类。

依照适用法律规范性质的不同,可以将行政区分为"公法行政"与"私法行政"两种类型,前者以公法的形式来履行行政任务,后者是以私法形式来从事行政活动。这种分类的重点在于行政运作及其所使用的法律形式,而非行政的作用强度与活动内涵。一直以来,行政法学主要关注的是公法行政。公法行政也被称为公权力行政或高权行政,是指行政机关居于高权主体的地位,以公法规范为依据来从事所有的行政活动。干预行政是公权力行政的主要表现形态,其主要特征在于,行政以一般抽象性的命令或个别性的行政决定,赋予人民一定的义务,必要

---

① Vgl. Dirk Ehlers, *Verwaltung in Privatrechtsform*, Berlin 1984, S. 3f.

时采取强制手段,以达到行政目的。

　　显然,国有企业并非公权力行政,而是属于私法行政。所谓私法行政,是指国家以私法形式履行行政任务,即国家运用私法形式的组织与行为。通常,私法行政又可以区分为行政辅助活动、行政营利活动与行政私法活动。其一,行政辅助活动,是指行政机关为获取履行职务所必需的物资或人力而从事的活动,也属于"需求行政"的一种形态。例如,为了获得必要的人力资源,与个人签订私法上的雇佣合同。行政辅助活动的特点在于,它并非为了直接达成目的,而是以间接的方式,辅助行政目的实现。例如,行政机关成立时,为了准备办公场所,需要发包兴建办公大楼,并购置办公桌椅与相关设备,同时将日后大楼清洁与安全维护事项外包厂商处理,等等。其二,行政营利活动,是指国家以企业的身份从事营利性活动,从而可以提高国家的财政收入。从事此种活动时,行政可以分为两种形式:一是由国家或行政机关直接从事营利行为,另一是国家依据特别法或公司法规定,投资或设立具有私法人性质的公司而从事营利性活动。其三,行政私法活动,也称为以私法形式履行行政任务,是指行政机关以私法手段直接达成行政任务的活动,通常用以满足社会大众日常所需或照顾人民的基本生活,也属于"服务行政"。例如,从事公共房屋租赁、能源供应、公共交通、大型基础设施建设等等。在实现方式上,通常也有两种选择:一是由行政机关与个人直接签订行政协议,以提供给付;另一是行政机关先成立具有私法人性质的组织,再以之提供给付,例如,成立电信公司或电力公司,再由其与个人签订能源供应合同,等等。

　　从上述分类来看,国有企业属于"行政营利活动"与"行政私法活动"。但是,这种分类也并非不受质疑。首先就运作目的而言,三者之间难以完全区分。行政私法活动也会考虑到盈亏问题,行政营利活动也经常需要执行国家政策。其次,就受公法拘束的有无程度而言,行政私法行为需要受到公法拘束。行政营利活动虽以盈利为主要目的,但其为国家所经营,受到法规范约束也与一般私人不同。不仅如此,国家也不能任意进入市场从事营利性活动,而是需要具备法律上的正当性。

因此,上述私法行政的三种区分,毋宁是为了观察上的方便,至于是否受到公法拘束,应当只是程度上的差异,具体情形还需视个案而定,并非仅从概念上便截然分开。

2. 经济活动

由于经济活动的内涵比较广泛,因此如果人们想要正确理解这一概念,就需要依据一定的标准来划定经济活动的范围。

（1）积极标准

对经济性活动给出一个明确的定义并不容易,因为"经济"这一概念本身涵义广泛且具有高度不确定性。在经济学理论中,广义上的经济活动是指为了满足人们需求而提供产品与服务的活动。该概念最初涵盖商业、手工业、银行业、农业、贸易和保险等领域,如今广泛应用于多个方面,主要用来区分经济生活与社会、文化及公共管理等经济生活之外的领域。

经济活动范围非常广泛,每个人与每个机构都可以参与到经济活动中来。经济学也将一般性的经济活动都纳入其研究范畴中。这给学科发展带来很大优势,因为它规避了研究对象过于窄化的缺陷。经济学家将经济定义为"人类以外部自然界为对象,为了创造满足需求所必需的物质环境而非追求享受所采取的行为综合"。[①] 19 世纪下半叶,经济学研究重点逐渐向微观角度转移。目前,主流观点将经济学宽泛地描述为"研究稀缺资源如何有效配置的科学"。[②] 然而,对法学而言,关于经济活动过于广泛的定义所具有的启发意义非常少。不过它至少为经济活动确定了两个标准,即供给需求以及经济理性人假设。

首先,就供需关系而言,需求和供给都受到价格的影响,只不过二者对价格反应的方向不同:需求量随着价格下跌而上升,供给量随着价格上升而上升。因此,价格可以使供需关系达到市场均衡状态。这也

① 参见[俄]巴拉诺夫斯基:《政治经济学原理》(上册),赵维良等译,北京:商务印书馆,2014年,第 12 页。
② 参见[英]莱昂内尔·罗宾斯:《论经济科学的性质与意义》,朱泱译,北京:商务印书馆,2000 年,第 24 页。

解释了计划经济的不可持续性。计划经济消灭了价格功能,价格不决定生产什么和如何生产,只影响收入如何分配。如果所有需求和供给信息都由中央计划者掌握,计划经济可能有效率,但实际上这些信息分散在每个人头脑中,无法统计,因此计划经济反而导致了更严重的不协调。

其次,就理性人假设而言,经济学假设每个参与经济活动的人都是理性的,即每个人从事特定行动是为了实现特定的目的。当现有情况无法实现目的时,理性人才会采取相应行动。虽然行动不一定能达成目标,但理解人的行动时,其背后的目的至关重要。

根据上述两个特征,国有企业所从事的"经济性活动"是指在特定市场中进行给付行为与经济利益交换的活动。例如,各市(乡)镇在水电供应、垃圾处理、花园管理等领域提供服务,同时自身也可能作为消费者。

(2) 消极标准

从上述内容来看,经济学理论对于经济活动的界定标准仅能提供有限的参考。经济性企业的本质取决于历史传统与法秩序,这是不可控的因素。经济学的研究方法主要着眼于企业的传统经济行为和对交易活动的参与。如果缺乏这些要素,就不能被视为经济性企业;但另一方面,即使具备这些要素,也不能必然证明其为经济性企业。所以,要理解经济活动概念,还需要从与其对应的消极范畴来入手,即弄清楚什么是所谓的"非经济性活动"。对于国有企业而言,这对关系主要体现为经济与公共行政。

在区分经济与公共行政时,受到普遍认可的标准是:工作方法及运行模式。经济活动的工作方式以成本与收益为导向,行政活动则并非如此。例如,奥地利学者卡尔·文格尔(Karl Wenger)将经济活动作为公共企业的一个标准,并将其描述为需要一个"按商业方式组织的经济单位",提供"具有经济价值的服务"。[1] 司法实践中也采用了这一标准。例如,德国联邦宪法法院在关于广播机构增值税义务的判决中,认

---

[1]　Vgl. Karl Wenger, *Die öffentliche Unternehmung*, Wien/New York 1969, S. 323 ff.

为广播机构不是"从事商业或职业活动的企业",强调广播机构"实际上履行的是公法上的职责"。[1]

与此同时,还需要注意两种虚假性的标准。它们看似可以区分经济与行政,实则并非如此。这些标准包括:第一,行为形式。经济活动通常采取私法形式,公共行政则采取公法形式。实际上,公共行政也经常采取私法形式,尤其在行政给付领域。第二,盈利意图。商业活动方式通常与被视为经济企业特征的营利或追求利润(盈利意图)紧密相关。对于个别经济主体来说,追求利润是其决定性特征,并且是促使其合理经营的动力。但是,国有企业也并非总是以追求利润为先,例如公益类国有企业。所以,以是否具有盈利意图来区分经济与公共行政也并不科学。

二、国企概念重塑

形式主义下的国有企业概念之争聚焦于国家持股比例之上,其背后的真正诉求为国家对国有企业的控制力。因此,应当从后者,即实质标准来重新定义国有企业。形式标准与实质标准之间是怎样的关系,也需要进一步厘清。

(一) 实质标准:国家控制力

形式主义理念下,"国家持股比例"成为界定国有企业概念的重要标准。但是,持股比例背后所隐含的真正逻辑其实是国家对于企业实际控制力。因为只有在企业中持有股份且达到特定比例,国家才可以利用股东身份通过公司治理结构对企业运营进行实际控制。据此,"国家控制力"才是界定国有企业概念的实质标准。

1. 内在逻辑

之所以要将国家控制力作为国有企业认定的实质标准,与现代企

---

① Vgl. BVerfGE 31, 314(329).

业治理制度的委托代理理论有关。现代企业的根本特征是剩余索取权与控制权的分离,企业从"所有者控制"转变为"管理者"控制。由于企业规模和范围不断扩大,分工日益细化与专业,企业所有者需要将企业的经营活动委托给专业的经理阶层。而代理人损害委托人利益的道德风险就很有可能发生。

委托代理理论使得国家需要对国有企业享有控制力,由于国家不可能亲自经营企业,国有企业无论采用怎样的经营管理模式,都存在出资人所有权与控制权相分离的问题。尤其是国有企业制造了过多的中间层,致使信息传递缓慢,出资人对管理者的监督难度高、监督成本大、监管效率低,较之其他所有制企业,管理者的道德风险更为严重。也就是说,国有企业缺乏来自所有者的"终极关怀"。① 这是国家必须要对国有企业具有控制力的原因。一旦国家丧失了对国有企业的控制力,那么国有企业的"国有"特征也就消失殆尽。我国历史上曾经发生过这样的情形。在大量外资开始涌入我国市场后,啤酒行业中的许多龙头企业分别被外资或是香港资本获得控股权。这样一来,那些原来的国有企业,便理所当然地成为境外公司的子公司,成为外商利用中国廉价劳动力来实现资本快速增值的工具。对这样的企业,中国政府就只剩下社会管理者在国有资产内部对中方股东进行管理的身份了。

我国国有企业是经营性国有资产中的重要组成部分,如前所述,它是国家从事经济活动的工具。国有资产的保值与增值只是国有企业的目标之一,除此之外,国有企业还可作为一段时期内实现国家社会经济发展战略的手段,或促进经济结构合理化与优化的工具,甚至可以被用作平抑经济周期大起大落的稳定器。而国有企业肩负的这种"公益性"使命,正是其特殊性之体现,也是国家须对国有企业具有支配力的根本原因。以太原公共交通控股有限公司(以下简称:太原公

---

① 参见王新红:《论企业国有资产的诉讼保护》,《中南大学学报(社会科学版)》2006 年第 1 期。

交)为例,该公司在连年亏损的情况下,仍然坚持"不提价,不减趟"的做法,以社会效益高于经济效益为指导思想,处处考虑乘客的需求与利益。这固然与太原公交管理层及职工的责任感无法分开。但若将国有企业的公益性仅仅置于企业自身道德层面的约束之下,未免缺乏保障。国家的支配力也正是要通过特定公法规范之约束,限制国有企业的意思自治,使其不得过于随心所欲行事,最终保障国有企业的公益性得以顺利实现。

2. 外部表现

国家控制力标准不仅仅是学理上的探讨,它也体现在现行法律规定中。例如,《审计法》(2021 修正)第 22 条第 1 款规定,审计机关应当对国有资本占控股地位或者主导地位的企业、金融机构的资产、负债、损益以及其他财务收支情况进行审计监督。这是 2021 年《审计法》修正时的新增条款。《审计法实施条例》第 19 条第 2 款规定,审计机关对国有资本占控股地位或主导地位的企业、金融机构,除国务院另有规定之外,应当比照《审计法》(2006 修正)第 18 条第 2 款、第 20 条规定进行审计监督。目前,审计机关对上述企业与金融机构的审计已经比较成熟。所以,2021 年对《审计法》(2006 修正)进行修改时,立法者将《实施条例》中的规定与《审计法》(2006 修正)中的相关规定合并后成为《审计法》(2021 修正)中的第 22 条第 1 款规定。

除了法律规定之外,在法规规章和规范性文件中也曾经出现了关于国家对企业控制力的相关表述。例如,(原)国有资产管理局与(原)国家经济体制改革委员会于发布的《股份有限公司国有股权管理暂行办法》中,要求国有企业进行股份制改组时,要保证国家股或国有法人股的控股地位。1997 年(原)国有资产管理局与(原)国家经济体制改革委员会发布的《股份有限公司国有股股东行使股权行为规范意见》(已废止)中将相对控股的下限规定为 30%,国有股比例下限定为 30%(不含 30%),国有股股东须是第一大股东。

"控制力标准"并非中国特色,而是一种"世界现象"。多个国家采用该标准且诉诸现行法规范予以实证化。比如,欧盟 1980 年颁布的

"透明性指令"第 2 条中规定,公营企业(öffentliches Unternehmen)是指任何行政部门基于所有权、财政参与、章程或其他规范组织活动的规定对其直接或间接行使支配性影响的企业。[1] 德国在其《联邦预算法》第 65 条中也规定,联邦政府可以新设或参与已存在的私法组织形式的企业,但必须对该企业拥有适当的影响力,尤其在监督委员会或其他监督机关中,且需在章程中载明。美国商务部亦将处于政府控制之下的企业认定为国有企业,属于《补贴与反补贴措施协定》第 1. 1(a)(1)条下的"公共机构"。[2]

(二) 形式与实质标准的统一

在国家持股等于或少于 50% 的企业中,根据国家对企业是否具有控制力又区分为两种情形。这实际上包含了两层标准,即"资本联系"与"控制力"。然而,现有的国家持股比例标准更多地关注前者,对后者未予以应有的重视,导致两种标准的混同。实际上,"控制力"是认定国有企业的实质标准,"资本联系"则是形式标准。掌握好二者的关系,方可重塑国有企业的概念。

1. 实质标准是根本目标

"控制力"是"资本联系"的实质动力与根本目标。当国家在企业中控股时,国家便可以通过股东(大)会决议、对董事与监事的提名或任命等公司治理性举措对企业的运营进行实际控制。这是因为,国有企业虽然采取了私法化的组织形式,但相关活动仍属于国家所从事的经济活动,因此仍需要满足国家民主正当性的要求。换言之,国家活动是否需要民主正当性基础,其判断基础并非在于其组织与行为采取怎样的法律形式,而毋宁在于国家活动的实质属性。只要活动隶属于国家,则应当具备国家权力拥有者所赋予其的正当性。诚如有论者所言,从宪

---

[1]　Vgl. Transparenzrichtlinie, RL 80/723/EWG.

[2]　See US Department of Commerce, Issues and Decision Memorandum for the Final Determination in the Countervailing Duty Investigation of Certain Kitchen Appliance Shelving and Racks from the People's Republic of China, p. 43.

法角度来看,组织私法化绝非"除民主化"之过程。^①

所谓民主正当性基础,源自人民主权原则,即国家的权力属于人民所有,源自全体人民。在作为民意代表机关的议会处于相对优越地位的国家,也表现为议会主权。^② 据此,任何行使国家权力的机关与人员,不论直接或间接,最后必须要能够溯源自人民的嘱托,才具有民主正当性基础。这种从人民到从事国家活动的机关与组织之间所存在的"不断的正当性链条"不仅适用于国家以命令或强制方式进行的高权行为,也适用于其他并非以高权手段进行的活动。就执行权而言,无论何种层次的行政组织,组织外观为何种法律行为,均需要具备民主正当性基础。

在我国,民主正当性要求不仅是宪法原则,也具有宪法与法律上的明确依据。我国《宪法》(2018 修正)第 7 条明确规定,"国有经济是国民经济"中的主导力量。关于如何发挥这一"主导力量",《企业国有资产法》第 7 条规定,国家应通过"推动国有资本向关系国民经济命脉和国家安全的重要行业和关键领域集中"的方法,来达到"增强国有经济的控制力、影响力"的目的。而党的十八届三中全会作出的《中共中央关于全面深化改革若干重大问题的决定》(以下简称《决定》)更加详细地阐释道,国有资本经营应"在提供公共服务方面做出更大贡献","发展重要前瞻性战略性产业、保护生态环境、支持科技进步、保障国家安全",最终应"服务于国家战略目标"。我国的国有企业作为国家参与经济活动的组织工具,与私企相比,需要承担更多的任务,不仅包括资产的保值增值,还需符合国家战略目标。这也意味着,国有企业不能像私企一样享有完全的意思自治,而是必须受到更多的公法上的约束。而我国政府作为国有企业的实际控制者,需要承担起督促与监控国有企业,使其不可挣脱这些义务的约束。

综上,只有国家对其享有实际控制力的企业才是真正意义上的

---

① Vgl. Werner Thieme, Demokratie-Ein Staatsziel im Wandel der gelebten Verfassung, *DÖV* 1998, S.760.

② 参见胡锦光,韩大元:《中国宪法》(第 4 版),北京:法律出版社,2018 年,第 57 页。

国有企业。因为此类国有企业才真正体现了国有企业的本质。反之不受国家支配之企业，并非真正意义上的国有企业。对于此类企业，需将国家参股公司的行为应与国有参股公司组织本身区分开来：前者属于国家经营性行为，应受到预算法等公法规范之约束；而后者，则为完全的"公司法人"，在私法框架下享有充分的意思自治。此类"国有企业"仅仅是名义上的，或是习惯上被称为"国有企业"，但其就本质与法律地位而言，实乃与民企无异，也并非国家从事经济活动的组织工具。

2. 形式标准是外观依据

"所有权结构"是"控制力"的外观依据与具体表现。"控制力"是高度抽象的不确定法律概念，需要将其具象化，以方便判定"控制力"是否存在。比如，在国有企业混合制改革如火如荼地进行，上市国有企业数量迅猛增加的背景下，企业股权结构日益分散与多元化，有人不由提出质疑：上市后动辄拥有几十万公众股东的国有企业还能称之为"国有企业"么？这一问题背后便是对国家"控制力"是否存在的担心。而以"所有权结构"来判断该说最重要的优势在于其清晰性和可操作性，一方面，通常情况下国家在国有企业中持股比例越高，对国有企业予以影响的可能性就越大，最明显的例子便是表决权之行使，因而持股比例与国家支配力的关系一目了然，极易判断；另一方面，作为判断标准的持股比例本身也具有确定性和可操作性的优点。

对此，典型的判例为"法兰克福机场案"。[1] 该案基本案情如下：F公司是一家公私合营的股份有限公司，其52%的股份由黑森州和法兰克福市共同持有，另外48%股份则由私人持有。1998年1月1日，F公司公布了针对由其经营的"法兰克福机场"的"机场使用章程"，章程中明确规定，禁止一切未取得机场许可的游行、示威等活动。2003年3月11日，某抗议团体的五名成员进入法兰克福机场，并开始散发传单，后被机场保安人员阻止。F公司分别于2003年3月12日和11月7

---

[1]　Vgl. BVerfG *NJW* 2011, 1201.

日向五名成员发函,声明若他们再次从事上述行为公司则将提起刑事诉讼,且明确告知基于机场正常运行及旅客安全之考虑,不能容忍未经许可进入机场进行的示威活动。该五名成员遂以 F 公司侵犯其言论自由及集会示威自由向科隆普通法院起诉,三审均败诉,终诉至联邦宪法法院,得以胜诉。

依德国联邦宪法法院之见解,根据基本法第 1 条第 3 款的规定,基本权之约束及于一切国家权力之行使。其中"国家权力"应当被概括的、全面的来看待,其不仅包括国家直接行使权力的行为,也包括国家通过设立组织,包括私法组织如公司形式来行使权力的情况,前提是国家对私法组织仍具有支配力。基本权约束不应当仅仅包括政府独资公司,还应包括政府控股公司,因为依股份有限公司法第 16、17 条规定及欧盟 2004 年 109 号指令,当国家控股超过半数时,可认为其对公私合营事业具有支配力,至于该事业的经营目标和内容在所不问。而政府控股公司与政府参股公司之区别正在于,前者为"私人参与下的国家活动",后者则为"国家参与下的私人活动"。另外,基本权对 F 公司的约束是针对于整个公司而言,而非公司背后的股东。至于私股东权益是否会因公司所受的基本权约束而受损,法院认为,私股东可以自由选择是否加入公私合营公司,一旦加入,那么"机遇与风险"并存的局面也是其所必须承受的。

3. 概念认定"二阶法"

如前文所言,在认定国有企业概念的过程中,"国家控制力"作为概念认定的实质标准,"国家持股比例"作为形式标准,二者具有密切相连,不可分割的关系。具体而言,形式标准与实质标准共同构成我国国有企业概念认定的"二阶法"。

在第一阶段首先适用形式标准,即判断企业在所有权结构上是否满足国家的持股比例要求。若符合,则认定为国有企业。据此,以下两类企业属于国有企业一般不存在疑义:第一,国家独资企业与国家独资公司国有企业。即便在最窄义的国有企业概念认定中,这一点也得到承认。例如,最高院认为《刑法》(2023 修正)第 93 条中的"国有公司"

仅仅包含国有独资公司,而并不包括国有资本控股、参股公司。第二,国家资本控股企业也属于国有企业。此处,国家资本控股企业包含两种情形:一种情形是绝对控股,即国家资本对企业控股超过50%;另一种情形是相对控股,即国家持股比例尽管小于50%,但与其他股东相比,仍然可以享有控制权。在这两种情形下,根据所有权结构,国家都能够在公司法中股东权利框架下行使相关表决权,实现对公司活动的控制。

当企业不符合形式标准时,则进入到第二阶段,以实质标准来对其进行考察。若企业符合实质标准,则依旧认定为国有企业,如国家持股尚不能达到相对控股情形却通过协议控制对企业享有控制力。若不符合实质标准,则不能认定为国有企业,至多为国家参股的私营企业。前文提及的国家不具控制力的国有参股公司,便属此例。例如,在协议控制情形下,国家虽不是第一大股东,但依然通过协议对企业有实际控制力。

三、国企属性重塑

在功能主义视角下,公司性仅仅表达出国企的工具性,国家性才是国企的核心属性,而公益性正是源自国家性。

(一) 公益性的内涵

1. 概念特征

公益性,是指公共利益、公共福祉,即不特定多数社会成员的利益。[①] 这一概念属于不确定性法律概念。这种不确定性首先表现在公共利益的内容上。"利益"是主体对客体所作价值判断后得到的积极的结果。这种价值判断所形成的利益概念具有不确定性,因为它不仅包括物质上的利益,还包括精神上的利益,如文化、风俗、宗教等。简言

---

① 参见梁上上:《公共利益与利益衡量》,《政法论坛》2016年第6期。

之,利益是价值判断的结果,是人们以感觉肯定其存在的实益,由此可见利益的不确定性及多面性。

不确定性还表现在公共利益的受益对象上。公共利益概念最复杂的特征就在于其收益对象的不确定性。享有公共利益的主体是公众,或称大众。而何谓公众是探讨公共利益的学者最为困惑之处。有观点认为可以采取"地域基础理论"标准。但是,"地域基础理论"过于强调地域的区分,它忽略了一种清醒,即属于其他地区的人民也可以越过该地区而享受利益。当然,也可以将受益人范围和数量作为标准,认为只要使大多数不确定范围的人获益,即属于公共利益。但是,这种数量标准仍然是不确定的。

除了不确定性之外,国有企业公益性的内涵会随时空背景变迁而有所不同,具有很强的弹性。就时间维度而言,由于国有企业改革伴随着剧烈的经济体制转型与社会结构变迁,不同时期的国有企业公益性内涵也有所不同。比如,在计划经济体制下,国有企业肩负着职工"从生到死所涉及的社会职能",包括医疗、教育、丧葬等等。[①] 随着 20 世纪末国有企业社会职能分离改革的推进,上述职能已转移至政府或其他机构,不再由国有企业承担。就空间维度而言,公益性更多的是一种政策决定与裁量,应当符合国家战略与经济发展的要求。由于所处发展阶段与政治经济体制不同,各国的法律政策中对于公益性内涵的界定也存在差异。我国现有政策中涉及公益性国有企业的内容,将公益性理解为提供公共产品与服务。在德国,促进就业、废水处理、能源供给,甚至加强市镇内部的区域合作等内容均被视为国有企业公益性之体现。[②] 德国联邦普通法院甚至将市镇发行的用以进行政策宣传的时事快报也纳入公益性范畴。[③]

2. 概念内涵

正是由于在不同时空下公益性的内涵具有很大变动性,公益性概

---

① 参见邵宁主编:《国企改革实录(1998—2008)》,第 259 页。

② Vgl. Martin Burgi, *Kommunalrecht*, 4. Aufl., München 2012, S. 259f.

③ Vgl. BGH, *GRUR* 1973, 530(531).

念在适用过程中也具有明显的阐释性特征，即需要将公益性与具体案件事实紧密相连，在个案中对公益性的内涵予以明确而详细的阐述。

（1）经济功能

国有企业公益性最直接的体现便在于壮大国有经济。这种经济功能主要体现为直接功能与间接功能两个方面。

其一，就直接功能而言，国有企业的发展有利于增强国有经济的控制力和影响力。《企业国有资产法》第 7 条规定，国家推动国有资本向关系国民经济命脉和国家安全的重要行业和关键领域集中，提高国有经济的整体素质，增强国有经济的控制力和影响力。经济学相关研究表明，2009 年后"国进民退"现象在民航、钢铁、煤炭、高速公路等行业表现得较为明显。且不论对这一现象的褒贬如何，国有企业在中国经济发展与产业调整中的主体性地位已然不容置疑。民营企业作为非公有制经济当然也对促进国家经济发展具有重要作用，但这并不是其本质功能。逐利性才是民营企业的本质与核心。

我国坚持社会主义公有制经济制度，这要求国有经济在特定领域中必须占据主导地位，如关系国家安全、国民经济命脉以及国计民生的重要行业和关键领域。保持国有资本在这些行业领域的控制力和影响力，是长期以来党中央、国务院关于国有资本布局结构调整工作的一贯要求，也是国有企业改革发展的重要原则。改革开放以来，国有资本在国防军工、石油石化、电力、电信、煤炭、燃气、市政水务等行业和领域布局力度相对较大，行业占比始终维持在较高水平，为保障国家安全、促进经济社会发展、满足人民生活需要提供了根本保障。

其二，就间接功能而言，国有企业的发展壮大有利于国有资本的增值保值。国有企业的部分利润上缴国家，被纳入公共财政，用于实现基础设施建设、社会保障等，或是直接用于实现其他公共利益。根据国家预算，中央国有资本经营预算自 2010 年起就直接安排专项支出用于补充全国社会保障基金，2010 年到 2017 年共安排资金 306.37 亿元。早在 2001 年，国务院便制定了《减持国有股筹集社会保障资金管理暂行办法》，探索通过减持国有股筹集社保资金。由于资本市场条件不够成熟,该办法发布不久后就暂停实施。2009 年,在完成国有企业股权分置改革后,财政部与国资委等多个部门联合发布《境内证券市场转持部分国有股充实全国社会保障基金实施办法》(已废止)明确要求,凡是在境内证券市场首次公开发行股票并上市的含国有股的股份公司,必须按照首次公开发行时的股份数量的 10%,将部分国有股转由全国社保基金理事会持有。2017 年国务院印发《划转部分国有资本充实社保基金实施方案》,调整了相关政策,将划转转持 IPO 国有上市公司股权的10%,调整为划转中央和地方国有及国有控股大中型企业、金融机构国有股权的 10%充实社保基金,并进一步加大划转国有股权支持社保事业的力度。截至 2018 年底,国有股减转持的资金和股份已达到2844.13 亿元,[①]对国家社保事业发展给予了有力支撑。

（2）社会功能

除了经济功能,国有企业还承担着重要的社会功能。1999 年党的十五届四中全会通过的《关于国有企业改革和发展若干重大问题的决定》中指出:"搞好国有企业的改革和发展,是实现国家长治久安和保持社会稳定的重要基础"。从实践来看,主要表现为"补位"与"救场"两个功能。

其一,国有企业具有"补位"功能,即承担民营企业做不了或不愿做的任务。如高铁、保障房等准公共产品与供水、供电、供热、公共交通等公共产品与服务的提供,满足人们日常生活与生产的基本需要。所谓公益类国有企业,正是主要承担此类功能的企业。"补位"功能意味着,我国对公用事业传统采取了国有化模式。公用事业所提供的服务或产品往往很难找到与其同性质的替代品,或者虽存在却转化成本太高。这加深了消费者对公用事业的依赖性。[②] 公用事业有明显的根据"成

---

① 《全国社会保障基金理事会社保基金年度报告（2021 年度）》,2022 年 8 月 18 日,http://www.ssf.gov.cn/portal/xxgk/fdzdgknr/cwbg/sbjjndbg/webinfo/2022/08/166238196541 8407.htm,2024 年 7 月 10 日。

② See John Ernst, *Whose Utilities: The Social Impact of Public Utility Privatization and Regulation in Britain*, Maidenhead: Open University Press, 1997, pp. 37 - 40.

本弱增性"理论,若由一个企业生产整个行业产出的总成本比由两个或两个以上的厂商生产这个产出的总成本低,则其为自然垄断行业。公用事业对于基础设施依赖程度较高,呈现出典型的"网络产业"特色,因而自然垄断性尤为明显。以电信业为例,其为保障自身技术特征之实现,需依赖基础设施网络建设,如关于传统的固定电话业务,需进行挖沟、埋管、穿缆、建基站等大规模固定投资,沉没成本巨大,不宜重复建设。因此,对于公用事业,国家通常由自己独占经营来取代私人的独占性经营,以期透过事业内部之管理控制,决定独占事业之价格、产能,将独占垄断之弊端内部化。这样既可以彻底防止私人独占经营的弊端,又能够解决如私人资本不足的问题,提高生产能量,最后,借由国家的直接补贴亦足以使产品价格保持稳定。①

其二,特殊情况下,国有企业要承担"救场"功能。在遇到特大灾害的时候,国有企业是保障人民利益的重要力量。例如,2012 年印度雪灾造成长时间大面积持续断电,严重影响了人们的正常生活。同样的情况也出现在 2008 年的中国昭通,云南电网公司 800 余名员工爬冰卧雪抓紧抢修保证了电力通畅。再如,汶川大地震期间,国务院国资委和中央企业紧急行动,积极组织,全力投入抗震救灾和灾后重建工作,千方百计抢救人民群众生命财产,奋力抢修电力、通信、交通等重要基础设施,迅速筹集和紧急调运救灾物资,为抗震救灾做出巨大贡献。

（3）政治功能

国有企业不仅具有天然的经济属性,也具有鲜明的政治属性。经济属性指的是国有企业作为市场竞争的主体,需要保证国有资产保值增值,做强做优做大国有资本,防止国有资产流失,实现企业经营效益的最大化。政治属性指的是国有企业作为中国特色社会主义的重要物质基础和政治基础,以广大党员干部职工为主体的工人阶级作为中国共产党最坚实最可靠的阶级基础和领导阶级,国有企业党组织必须保

①　See Stephen Breyer, *Regulation and its Reform*, Cambridge: Harvard University Press, 1982, p. 183.

证监督党的理论和路线方针政策在企业贯彻执行,保证监督党和国家的决策部署在企业贯彻落实,同时支持公司治理结构依法行使职权,不断提升党组织对国有企业的领导能力。

党的十八大以来,中国特色社会主义进入新时代。以习近平同志为核心的党中央高度重视国有企业的改革发展,对国有企业坚持党的领导、加强党的建设、全面从严治党提出了一系列新思想新观点新论断,为新时代国有企业的党的建设提供了思想武器和行动指南,为国有企业改革发展提供了坚强领导。2015 年 8 月,《中共中央、国务院关于深化国有企业改革的指导意见》明确提出坚持党对国有企业的领导是深化国有企业改革必须坚守的政治方向、政治原则,要贯彻全面从严治党方针,充分发挥企业党组织政治核心作用,加强企业领导班子建设,创新基层党建工作,深入开展党风廉政建设,坚持全心全意依靠工人阶级,维护职工合法权益,为国有企业改革发展提供坚强有力的政治保证、组织保证和人才支撑。2017 年 10 月,党的十九大通过的《中国共产党章程(修正案)》明确了新时代国有企业党组织的地位和作用,在第 33 条中规定了国有企业党委(党组)的领导作用与基层党组织的功能。

(二) 公益性的来源

深化国有企业改革以来,关于国企公益性的重视程度日益提高。但是,现有学理始终没有解释清楚,这种公益性究竟来自何处。而对这一问题的回答,影响着对于公益性内涵的深入挖掘及法律调控制度的进一步完善。所以,必须要认真探究国有企业公益性之来源。

1. 理论基础

公益性目标对于国有企业而言如此重要,然而我国学界始终未对国有企业公益性来源给出具有说服力的解释。这主要是因为其背后的基础性认知:国有企业属于"私人"。这一观念与经济转轨时期的国有企业改革主题相契合,是将国有企业塑造为现代商事公司的理论基础。但这一观念也使得学界对国有企业"国家性"面向挖掘不足。"国家性"

才是国有企业公益性的真正来源。

诚如前文中所讨论的那样，国有企业并非私人，而是一种国家活动的组织形式。自计划经济背景下的行政组织形式，到市场经济背景下的私法组织形式，国有企业承担国家任务的组织功能始终未变，只是组织形式发生变化。国家性作为第一性使得国有企业与民营企业在法律属性上存在着本质区别：国有企业的本质乃国家，民营企业的本质乃私人。之所以要证明国有企业的国家性本质，并不是要赋予国有企业以特殊地位或权力，而是要说明，国有企业和国家一样需要受到更严格的来自公共利益的约束。这便是国有企业公益性的真正来源。国家是为了公益而存在的。诚如法国公法学者让·里韦罗（Jean Rivero）等所言，国家追求的目标就是公共利益。① 这种公益性并不会因为私法组织形式的选择与适用而丧失。

作为私法化的行政组织，国有企业的国家属性要求其必须回归"公益本位"。当然，实践中，不同类型的国有企业公益性来源有所差异。首先，在公益类国有企业中，公益性源自其所从事的公用事业特质。比如，《政府信息公开条例》（2019 修订）第 55 条规定，与人民群众利益密切相关的公共企事业单位在提供社会公共服务过程中制作、获取的信息的公开，应参照本条例执行。在王聚才诉联通不履行政府信息公开法定职责案中，法院受理了原告对中国联通提出的行政诉讼。② 由此，朱芒教授将公共企业理解为以非权力性方式承担（广义）行政活动的主体，即实质意义上的"行政机关"。③ 承担公共服务功能的国有企业虽然也具有逐利性，但其服务于人民群众基本生活与生产需要的公益目标无疑应处于第一位。在所谓商业类国有企业中，公益性目标同样源自其所从事的行业特殊性。对于"主业处于重要行业和关键领域、主要承担重大专项任务"的商业类国有企业而言，其主要涉及重要通信基础

---

① 参见［法］让·里韦罗、［法］让·瓦利纳:《法国行政法》，鲁仁译，北京:商务印书馆，2008
　　年，第 3 页。
② 参见河南省南阳市中级人民法院行政判决书，(2013)南行终字第 00047 号。
③ 参见朱芒:《公共企事业单位应如何信息公开》，《中国法学》2013 年第 2 期。

设施、重要矿产资源开发、石油天然气管网、国防军工等行业与领域,公益性目标比较显著。

问题在于,"主业处于充分竞争行业和领域"商业一类国有企业中,公益性似乎比较隐蔽,因而常常被忽略,即经济调控功能。由于过去四十多年的改革更多地处于经济学主导的"产权进路"之下,政企分开与经营效率成为改革的主要导向。对这一进路的过度依赖所导致的弊端在于国有企业逐渐沦为私法意义上的商事工具,其公益性被掩盖或扭曲。① 因此,"盈利之上论""国有企业私有论"等声音每隔一段时间便会响起。在我国,国有企业绝不能等同于一般商事公司,它是国家调控经济的重要组织工具。实践中,国有企业也通常是完成中央或地方战略任务的重要力量。比如,在推动上海建设具有全球影响力的科技创新中心战略实施中,上海国资委通过加大考核评价中的创新指标权重,引导国有企业成为实际上的科技创新主力军。② 可见,国有企业所担负的实现国家战略的经济调控功能才是其根本目标。这也是政治话语"中国特色社会主义的重要物质基础和政治基础,是我们党执政兴国的重要支柱和依靠力量"的法律内涵及其表达。③

2. 宪法原则

前文已论及,国有企业并非私人,而是国家从事经济活动的工具,本质属于国家。所以,从宪法层面来看,国有企业并不像"私人"那样享有自由。就规范特质而言,宪法既是自由的基础法,又是限制国家权力的基础法。但是,只有私人享有自由,国家仅具有权限,即国家权力的行使范围是有限度的,仅限于人民自愿让渡的那一部分,超出这一范围的行为都是无效的。④ 这与宪法如何回答主权属于谁的问题相关。现代宪法认为,国家的主权与权力属于人民,为人民所有,此即我国宪法

---

① 参见蒋大兴:《国企为何需要行政化的治理——一种被忽略的效率性解释》,《现代法学》2014 年第 5 期。

② 参见金琳:《上海市国资委积极鼓励国企创新》,《上海国资》2016 年第 6 期。

③ 参见《坚持党对国有企业的领导不动摇——一论贯彻习近平总书记国企党建工作会议讲话精神》,《人民日报》2016 年 10 月 12 日,第 4 版。

④ 参见胡锦光、韩大元:《中国宪法》(第四版),北京:法律出版社,2018 年,第 57 页。

中的人民主权原则。日本宪法中的国民主权原则与德国基本法中的民主国原则,与上述原则所秉持的精神大致相同。人民主权原则是针对封建时代的君权神授精神所提出的,其主张每个个人具有与生俱来的各种权利与自由,国家和国家权力的运行正是为了保障这种权利与自由。

国家不仅不享有基本权利,反而对基本权利承担义务。这种义务很大程度上是一种政治义务。政治义务有两个层次的涵义:其一,国家或者政府作为统治者对于人民的服从义务;其二,人民对于国家统治的服从义务。① 这里说的是第一个层次的政治义务。国家对作为主权者的人民有服从的义务。政治义务实际上也是一种道德义务,从国家伦理学的角度讲,是否服从人民的利益是国家是否具有正当性的基本标准,所以,国家的政治义务实际上是从正当性和道德上对国家的约束或限制。在这个层面上,国家对基本权利的义务并非基于个人的直接要求,而是仅受权力拥有者的良心与道义约束的义务。不可否认,宪法对于国家尊重保障基本权利的义务的宣告,具有道德权利与道德义务宣告的意味。这种权利义务并不具备法律上的实效性。

可以这样想,每一个法律行为之所以被法律确认与许可,即便是个人对意思自治的利用,也是因为法律规范赋予了其私人权限。关键在于,私人领域与国家领域受到法律约束的数量与强度不同。私法承认个人的私人自治,保障其生命形成的个人自由。在私人自治界限内,个人可以自由决定自己行为的目标,而不管其理性还是非理性,有利还是有害。此所谓,法无禁止即自由。与此相反,国家活动不享有此种自由。

既然国家不享有宪法意义上的自由,那么每一种国家活动都需要权限上的正当性,这种正当性就是公益性目标。这同样适用于私法行政与公法行政。即便在私法中,行政主体的法律主体性也并非基于个

① 参见陈文政:《政治义务论——政府的义务和人民的服从义务》,《东海法学研究》1996年第10期。

人自由,而是基于特殊的权限基础。行政在私法上的变形与对私法的适用与法治国是相违背的。因此,国家只能将私法形式作为技术上的复合体来利用,将私人自治作为其正当性基础是被禁止的。而作为国家活动的行政也需要以公益为取向。换言之,行政活动的启动与实施,除了应当遵守法律规定之外,还需要斟酌行政目的,以公益为取向,作通盘考虑。

3. 法律规定

国有企业的公益性并非仅仅停留于学理与宪法原则上的讨论,而是已经体现在具体法律之中。这也构成了国有企业公益性的重要来源之一。一般而言,立法者会采取直接与间接模式对国有企业作为国家活动的公益性进行规定。

(1)直接模式

直接模式是指,法律直接规定公益性应当作为国有企业成立的必要条件。采取直接模式的典型代表国家为德国。在德国联邦法层面,《联邦预算法》第 65 条第 1 项规定,联邦政府可以新设或参与到现有私法组织形式的企业中来,但此举必须对联邦利益影响重大,且联邦所追求的公共目标无法通过其他更好、更具经济效率的方法达成。为保证公营公司不会偏离公共目标,《联邦预算法》第 65 条对其建立、公股比例变化、转投资、公派监督人员之义务及议会监督做出了相关规定。该法第 65 条第 1 项规定,联邦政府可以新设或参与已存在的私法组织形式的企业,但须满足下列四个要件:(1)此举对联邦利益影响重大,且联邦所追求的公共目的无法通过其他更好、更具经济效率的方法达成;(2)联邦的出资义务须限制在一定额度内;(3)联邦需保证对该私法组织企业拥有适当的影响力,尤其在监督委员会或其他相关监督机关中,且需在公司章程中确定;(4)该企业的年度财务和经营报告,需按照适用于大型资合公司的商业会计原则来记账与审查,法律另有规定除外。第 65 条第 2 项规定,联邦参与已存在的私法组织企业、提高参股比例或是全部、部分转让股份时,主管部门必须取得财政部的同意,且需有主管联邦财产的部门的加入。同样,当企业注册资本额、经营范围或联邦对企业的影响即将发生变化时,联邦财政部必须参与协商。第 65 条第 3 项规定了对企业转投资的限制,对于联邦持股半数以上的私法组织形式企业,在下列情形之一出现之前,必须取得联邦主管部门的同意(主管部门在同意之前必须与财政部取得一致且需要主管联邦财产的部门的加入),主管部门对此负有督导义务:(1)该私法组织形式企业向另一企业投资额占后者四分之一以上;(2)前述投资额增加;(3)将前述投资全部或部分转让。

在德国,联邦建立的公营公司在数量上远远少于州和市(乡)镇建立的公营公司。根据基本法第 70 条,各州也享有极大的立法自主权。在州法层面,各地方自治章程虽不尽相同,但基本都认为公共目的是国家通过建立公营公司参加经济活动的前提条件。例如,德国《北莱茵-威斯特法伦州自治章程》第 107 条第 1 款规定,各市镇可以从事经济性活动,但其必须以完成公共目标为必要。《黑森州自治章程》第 121 条第 1 款同样规定,各市场从事的经济性活动必须具备公共目标这一正当化事由。从字面来看,"公共目的"的内涵包含极广,只要是服务于"公益"或"公共福祉"等,都可称为具有"公共目的",如促进就业、废水处理,及能源安全等,似乎都可归入此列。联邦最高普通法院甚至在较早的判决中,将某市镇政府发行的用以宣传政策及公告的时事快报也判定为具有"公共目的"。[①] 因而公共目的更多地被视为政策上的思考,市(乡)镇对这种决定拥有极大的裁量空间。[②] 只要公营公司的目标不违背公共性,即认定其具有公共目的。

(2)间接模式

间接模式则是指,虽然法律未直接规定国有企业的公益性,但明确了国有企业需要遵循一些适用于国家而不适用于私人的限制。我国采取的正是此种模式。相关规定散见于宪法与其他单行法之中。

第一,《宪法》(2018 修正)第 91 条第 1 款规定:"国务院设立审计

---

① Vgl. BGH, *GRUR* 1973, 530(531).

② Vgl. Dirk Ehlers, Rechtsprobleme der Kommunalwirtschaft, *DVBl* 1998, S. 498.

机关,对国务院各部门和地方各级政府的财政收支,对国家的财政金融机构和企业事业组织的财务收支,进行审计监督。"该规定属于宪法规范中的审计监督条款。据此,涉及国家财政收支的国有企业应当接受审计。这也属于国有企业审计制度中的国家审计,即由国家审计机关具体实施的审计,其目标是确认和解除政府对国有企业的财政资金和人事管理责任等。国家对国有企业的国家审计主要包括对企业的财务收支审计和对政府任命的企业管理人员的经济责任审计。国家审计代表国家,因而具有一定的国家强制力。这种强制力主要体现在国家审计机关在审计取证方面可以强制要求任何相关部门、企业和人员提供必要的资料。民营企业则无需接受上述审计。

第二,《监察法》第 12 条第 1 款规定:"各级监察委员会可以向本级中国共产党机关、国家机关、法律法规授权或者委托管理公共事务的组织和单位以及所管辖的行政区域、国有企业等派驻或者派出监察机构、监察专员。"该规定明确了派驻或者派出监察机构或者专员的对象范围。鉴于国家监察旨在实现对所有公职人员监督的全覆盖,公职人员所在的机关、单位和组织就成为了派驻或者派出监察机构或者监察专员的当然场所。这些场所包含国有企业,而并不包含民营企业,因民企员工并非公职人员。

第三,《监察法》第 15 条规定,国有企业管理人员属于被监察对象。国有企业监察工作是我国国家监察的重要组成部分。2009 年 7 月 1 日,中共中央、国务院发布《国有企业领导人员廉洁从业若干规定》,明确了国有企业领导人员的廉洁从业行为规范,在滥用职权、以权谋私、侵害公共利益、职务消费和作风建设等五大方面,向国有企业领导人员明确提出"禁令"。2015 年 8 月,《中共中央、国务院关于国有企业改革的指导意见》要求切实落实国有企业反腐倡廉"两个责任"。根据《国有企业领导人员廉洁从业若干规定》和实践需要,作为监察对象的国有企业管理人员,是指国有企业领导班子成员,包括由国有资本代表派出的董事(长)、总(副)经理、党委(副)书记、纪委书记与工会主席等;未设董事会的企业的总经理、副总经理、党委书记、副书记、纪委书记、工会主席等。除此之外，国有企业管理人员还包括中（基）层管理人员。

第四，《刑法》（2023 修正）第 93 条第 2 款规定将国有公司与国有公司派出、或派往国有公司从事公务的人员，视为国家工作人员。如果这些人员有贪污贿赂、渎职等犯罪行为的，对其应依法追究其刑事责任。显然，《刑法》第 93 条第 2 款采用了"职责论"，这不仅更加符合刑法的立法本义，也更加符合我国目前的实际情况。司法实践中，在中石油新疆油田国有企业工作的徐某兰便作为国家工作人员被判处挪用公款罪。①

（三）营利性的内涵

"公益本位"并不意味着否定国有企业的营利性。公益性与营利性之间的关系还需要进一步厘清。

1. 公益性与营利性的关系

国有企业的公益性与营利性并不矛盾。一方面，公益性是国有企业的核心功能与本质特征，营利性处于次要地位，因此不能将"赚钱能力"作为评价国有企业好坏的标准，以防公益性被营利性所遮蔽。另一方面，较强的营利能力也有利于国有企业的发展，为其公益性的实现提供保障与助力。

同时，公益性与营利性不可混为一谈。强调公益性并非基于保护国有企业利益之考虑，毋宁是赋予国有企业一种高于民营企业的义务。这意味着国有企业应当承担更多责任，受到更严格的约束。在营利性方面，国有企业应当和私企同样受法律调整，不得将国有企业的逐利行为与公益混同。比如，在《中学生学习报》社有限公司诉中报报刊图书发行（郑州）有限公司案中，最高院认为，根据平等原则，合同法并未对国有企业利益进行有别于其他市场主体的特别保护。国有企业的利益

---

① 参见新疆维吾尔自治区克拉玛依市克拉玛依区人民法院刑事判决书，(2015)克刑初字第 124 号。

不属于原《合同法》(已废止)第 52 条中的"国家利益"。如是,国有企业的营利行为与其公益性得以严格区分。

坚持"公益本位"绝不是否认国有企业的营利性,而是要明确公益性与营利性的"目标-手段"关系。实现公共利益是国有企业的核心目标,营利活动则是实现公益性的手段。较强的营利能力有利于国有企业的发展,促使其更好地实现公益性目标。就此意义而言,国有企业公益性与慈善活动意义上的公益不同。后者并非以营利活动为主要手段,而是借助于捐赠、低价出售受捐物品等。总而言之,国有企业可以兼具公益性与营利性,二者并不矛盾。

上述观点与现有政策中的国有企业分类监管思路并不矛盾。区分公益类国有企业与商业类国有企业,旨在科学管理,对不同类型的国有企业实施不同的监管思路,而并非意味着将国有企业公益性与营利性截然分开。正如有论者所言,"所有国有企业,无论是商业类还是公益类国有企业,均属公共企业"。① 一方面,所谓公益类国有企业也具有营利性。公益类国有企业同样需要从事经济活动,参加市场竞争(具有合法垄断地位的国有企业除外),赚取利润。另一方面,商业类国有企业也具有公益性目标。依据《国务院关于国有企业发展混合所有制经济的意见》(国发〔2015〕54 号),商业类国有企业区分为"主业处于充分竞争行业和领域"(暂称为"商业一类")与"主业处于重要行业和关键领域、主要承担重大专项任务"(暂称为"商业二类")两种情形。"商业二类"国有企业主要涉及重要通信基础设施、重要矿产资源开发、石油天然气管网、国防军工等行业与领域,均具有显著的公益性目标。

与"商业二类"国有企业相比,"商业一类"国有企业的公益性并非一目了然,而是通过间接方式予以实现,即国有企业利润上缴财政用于公益性目的。类似的例子是税收行为。征税是对纳税人财产权的限

---

① 参见蒋大兴:《废除国资委? ——一种理想主义者的"空想"》,《清华法学》2016 年第 6 期。

制,税款作为财政收入的一部分为国家实现公共福祉提供资金支持,从而赋予税收行为正当性。[①] 只要国有企业向国家上缴利润,并使每位公民有受惠可能性,那么其就具有公益性。就此点而言,我国国有资本预算制度需要完善。在预算收入上,随着国有企业营利能力与竞争力的不断提升,国有企业利润上缴比例也应适当提高。在预算支出上,国有企业上缴利润应更多地用于社会保障等民生需求与国家安全,尽量减少利润通过"体内循环"又用回到国有企业自身情形。[②] 因为后一种情形会削弱国有企业的公益性,即削弱其正当性基础。

2. 纯营利性国有企业的正当性

需要考虑的另一个问题是,仅具有营利性,不具有公益性的国有企业,或是具有公益性的国有企业从事的纯营利性活动应如何看待。较为典型的事例是:中国铁路总公司下属的各铁路局改制为公司形式后,为增加收入纷纷经营旅游餐饮、物流、房地产开发、农畜产品等业务。在"营利本位"理念驱使下,部分国有企业甚至以逐利为己任,全然偏离了我国的政策精神。例如,2017 年改制后的全国 18 家铁路局在完成集团有限公司更名后,立即变更经营范围,新增房地产开发业务。[③] 显然,这些国有企业追求的主要是营利性目标而非公共利益。

从现行法律规定来看,我国宪法并未明文禁止国有企业从事纯营利性活动。一般而言,宪法上调整经济生活秩序的规定被称为"经济宪法"。换言之,经济宪法是指所有包括经济内容并对经济制度进行规定的宪法规范。各国经济制度不同,相应的经济宪法规定也有所差异。例如,德国基本法中奉行所谓的经济政策中立原则,即没有明确规定国家应当坚持某种经济制度。与此不同,我国宪法中存在着不少关于经

---

① Vgl. Wolfram Cremer, Gewinnstreben als öffentliche Unternehmen legitimierender Zweck: Die Antwort des Grundgesetzes, *DÖV* 22(2003), S. 929.

② 参见王莹:《时评:国企回馈公众无论"需要"与否》,2011 年 2 月 24 日,https://www.chinanews.com/cj/2011/02-24/2864474.shtml,2024 年 7 月 10 日。

③ 参见《18 家铁路局公司进军房地产 3 亿平米待开发》,2017 年 12 月 20 日,https://www.sohu.com/a/211557571_115479,2024 年 7 月 8 日。

济制度的规定。例如,《宪法》(2018 修正)第 6 条规定我国实行的是社会主义公有制,以及坚持公有制为主体、多种所有制经济共同发展的基本经济制度。第 7 条规定了国有经济是国民经济中的主导力量。第 11 条规定了国家鼓励、支持和引导非公有制经济的发展,对其依法进行监督和管理。

问题在于:纯营利性国有企业(活动)是否具有正当性基础。目前较为主流的观点认为,认为只有当国有企业的利润用于实现公益性目标时,才能被允许。因为通过这种方式,营利行为本身也具有了公益性。史际春教授认为,国有企业上缴利润纳入公共财政、用于公共目的,如修桥铺路、社会保障等,这本身就是国有企业公益性的表现。① 德国学者沃夫拉姆·克莱默(Wofram Cremer)以税收为例进行论证,征税是对纳税人财产权的限制,税款作为财政收入的一部分为国家实现公共福祉提供资金支持,从而赋予税收行为正当性。但是,"财政收入"的使用必须要使每位公民有受惠可能性。所谓取之于民,用之于民。以中国现行国有资本经营预算制度来看,很难讲国有企业的利润能够"用之于民"。

在预算收入上,国有企业利润上缴比例很低。在我国,仅五类中央企业需要上缴利润,所占总利润收入的比例为 0—25%。在预算支出上,实证研究表明,国企上缴利润主要用于国有企业自身发展与建设,而用于社会保障民生性的支出仅仅占到约 13%。② 国有企业的红利通过"体内循环"又用回企业自身,这无益于人民生活水平的提高与国民经济的协调发展。因此,尽管公益性的内涵极为广泛,但此种纯营利性国有企业(活动)并不属于公益性范畴,不具有正当性基础。

这可为我们提供如下启示:纯营利性国有企业可以被允许存在,但必须有相应的机制保证其利润用途。该机制应至少包含两项内容:其

---

① 参见史际春:《国企公益性与营利性并不矛盾》,《中国社会科学报》2014 年 4 月 9 日,第 A07 版。
② 参见吴泓、陈少晖:《国有资本收益分配"体内循环"机制的影响因素与矫正路径》,《改革与战略》2018 年第 8 期。

一,上缴利润用途,应保证利润确实作为财政收入之一部分被使用,且只能用于服务于一般大众的任务,如修路修桥、水利工程等,而不应用于个别的、具体的项目建设,如办公大楼之修缮,因为后者提供的便利并不能为一般民众所享有,也就丧失了国有企业的公益性;其二,预算公开制度,仅就此类国有企业所上缴利润拟出的使用方案,应当予以公开,否则外界将无法进行监督。在上述机制未得以完善之前,对于"纯营利性国有企业"之建立应当慎之又慎,否则,国有企业便会有"与民争利"之嫌。预算法并未明确强调纯营利性国有企业的利润应用于公共预算,也未说明该部分利润应具体用于何种用途,相关的公开机制自然也无从谈起。由此观之,将纯营利性国有企业利润上缴及用途的公益性保障机制进行完善,是预算法尚需完成的重要任务。

第四章　国有企业法律调控的体系转型

如前文所言,国有企业本质上属于一种私法形式的行政活动,需要同时面临公法与私法的调控。本部分想要讨论的问题是:两种法律体系如何从区分迈向合作,以实现法律体系的融贯性。

第一节　难题之一:规范识别的困境

一、理论区分

(一) 否定说

一直以来,都存在着否认公私法二元区分的声音。公私法区分建立于国家与社会的二元分离基础之上。那么,否认公私法二元区分也就意味着否认国家与社会的区分。这具体又可区分为两种观点:一是根本不承认国家与社会的区分,另一是认为国家与社会的区分越来越相对化,边界已愈发模糊。

1. 法律一元论

否认国家与社会的区分,进而抛弃公法与私法之二元区分,认为只存在单一法域,此种观点被称为"法律一元论",代表性人物为奥地利法学家汉斯·凯尔森(Hans Kelsen)。凯尔森反对传统公私法二元论中的观点,即国家与其他的主体间的关系为法律上的统治关系,相较于其他主体而言,国家是具有更为优越地位的统治主体。在凯尔森看来,同时将国家看作"人"与"统治主体"的观点在法律上是自相矛盾的,因为"依前一观察而言,人民是权利主体,其与国家主体的关系,完全像对其他一切的权利主体的关系一样。从后一观察而言,人民仅为被统治的客体,只有国家才是统治主体"。① 形成上述矛盾的原因在于,国家与其他的主体之间的统治关系,只是"事实上的关系",不能与"法律上的关系"混淆。从法律角度来看,尽管握有更大的权力,国家也不过就是一个"人",与其他权利义务主体并无本质差别,即"劳动者应服从企业者的规定和指挥的所谓私法上的义务,与人民对国家所负的'服从义务',在法律上完全是具有同样的性质"。②

　　凯尔森提出的"法律一元论"与他所秉持的"纯粹法学"理念是相契合的。作为新分析法学派的代表人物,凯尔森追奉法规范的形式分析,主张"使法学理论从一切政治的意识形态和一切自然科学的成分当中解放出来,以其固有的规则性恢复其特质"。③ 只有建立一个将一切实在世界与主观价值判断全部排除在外的金字塔式的法规范体系,作为法律适用的规则,才能维护法治的实现。该理念之下,不怪乎凯尔森认为公私法区分只是专制时代的遗留,因为公法只是用来维护专制君主的统治,这不符合现代法治的要求。

　　"法律一元论"的贡献在于,它注意到公法与私法之间的共通之处,即二者均旨在调整不同主体之间的权利义务关系。这对于矫正那些认为公私法之间毫无共通之处的错误观点至关重要。但是,"一元论"也有其明显缺陷。首先,凯尔森将国家依据权力对人民的统治或支配关系视为事实上的关系,主张不应列入法律上的观察。这一判断是错误的。国家所依据的权力与绑匪之于人质的权力不同。后者是一种单纯

---

① Vgl. Hans Kelsen, *Hauptprobleme der Staatsrechtslehre*, Tübingen 1911, S. 226.

② Vgl. Hans Kelsen, *Hauptprobleme der Staatsrechtslehre*, Tübingen 1911, S. 227.

③ 〔奥〕汉斯·凯尔森:《纯粹法学》,刘燕谷译,重庆:中华文化服务社,1946 年,"序言"部分,第 1 页。

的事实上的权力,其并不被法律所认可,而前者则由法律所承认的。在法律允许范围内,一方的意思得以拘束对方的意思,对方即便违背自己的意愿也负有服从义务,两者间的关系并非单纯事实上的关系,而是法律关系。[①] 再者,共通性的存在并不能否认差异。尽管公法与私法都是调整不同主体之间的权利义务关系,但这并不意味着,国家之于人民与平等主体之间的权利义务关系完全相同。不同主体之间的具体权利义务在性质上也会存在差异。据此而否认公私法之不同显然缺乏说服力。

"一元论"不仅是理论观点,也是法律实践,具体又可区分为"以公法为主的一元法律体系"以及"以私法为主的一元法律体系"。与这些实践相比,公私二元区分体系显得更为科学。

"以公法为主的一元法律体系"典型例证为曾经的民主德国(俗称"东德")的法律体系。该法律体系建立的基础在于,公共利益与个人利益永远一致,因而对个人来说,不存在需要保护的对抗国家的利益。因此,尽管存在国家法、行政法、经济法、民法等不同分支,但其本质上均属于公法。例如,东德《民法典》中明确规定国家目标高于个人权利,并且经常利用政治宣示性条款保证公共利益与个人利益的一致。由上可见,这一法律体系具有明确缺陷,即不符合现代法治精神,缺乏对国家权力的限制与约束。

在英美法系国家,公法与私法没有严格区分,因此属于"以私法为主的一元法律体系"。由于美国法律体系的基本结构和概念也是由英国法律传统决定,因此下文将以英国为例予以说明。在英国的法律体系中,国家与其他的主体以及平等主体之间的关系通常受同一法律调整、同一法院管辖。因此英国传统法学根本不承认行政法的独立地位。行政法被认为是法国的东西,是保护官吏特权的法律,与英国的法治原则不符,甚至被蔑称为"大陆法系的行话"。[②] 这一体系的形成有其深

---

① 参见[日]美浓部达吉:《公法与私法》,黄冯明译,北京:中国政法大学出版社,2002 年,第12 页。

② See Hilaire Barnett, *Constitutional and Administrative Law*, Abingdon: Routledge Press, 2024, p. 511.

刻的历史渊源。在奉行君主专制时期的英国,为了维护国王的特权,国家设立了著名的"星法院"(Star Chamber)。"星法院"主要受理公法诉讼,利用严刑保护国王利益,迫害反对意见。伴随着 17 世纪资产阶级革命的爆发,"星法院"也于 1641 年和其他特权法院一并废除。这为后来法律体系的形成打下了基础。

但是,进入到 20 世纪,随着国家角色由"警察国"向"福利国"转型,行政任务持续增多,行政机关的权力也不断扩大。此时,"私法一元法律体系"的弊端逐渐暴露出来,即其无法有效实现对行政权力的限制与防御,因为这本是法治国原则导向下公法的任务。为此,二战后英国出现了"行政裁判所热"。大量区别于普通法院系统的行政裁判所(tribunal,常用名称也包含委员会 commission、局 board 等)被设立,用来处理与社会立法的相关争议,如养老金、医疗上诉、社会安全等等。尽管行政裁判所并未从根本上撼动英国的行政诉讼制度,但其清晰地显现出"私法一元法律体系"在解决"人民面临持续有力的隐形行政权力时无法得到保护"这一问题上的局限与努力,尤其是促进了英国行政法学界对于行政法独立性的思考与研究。

2. 社会法与共同法

除上述否认公私法区分的一元论之外,还存在一种观点,认为国家与个人之区分已然过时。在现代国家,行政任务的日益增多以及由此带来的高昂成本,使得公私合作方式逐渐在取代传统的高权任务,如国有企业、政府与社会资本合作。这使得国家与个人的活动经常融合在一起,产生了许多共通性问题。因此,公私法区分也在逐渐淡化,诸多法律部门,如经济法、劳动法、环境法等,与传统意义上的公法和私法均有所区别。为了应对上述问题,学界提出两种方案,一种是在公法和私法之外引入第三种法律结构,即作为"第三法域"的社会法,另一种则是在某些情形下放弃公私法二元区分,代之以建立"共同法"。

(1) 社会法

社会法的概念在我国并不陌生。国务院发布的《中国特色社会主义体系白皮书》中将社会法作为我国法律体系的重要组成部分,指出

"社会法是调整劳动关系、社会保障、社会福利和特殊群体权益保障等方面的法律规范"。有论者认为,在宪法统领下,我国法律体系形成了三元结构,即以民商法为主的私法,以行政法、刑法为主的公法与以经济法、社会保障法为主的社会法。[①] 但是,与快速发展的法律实践相比,有关社会法理论的问题始终存在着争议。存有疑问的是:社会法是否足以成为传统公私法二元结构之外的"第三法域"?

社会法理念兴起于 20 世纪的德国,其出发点在于,将人置于社会关系中来看待。倡导社会法的代表性人物德国学者奥托·基尔克(Otto Gierke)认为:"人一方面作为个体是直面自己的统一体,另一方面作为社会生物又是由多个成员组成的整体的部分。法律如人性,所以它也应当区分为个体法与社会法"。[②] 这意味着,社会法迥异于传统公私法这种以个人主义为核心的法律结构。它们所理解的人的形象是完全不同的。例如,民法以自然人的纯粹人格为基础,这种人格是抽象的,可以与外部世界割裂开来。而社会法则以社会性人格为基础,在世俗的种种社会约束中来理解人。

尽管与传统公私法结构不同,但社会法不足以成为除此之外的"第三法域"。一方面,从社会法自身建构而言,它对于概念的界定不清晰,也缺乏自洽,因而就很难发展出像公私法结构中那样的基础概念,如人、权利能力、法律主体等,从而无法对法律适用提供具有可操作性的建议,而只能产生泛泛的观念上的影响。另一方面,从社会法与公私法的关系来看,二者并不在同一维度之上。社会法主要是在目的论层面上,强调实现社会政策。而公法与私法更多的是在提供实现目的的方法与手段。实现社会政策,既可以采取公法中提供的国家介入手段,也可以采取私法中提供的个人能动手段。例如,劳动法旨在保护劳动者的合法权益,其中,劳动合同法属于私法,劳动保护法中相关规定则属于公法。就此意义而言,社会法是公法与私法的混合,却不足以在经典的

---

① 参见孙笑侠:《论传统法律调整方式的改造——兼论法律体系的三元化结构》,《法学》1995 年第 1 期。

② [德]奥托·基尔克:《人类社团的本质》,杨若濛译,北京:商务印书馆,2021 年,第 35 页。

公法与私法划分之外形成所谓独立的"第三法域"。①

（2）共同法

关于传统的公私法二元区分结构，还有一种修正方案是提出所谓的"共同法"（gemeinsames Recht）概念。与社会法不同，"共同法"并非是在公法与私法之外引入第三种法律结构，而是指既可以属于公法，也可以属于私法的法规范。② 此种规范常见于经济法中。例如，德国法认为，竞争法在适用时对公法与私法是中立的。因此竞争关系的隶属依赖于其背后的基础法律关系。如果行政机关以公法为基础从事活动，那么其行为即便在竞争法视角下也属于公法行为。只要没有特别规定，与竞争法相关的解释与争议既可以向普通法院，也可以向特殊行政法院提起。

从上述内容来看，很难讲"共同法"足以对传统的公私法二元区分结构形成挑战，因为它实质上就是将公法规范与私法规范置于同一个法律规定之中而已。德国学者马丁·布吉（Martin Burgi）便认为"共同法"是一个多余的概念，它只是立法者行使行政形式选择自由的一种表现而已。具言之，立法者有决定行政活动究竟采取私法形式还是公法形式的自由，为此可以采取三种方式：第一种是直接规定某些行政活动只能采取私法形式，如政府采购；第二种最为常见，即行政活动在没有特殊规定的情形下适用私法，如国家参与经济活动；第三种则是共同法，其同时属于公法与私法。从某种程度而言，"共同法"的存在只是公私法区分方法论上的问题，即公法与私法区分并非是体系性的，即对于一部法典或在单一名称之下所包含的规范全体的区别，而是针对个别规范的。某特定法律规范在适用不同的法律关系时，公私法属性并不相同。因此，只有在适用于特定法律关系时才能确定其公私法属性。

---

① Vgl. Hermann Dersch/Walter Kaskel, *Areitsrecht*, 5. Aufl., Berlin/Heidelberg 1957, S. 4.

② Vgl. Bettermann, Vom Rechtsschutz und Rechtsweg des Bürgers gegen den Rundfunk-Rufmord, *NJW* 1977, S. 515 f.

(二) 肯定说

1. 先验论

综观世界范围内之立法实践,公法与私法之区分通常并非为实证法中的规定,因而其曾被视为一种"先验性法律概念",即先于法律经验而存在。根据德国学者古斯塔夫·拉德布鲁赫(Gustav Radbruch)的解释,"私法"与"公法"不是实证法的概念,也并非能够契合于每一个具体的法律规则,但它是所有法律经验的先导与有效性基础。①

公法与私法是"先验性法律概念"观点并非无懈可击。一般而言,科学命题包含形式科学上的命题与经验科学上的命题。只有形式科学上的命题,才具有先验性,即一旦依逻辑分析方法判定为真,便不会受经验事实变化的影响,如"三角形内角和等于 180 度"便属此列,故而也被称为"恒真命题"(tautology)。② 公法与私法之区分却很难归入上述命题,因其并无法从逻辑上得证。那么,它就只能属于经验科学上的命题。此类命题具有"后验性",其真伪必须经过经验事实的观察验证才能判定。因此它只能是一种"假设",不具有"恒真"的必然性,可能因新事实的发现而被修正或推翻。

以现有事实来看,不区分公私法的法律经验不在少数。且不论至今仍不存在公私法二元划分的英美法系,即便是在将此划分奉为圭臬的大陆法系中,德国在整个中世纪都并未区分公法与私法。③ 日本王朝时代最为完备的成文法典《大宝律令》与《御成败式目》也彰显出彼时立法者并无区分公私法之观念。④ 尽管拉德布鲁赫将此种现象解释

① 参见[德]拉德布鲁赫:《法哲学》,王朴译,北京:法律出版社,2005 年,第 127—128 页。
② 参见杨仁寿:《法学方法论》(第 2 版),北京:中国政法大学出版社,2012 年,第 15 页。
③ 中世纪的德国并不区分"公法""与"私法",只存在"教会法"(jus canonicum)与"市民法"(jus civile),"封建采邑权"(Lehnsrecht)与"国家权"(Landrecht)之分。后者更加近似于如今民法中的用益物权与所有权之分。
④ 《大宝律令》是日本第一部成文法典,制定于公元 701 年(天宝元年),以中国唐朝的《永徽律》为蓝本。《御成败式目》是日本最早的一部重要的武家法典,由镰仓幕府于公元 1232 年(贞永元年)颁布。参见[日]美浓部达吉:《公法与私法》,第 1 页。

为,私法和公法之间的区别并非自古以来就一贯为人们所认识,[1]但"先验性法律概念"一说仍遭受到诸多批评。日本学者美浓部达吉便明确反对法学与经验科学不相容的主张,他认为"一切法律学上的观念,都是用以说明实定法"的,一切基于空想的、无法说明的实定法的观念,"从法律学看来全是废物,非将之抛弃不可"。[2]

2. 历史论

与"先验论"相比,更容易被接受的是"历史论",即将公法与私法作为历史发展的客观现象,认为二者的区分不是原理的,而是"历史的"。德国民法典第一草案理由书里也说明:"公法和私法的界限,不是先验地所能划定的,只有按着法之发展的历史轨迹才能划定。"

以历史发展角度来看,对公私法二元区分起到决定性作用的当属19世纪下半叶以来自由主义思潮兴起。自此,国家与社会被严格予以区分。黑格尔认为,国家作为一种抽象的"伦理理念现实",具有"高于家庭与市民社会的权力"。[3]相应地,两类不同的秩序需要被区分。一种是发生于"社会"范畴的秩序,它是一种抽象的"增长性秩序",即社会长期进化过程中人的行动产物,而非人之设计的结果,也被称为"自生自发的秩序"。另一种则是适用"国家"的秩序,它是一种更为具体的"人造性秩序"。这种秩序是建构出来的产物,它建立的方式是设计者把一系列要素各置其位并指导与控制其运动,也被称为"组织"。奥地利经济学家弗里德利希·冯·哈耶克(Friedrich August von Hayek)用希腊语将这两种秩序区分为"内部秩序"(kosmos)与"外部秩序"(taxis),并主张,为了清晰识别不同的秩序,也应当区分"内部规则"与"外部规则",前者是适用于所有人的普遍且正当的行为规则,后者是由

---

① 参见[德]拉德布鲁赫:《法哲学》,第127页。
② 参见[日]美浓部达吉:《公法与私法》,黄冯明译,北京:中国政法大学出版社,2003年,第20页。
③ 参见[德]黑格尔:《法哲学原理:或自然法和国家学纲要》,范扬、张企泰译,北京:商务印书馆,2017年,第288、297页。

组织或统治者意志制定并用来维持组织运作所必要的规则。① "内部规则"与"外部规则"所对应的正是"私法"与"公法"。

嗣后,公私法之二元区分在价值范畴内得以深化。私法的任务是服务于个人,致力于保护个人的自由与财产。这是因为,作为与自生自发秩序相适应的规则,私法从根本上指向康德提出的个人的自我决定性,倾向于将具体的细节留给人们自己根据不同的情势而决定。公法则恰好相反。一方面,公法旨在"将人类绑定为一种共同体组织加以调控",②因此它需要使用各种命令工具来调整个人的行动使之符合组织目的。另一方面,自生自发社会秩序的运行也需要公法的保障。日本学者美浓部达吉便将公法定义为"直接的第一次国家法(国家制定的法律)",而私法作为"本属于社会的法",因国家对其负有监督与保护责任,便成为"第二次的国家法"。③ 鉴于此,对于公法来说,具有强制力便显得尤为重要。公法与私法被理解为不同的价值范畴。德国行政法学家奥拓·迈耶(Otto Mayer)的著名论断"私法是自由法,公法是强制法"一说,正是由此而来。

从实际层面来看,公私法之二元区分还涉及司法裁判管辖层面上的技术性问题。这主要体现在大陆法系国家。例如,在法国的法律制度中,公法与私法的对立首先与法院对涉及行政机构的诉讼无权受理有关。出于对大革命前的最高法院(les anciens Parlements,又译为巴利门)的不信任,国家以法律形式规定,司法与行政的职能应当严格而彻底分开。由此形成了一个以最高行政法院为首的行政法院系统,在私法之外逐步创立了一整套独立的规则,构成了行政法。④ 德国的行政法院制度正是受到了法国模式的影响与启发。拜

---

① 参见[英]弗里德利希·冯·哈耶克:《法律、立法与自由(第一卷)》,邓正来等译,北京:中国大百科全书出版社,2000 年,第 209 页。

② Vgl. Friedrich Julius Stahl, *Die Philosophie des Rechts*, Bd. II, Heidelberg 2. Aufl., 1845, S. 239.

③ 参见[日]美浓部达吉:《公法与私法》,第 21 页。

④ 参见[法]盖斯旦等:《法国民法总论》,谢汉琪等译,北京:法律出版社,2014 年,第 66—67 页。

恩州、巴登州以及巴登-符腾堡州首先学习了这套模式,继而大部分州都开始模仿。在 1842 年 11 月 5 日,普鲁士州便发布法律明确规定,对治安管理决定的任何异议都只能向上级主管机关提出。只有涉及财产争议时,普通法院才能予以管辖。与德法不同,日本与中国并未建立独立的行政法院,而是采取"单一司法体系",即民事、刑事与行政等三类诉讼由统一法院审理。即便如此,民事诉讼与行政诉讼仍然明显区分开来。要判断二者的管辖范围,便离不开对公法与私法的区分。

二、现实差异

(一)特征与功能

私法主要涉及"人民"(私人意义上的;具体个人或多个人)。它要保障人民有实现自身利益的自由,这主要是指私益,当然也包含做出实现公益之行为的自由。意思自治背后藏着这样的考虑,通过对较小团体(相对于国家)在任务与方式上的放任,公共福祉反而能得到更好的实现,因为灵活性和抵抗风险的能力会提高。由此可见,私法的核心功能是,提供一个基本框架,在这个框架之内人民可以自由做出决定,无需说明理由,这就是在承认各领域都存在天然的保护机制基础上的"利己的调控力",例如房屋租赁法与解雇保护法。

在这一框架之下,规则制定与执行都交由人民自己完成,当然,人民实质上的地位并不平等。规则实现的方式包括合同缔结、结婚、财产权与竞争。他们使得各自背后的私益得以实现,但这也并非在真空之中,而是基于某些固定的以及预先安排好的现实基础之上。这是被国家安排好的,更进一步说,是基于公益的要求。典型的规范为义务性框架与人民自由做出决定所引发的法律效果,如民事责任。

公法涉及的主要角色是国家,它作为组织性的"决策与权力统一体"与其他法律主体区分开来。国家行为由"官方"统一行使,也就是说,它们被委托了特殊的任务。任务的目的是实现公共利益。对此,国家不具有垄断地位,私人也可以从事实现公共利益的活动,但与私人不同的是,国家就是作为实现公益的工具而构建的,其无权追逐其他目标。由此可见,公法的核心功能是确定国家在实现公益过程中实施行为的目标、任务和方式,提供国家所采取决定的正当性、理由与实现方式,以及国家职权的建构与界限。

公法中规定了大量对个人利益的限制,这是平等设立的。为此,公共利益是必要的正当性基础,这往往还涉及不同个人利益的平衡,如涉及两个邻居之间的建设决定。公法不仅仅限制个人利益,它也会促进个人利益的实现,例如维护治安、提供给付、鼓励与规制个人参与公益任务的实现。这二者都需要高度的准确性与稳定性。典型的例子是在行政与私人共同参与的公益性任务中的广泛规定,其通常具有预防性效果,事关程序与组织问题。

(二) 表现形式

通常来讲,部门法要么属于公法,要么属于私法。但是,进一步考察之后会发现这种观点是不准确的。当然,有的部门法以公法为主,有的则以私法占据主要地位。但是,不可能存在一个百分之百完全属于某体系的部门法。例如,在通常被认为是私法的民法中,也有部分公法规范。例如《民法典》第 1008 条为相关主管部门设定了"批准"职权。因此,需要区分的是不同部门法中公法与私法的表现形式。

在一般行政法与大部分部门行政法中,公法占据主要地位,但其仍与私法构成一个联合体。这也适用于税法,但其特殊性需单独系统讨论。在有的部门法中,公法与私法的比例差不多。这包括建设法、邻人法、产品安全法、消费者保护与信息法,以及规制法,如能源法。在这些领域,一方面,存在大量公法规范,来约束规制机关,另一方面也存在着规制法中的核心概念,即私人对于电力无歧视传送的私人请求权。

（三）法律效果

公法的核心优势在于其对公益保障的稳定性，效果的可预见性与具体决定的可执行性。对于一般公众而言，公法意味着平等性与广泛影响性。但是公法也有问题，即对于个案情况的考虑不充分。另外的缺点包括僵化、反应慢，也是因为其协商机制的缺乏。这些优点和缺点并非时时刻刻存在，但还是构成一种观察视角。在个案中究竟是优点还是缺点凸显得多，需要根据具体的法律与事实状况而定。

私法的核心优势在于，保障个人自由的可靠性，提供的形式更为灵活，更加多样性以及对个案的适应性更好。框架性特征也使得其对于各种形式和选择的容纳性更好。内容上的程式较弱这一点使得个人要素也有可能转移到公法领域。

然而，私法的框架性特征也会使其具有明显的缺陷。由于私法通常不以产生特定结果为目标，所以可能会产生保护漏洞，很多情况下依赖于偶然情况的发生。只有当事人自己决定要做出某项行为（如行使请求权）或者当某项责任在特定情形下要归责于他时，很多法律效果才能触发。另外一个弱点在于，特别是合同法，要求双方具有平等地位，而这其实常常是不存在的。

三、区分标准

在承认公私法二元结构的前提下，如何确认二者的区分标准便成为接下来要讨论的。对象问题在于，并不存在一个清晰的、不存在任何争议的标准。这是因为，如前文所述，公私法之区分并非先验性的存在，而是基于现实法律。而现实法律又往往"系由种种错杂的思想之结果所结集而成"。[①] 一直以来，关于公私法区分标准可谓众说纷纭。其中，主要的观点有三种：利益说、主体说与隶属说。以下对每种观点及其缺陷加以说明。

---

① 参见［日］美浓部达吉：《公法与私法》，第32页。

（一）利益说

就实证法而言，一般认为公法与私法之二元区分始于古罗马法。法学家乌尔比安（Ulpianus）首倡："公法是有关罗马国家秩序稳定之法，私法是有关个人利益之法"。[①] 这一观点被查士丁尼大帝认可，并写入官方教科书中。[②] 此即"利益说"之源起，该说主张以法规范所想要保障的利益类型来区分公法与私法。旨在保障私益的法规范属于私法，反之，以保障公益为目的的法规范属于公法。

关于"利益说"，存在的一种质疑观点在于，由于所有法规范的制定（包括私法在内）都是为了保障公共利益，这容易导致"一切法律皆为公法"，从而吞没私人自治空间。[③] 但这种观点较为容易反驳。这是因为，尽管法规范的制定是为了保障公共利益，但"利益说"关注的并非形式意义上的规范，而是规范的实质内容，即每个法规范究竟想要保障何种利益。

"利益说"更为明显的缺陷在于，法规范究竟保护的是公益还是私益常常不能清晰判断。哈耶克认为，只有公法才能服务公益，私法只能用来维护私益这一观念并不正确。真相其实是：公法要求它所适用的那些人以刻意的方式为公益服务，而私法允许个人去追求他们各自的目的，仅仅通过限定个人行动的方式而使得他们最终有利于实现公益。[④] 不仅如此，并非所有法规范都旨在保护单一的利益类型。实践中常常存在的情形是，私法规范中也常常存在公共利益。我国《民法典》中新增的"英烈条款"（《民法典》第 185 条）便是典型例证。公法规范中也常常在保护公益的同时，兼而保障私益。这正是近来备受关注的保护规范理论所讨论之内容。有学者尝试以法规范主要保护公益还是私益来解决上述问题。但是，"主要"之判断涉及量的区分，难有客观

[①] 参见[意]彼得罗·彭梵得：《罗马法教科书》，黄风译，北京：中国政法大学出版社，1992年，第9页。

[②] 参见[古罗马]查士丁尼：《法学总论》，北京：商务印书馆，1989年，第5—6页。

[③] 参见朱庆育：《民法总论》（第二版），北京：北京大学出版社，2016年，第8页。

[④] 参见[英]哈耶克：《法律、立法与自由（第一卷）》，邓正来等译，北京：中国大百科全书出版社，2000年，第209页。

化的标准。最终不免沦为恣意。

（二）隶属说

"隶属说"，也称"主体地位说"，其核心观点为，调整处于上下隶属地位主体的法规范为公法，反之，调整平等主体之间的法规范为私法。例如，行政法通常调整的是行政机关与相对人之间的关系，相对人对行政机关负有服从义务，因而行政法通常是公法。民商法重点在于调整平等个人之间的关系，因而是私法。但是，"隶属说"也具有以下两个明显的缺陷：

第一，"隶属说"具有"乞题"，即"循环论证"的逻辑谬误。[①] 实际上，上下隶属关系与公法规范之间难以断然区别，硬是将其加以人为分隔的后果便是倒果为因，即不同主体间的上下隶属关系往往也正是适用公法后的结果。

第二，适用范围有限。在干预行政领域，"隶属说"能够发挥较好的识别效果。但是，在其他领域中，该说经常失灵。比如，在行政组织之间、处于平等地位的行政机关与个人之间（如行政协议）以及事实性行为中，上下隶属关系并不明确。但上述领域所适用的法规范通常也属于公法。再如，父母与未成年子女之间也存在某种程度上的隶属关系，但其关系通常由私法调整。

（三）主体说

主体说，又称特别法说或隶属说，其主张，根据法规范授予权利或课予其义务的主体（即隶属主体）来区分公法与私法。具体而言，公法专指仅仅以国家作为隶属主体的法规范，因此也有公法是国家的"特别法"这种说法。反之，私法则成为"任何人之法"，包含以"任何人"（包括国家在内）为隶属主体的所有法规范。就主体身份的识别而言，"主体说"又区分为"形式主体说"与"实质主体说"两个发展阶段。

运用"主体说"区分公法与私法时，关键在于，法规范的隶属主体究

---

① Vgl. Hans-Uwe Erichsen, Öffentliches und privates Recht, *Jura* 1982, S.539.

竟是国家与其他高权主体,还是"任何人"。仅仅从形式意义上来理解上述概念,通常也可以达到效果。比如,根据我国《行政处罚法》(2021修订)第 17 条规定,行政处罚只能由行政机关做出,而不能由未经授权的私人做出。该规定的隶属主体很明显是行政机关,因而其属于公法。

但是,随着行政现实的日益复杂,仅仅从形式意义上理解"高权主体"与"任何人"已经不能满足实践需求。这主要表现为以下几种情形:第一,形式意义上的"高权主体",也可以像"私人"(任何人)一样活动。如行政机关参与买卖活动,也适用《民法典》中的相关规定。而《民法典》当然属于私法,因为其适用于"任何人",而非仅适用于国家与高权主体。第二,形式意义上的"私人",被授予行政权力之后,也可以像高权主体一样从事活动。如《行政处罚法》(2021 修订)第 19 条规定的,被授权的具有管理公共事务职能的组织可以在法定授权范围内实施行政处罚。第三,"主体说"也可能会像"隶属说"那样面临循环论证的问题。因为"高权"也可以被定义为依照公法行事的能力。

基于形式主体说存在的种种问题,后续学说对其进行了修正,主要方式是对"高权主体"概念以实质性内容加以填充,此即"实质主体说",也称"修正主体说"。该说主张,只有当法规范中的隶属主体至少有一方为实质意义上的国家或其他高权主体时,此类法规范才为公法。也就是说,法规范对隶属主体授予的权利与课予的义务都与该主体的实质内容相关。①

实质意义上的高权主体,是指所有行使高权的主体,即国家及其组成部分。② 它主要包括两类:第一类是具有独立法律权能的组成部分,在我国主要是指行政机关。在具有公法人制度的国家,如德国,这类高权主体主要是指公法人,包括市镇、公营造物与基金会等。第二类则是不具有独立权能的部分,如行政机构。就此而言,还需对"高权"概念加以界定。

判定实质意义上的"高权"之关键在于,法规范的隶属主体是否在

---

① Vgl. Otto Bachof, über öffentliches Recht, in: Otto Bachof (Hrsg.), *Verwaltungsrecht zwischen Freiheit, Teilhabe und Bindung*, München 1978, S.9.

② Vgl. Hans-Uwe Erichsen, Öffentliches und privates Recht, *Jura* 1982, S.539.

遵循民主原则的前提下,代表人民来履行给付与管理功能。依具体行使的高权类型不同,其又区分为统治高权(狭义的高权)与单纯高权两种。[1] 统治高权,是指行政主体具有单方设定人民的权利义务的权威性,具有强制性,如行政处罚、行政许可、行政强制等等。单纯高权行政则抛弃了此种权威与强制性,其包括公营造物的设置、行政协议的缔结以及公法上的抵销等等。关于单纯高权,需注意两点内容:一是其内涵易被误解为相反之意,即被误认为是纯粹行使高权的行为。二是单纯高权行政需与单纯行政行为区分开来,后者为行政事实行为,不以法律效果的产生、变更与消灭为目的。

实质主体说是目前较为流行的学说,因为它解决了形式主体说所具有的问题。首先,该说对"高权主体"概念注入了实质性内容,这就避免了形式意义上的"高权主体"与"私人"适用法律上可能出现的错位。再者,"高权主体"与"高权"概念之界定不再依赖于公法规范本身,而是从另外的角度加以界定,这就破解了"隶属说"与"形式主体说"所面临的循环论证困境。

(四) 混合说

由于现实法律的复杂性,通常很难以单一的标准将公法与私法划分清楚。以上三种较为主流的标准,也并非是绝对正确的答案。例如,利益说在法国使用较多,而德国则更倾向于实质主体说(也称修正主体说)。目前,就常用方法而言,更为妥当的方案通常是以实质主体说为主,补充适用隶属说与利益说。

就上述方案而言,在判断某法规范究竟是公法还是私法时,关键还是在于该法规范的隶属主体。一般情形下,公法中的隶属主体,至少有一方是国家或其他高权主体。反之,私法中的隶属主体则都是私人。这也被称为公私法二元区分的基本标准。[2] 但是,实践中判断隶属主体究竟

---

[1]　参见陈敏:《行政法总论》,台北:新学林出版股份有限公司,2019 年,第 16 页。

[2]　参见[日]美浓部达吉:《公法与私法》,第 36 页。

是否属于实质意义上的高权主体存在困难。例如,国有企业(包含国有独资企业以及国家控股、参股企业)究竟是否属于高权主体便存在争议。在这种有争议的情形下,便可以采用隶属说与利益说加以补充。首先,如果法规范所调整的隶属主体间关系属于上下隶属关系,那么该规范很有可能属于公法。因为在命令与强制机制下工作的高权主体需要特别的法律规定与纪律。再者,如果法规范中所调整的关系无法确认是否属于上下隶属关系时,则要判断法规范中是否包含只能由高权主体实现的公共利益。

四、中国现状

中国古代兵刑一家,诸法合体,尚未形成清晰的现代法学概念,自然也无公法与私法的法律体系之分。清末,统治者开始学习大陆法系国家的公私法区分理论并将其用于法律改革中。民国时期所制定的六法全书中,公私法之划分得以进一步彰显。但是,上述发展在新中国成立至改革开放的三十年间戛然而止。在这一时期,公法与私法之区分被视为资产阶级法学与资本主义法律制度所特有的产物,因而成为讨论的禁区。直至社会主义市场经济建立之后,承认公私法之区分在我国逐渐成为主流观点。

(一) 否定说

上述公私区分之"否定论"的形成受到苏联理论的重要影响。苏联法学理论认为,公私法区分是资产阶级思想的体现,应当从根本上予以否认。例如,列宁便认为经济领域中的活动都应当由公法调整,不应承认任何私法。[①] 从中不难看出,中国改革开放之前的"否定论"与前文

---

① 参见《列宁全集》第 36 卷,第 587 页。严格来讲,列宁这段话其实存在翻译不妥的问题,此处的"私法"应当翻译为"私的"。列宁本意在强调,新经济政策时期国家不得不对经济进行监管,限制民事流动范围。参见杨振山、斯奇巴尼主编:《罗马法-中国法与民法法典化》,北京:中国政法大学出版社,1995 年,第 5 页。但长期以来,在我国,列宁这段话确实成为否定社会主义法律存在公私之分的主要依据。

所述凯恩斯的"法律一元论"存在着本质性差异。凯恩斯只是否认国家与个人在法律层面上的差别,认为二者均为"法主体",但对现实中国家之于个人的权力关系还是承认的。但"否定论"则从根本上否认了国家与个人之间的现实差别,其认为,公法是人民和权力分隔的表现,当人民掌握政权时,公法也就失去了其存在意义。[①]

"否定论"不仅否定了私法之存在,也否定了公法之存在。但就中国当时的法律实践而言,其与东德的"公法一元法律体系"十分类似。由于中国实行计划经济,所有制结构与政府领导机制均采取中央高度集中统一的方式。在"左"的思潮指引下,强调"一大二公",否定商品经济与价值规律。依照"否定论"之理解,这种市民社会完全被政治国家所吞没的现象彰显了"社会主义制度消灭了社会利益与个人利益的对抗性,保证了两者的紧密结合"。[②] 因此,私法也被公法所完全吞没了。

改革开放之后,少数学者仍坚持"私法否定论"。与改革开放之前"否定论"注重意识形态不同,新的"否定论"主要从法律技术角度予以论证。概言之,主要理由有二:第一,公法与私法作为法律部门的划分标准具有一定意义,但在我国已经建立起法律部门体系的情形下,这种区分就已不再必要,而仅具有理论研究上的意义。第二,随着社会经济的发展,出现了公法私法化与私法公法化的现象,这使得公法与私法的界限已然不清,区分二者没有必要。[③] 在这种认知之下,私法以及私法理念遭到否定,如"协议自由是资本主义国家推行剥削工人的雇佣劳动合同制度的法律工具",[④]"意思自治""协议就是法律"的原则在我们国家是根本行不通的。

(二) 肯定说

十一届三中全会之后,我国进入社会转型期。计划经济体制逐步

---

① 参见李茂管:《法学界关于公法与私法划分问题的争论》,《求是》1995 年第 22 期。
② 参见李茂管:《法学界关于公法与私法划分问题的争论》,《求是》1995 年第 22 期。
③ 参见刘兆年:《西方国家公法私法述评》,《法学家》1986 年第 6 期。
④ 参见佟柔主编:《民法原理》,北京:法律出版社,1983 年,第 15 页。

被打破,社会主义商品经济正在经历有计划地向市场经济过渡的阶段。国家与社会开始分离,逐渐出现公的领域与私的领域之分野。因此,支持公私法划分的"肯定说"逐渐成为主流。1993 年,王家福教授及其领导的课题组,将"肯定说"在中央政治局的法律讲座中得以阐明,并成为当下法学理论的主流学说:"在市场经济条件下,存在着两类性质不同的法律关系。一是法律地位平等的市场主体之间的关系,另一类是国家凭借公权力对市场进行干预的关系,由此决定了规范这两类关系的法律法规性质上的差异,并进而决定了两类不同性质的诉讼程序和审判机关。"①

目前,还有肯定论者提出法的内部结构分为内在联系的不同部分,即公法和私法。他们认为,英美法同样也存在公法与私法的划分问题,只不过是含蓄的,没有像大陆法系国家那么明显并得到学界的普遍认同而已。② 只是这种解释显得略为牵强,公法与私法划分的理论实际上已经获得法理学界的普遍认同,需要探讨的是伴随现代法律发展而形成的公法私法划分标准和何者优位问题,以及公法私法理论的继承性发展问题。

目前,主流观点认为:公法私法划分的二元论为大陆法系的基本法律制度和法律体系勾勒了框架。这一框架主要由两部分构成:第一,在实体内容层面,公法与私法具有两套迥异的规则体系。公法奉行管制原则,私法则奉行自治原则,二者界限分明。这种二元体系已经渗入到各具体部门法中。当遇到特定行业的具体问题时,人们已经习惯探究其归属于哪种法律体系,然后才在相应的规则下展开分析,这已然形成一种"路径锁定效应"。第二,在诉讼程序层面,公法与私法的划分会造成司法救济渠道的差异。私法案件通过民事诉讼解决,公法案件则通过行政诉讼解决。第三,在法律效果层面,公法责任与私法责任存在着

---

① 参见中国社会科学院法学研究所课题组:《建立社会主义市场经济法律体系的理论思考和对策建议》,《法学研究》1993 年第 6 期。

② 参见孙国华,杨思斌:《公法私法的划分与法的内在结构》,《法制与社会发展》2004 年第 4 期。

不同。在责任基础上,私法的补偿责任以功利为目标,责任基础体现功利性,责任结果以是否补足损害为标准,公法的惩罚责任以道义为目标,责任基础体现道义性,归责的结果以是否达到道义公正为标准。在归责要素上,私法责任中过错或主观恶意对责任履行方式并无太大意义和影响,无过错时一般也要求承担补偿责任或衡平责任,公法责任中的过错因素对于责任方式具有重大意义和影响,主观恶性主要体现于过错和客观损害;在免责条件上,私法责任的免责条件和方式包括超过时效、对方不请求、有效补救、自愿协议等,反映权利主体的自由选择,而公法责任的免责条件包括自首、立功等,不由当事人决定,而是由代表国家立场的规范性法律规定并由特定机关认定。总而言之,公法与私法已然演变为大陆法系的基本法律概念。

第二节 难题之二:规范适用的困境

仅仅对法规范的属性进行识别,还不足以解决法律体系不融贯的问题。除此之外,还有一个重要问题是相关法律争议所涉及的法律关系,究竟属于公法关系还是私法关系。这正是法规范的适用问题。

一、私法行政的规范适用

通常认为,有关公法与私法的区分,在实务和学理上具有更大争议也更具有实用价值的,应当是法律争议的性质划分问题。行政活动的做出并不一定完全严格地依照法律明文进行,这是因为,行政机关对于法律规定的任务享有选择法律形式的自由,或者行政机关在进行某种活动时所依据的具体法律规定究竟是什么存在争议,以至无法从法规范属性来推导行政活动的法律属性,而是需要着眼于相关具体事件的实质关联,来确定其法律隶属。

法律争议原则上可以区分为三种类型:发生于国家(行政机关)与

国家(行政机关)之间的法律争议、发生于国家(行政机关)与私人之间的法律争议以及发生于私人与私人之间的法律争议。首先,对于第一种类型的法律争议基本可以推定为公法性质,例如上级行政机关对下级行政机关报告事项予以批准等等。其次,对于第三类法律争议,基本可以认定为私法争议。调整私人与私人之间关系的法律均为私法,私人与私人之间不存在发生公法争议的可能性。

较为复杂的情形通常发生于第二类情形,即"发生于国家(行政机关)与私人"的法律争议。本书所讨论的国有企业,即国家以私法组织形式从事经济活动的情形正是属于此类范畴。这个问题只有在国家行为与其所引发的后果"自相矛盾"时才会存在,即其同时涉及公法与私法规范。与此相反,法律争议只涉及公法规范或私法规范时,不存在上述问题。仅仅以公法为基础的实施,应当仅仅受到公法调整。其典型情形为干预行政;国家通常以公法形式出现,以调整国家与人民关系的特别法规范为依据。例如,警察法与秩序法中的许可之颁布通常属于公法行为。对此,我国《行政诉讼法》(2017 修正)第 12 条中对受案范围进行了相应的规定,包含行政拘留、许可与执照的吊销决定、行政处罚、行政强制、行政不作为、征收决定、滥用行政权力限制竞争等等。

与此相反,在所谓的国库行为中通常只涉及私法,因为国家作为私法主体参与到经济活动中来。典型例子,如国家对工作物资的需求行政。需求行政,旨在筹备履行行政任务所必要的人力和物力,也可以称为后勤行政。例如,租赁办公大楼、购买办公用品等等。需求行政通常表现为私法形式,例如签订购买合同、租赁合同等。行政营利活动则是指行政机关直接从事营利行为,例如出租办公场地等。

当作为诉讼基础的法规范同时包括公法与私法时,仅仅讨论公法与私法的区分便不再足够。这通常发生于行政机关以私法手段直接达成行政任务的行为,常见的例如给付行政。给付行政是指增进人民生存基本条件,并改善人民生活水平的行政活动。此类行政的目的,在于确保并提升人民生活水平,构建合乎人性尊严的生活基础,因此也称照顾行政。与传统干预行政相比,此类行政旨在透过服务的提供,直接关注并实现人民对合法利益的追求。国家对于国民在经济与社会利益上的照顾,是 20 世纪以来现代国家的主要特色之一。在这一领域中,不仅立法者具有相当程度的形成自由,行政机关也存在较大的活动空间与创设弹性。而给付行政既可以用私法形式做出,如签订合同、建立公司等,但同时又与需求行政不同,其关涉人民利益,不能逃脱公法的约束。因此如此,公法与私法之区分需进一步转化为,所涉法律争议属于公法还是私法。

二、行政形式选择自由论

私法行政活动之所以会遇到法律适用难题,主要是由于行政形式选择自由的存在。正因为行政部门可以自由选择从事相关活动所采取的法律形式,才会存在私法行政活动适用何种法规范的问题。关于行政形式选择自由的内涵、前提条件与表现形式的讨论与立场构成了行政形式选择自由理论。

(一) 理论内涵

行政形式选择自由理论(也可称为"行政在公法与私法之间的选择自由"),最早可溯及德国帝国法院时期的裁判。[1] 19 世纪末,对于该命题的讨论主要集中在辅助行政和营利性行政领域,即传统意义上的"国库行政"。当时所关注的核心议题是:当行政完全像其他私法主体一样活动时,是否同样受到私法的约束。[2] 此问题早在 1794 年的普鲁士州法中便得到肯定之答复,且德国行政法学之父奥托·迈耶(Otto Mayer)也认为:"民法没有必要明确规定自己也适用于国家;相反地,

---

[1] Vgl. RGZ 158,83(89).

[2] Vgl. Ulrich Stelkens, *Verwaltungsprivatrecht: zur Privatrechtsbindung der Verwaltung, deren Reichweite und Konsequenzen*, Berlin 2020, S.53.

只要国家在从事满足民法中规定的要件的活动，那么就可以适用民法。"①因此，当行政部门完全像私人一样活动时适用私法，仅仅受基本权和法治国的原则限制，在很早就已成为共识。由于传统的"国库行政"在当时的行政活动中并不多见，且所涉法律关系简单清楚，因而行政形式选择自由学说在当时并未引起太大重视。

直至 1945 年之后，随着二战后民营化之兴起，对于行政在履行行政任务时，是否具有形式选择自由的争论日渐热烈，而由德国学者弗里茨·福莱纳（Fritz Fleiner）于 1928 年首次提出的公法"逃遁至私法（Flucht ins Privatrecht）"②亦在这一时期得到学界极大的重视。是时，德国法学界还是承认行政具有形式选择自由的，但仅能在特定领域适用，即当行政活动的法律依据仅涉及任务配属规定及管辖权规定，且法律并非通过规定特定的行政活动的行为形式来直接调整国家和人民之间的关系，而是仅仅预先规定了对特定任务的履行的时候，例如在大部分给付行政情况下。例如，《宪法》（2018 修正）第 26 条中规定"国家保护和改善生活环境和生态环境，防治污染和其他公害"，即将保护环境规定为国家任务，但国家应以何种行为和组织形式来完成任务，则并无明确规定。换句话讲，只要不存在必须采用特定行为形式的特别法律规定，行政便可以自由选择适用公法或私法，而不能因为行政履行的任务具有公益性，就据此认为为履行任务而采取的手段亦应适用公法。

目前，只要缺乏对具体行为与组织形式具体规定的情形，主流观点认为行政机关在公法与私法之间具有选择自由。仅仅从目标的公益性特征中，不能推断出完成此目标所采取举措的属性。在上述情形下，行政机关原则上可以自由决定，是否采取私法形式来完成行政任务，只要私法形式是最好的选择，且不违反公法规定或法律原则。对于私法组织形式，要特别注意其建立及所有人，以及对其控制力的保障（例如通过股份或者投资）。同样的，基于其行为形式选择，行政机关也需要寻

---

① Vgl. Otto Mayer, *Verwaltungsrecht I*, 3. Aufl., München/Leipzig 1924, S.138.

② Vgl. Fritz Fleiner, *Institutionen des Deutschen Verwaltungsrechts*, Tübingen 8. Aufl., 1928, S.326.

求私法上法律关系的形成。

作为行政形式选择自由之后果,现实中存在着诸多行政活动,其究竟属于公法形式还是私法形式难以识别。这种情形常见于协议、公共设施之利用以及事实行为等领域,在我国,行政协议与民事协议识别标准的争论便属此列。①

(二) 宪法基础

行政形式选择自由并非一种绝对的自由。它不能违反宪法的要求,即合宪性。这里的合宪性包含两层含义:一是不得违反宪法条文规定,二是不得违背宪法基本原则。关于不得违反宪法条文规定这一点不存在疑问,我国宪法并没有明确规定行政任务的履行必须适用或不得适用特定行为或组织。所以,需要讨论的是宪法原则层面的合宪性问题。具体而言,这包含对民主正当性原则和依法治国原则的讨论。

第一,民主正当性原则决定了行政权的正当性来源,因而行政形式选择自由是否符合民主正当性原则的要求成为重要的命题。民主正当性被称为"不断的正当性链条"是指,根据人民主权原则,任何行使国家公权力之机关与职务担当人,最后必须能够溯源至人民的意志,才具有民主正当性。通过法律保留原则保证行政权的民主正当性是最重要的手段。然而,随着行政任务范围的扩大,立法机关已无力针对每项行政任务进行立法,于是在更大范围内向行政授权成为唯一选择。但其带来的结果是:行政权几乎替代了立法权的角色和定位,法律保留原则已不足以保证行政权的民主正当性,必须寻找其他证成途径。

现代社会中,证成民主正当性的途径主要有三,包含:功能与制度之民主正当性、组织与人员之民主正当性以及事物与内容之民主正当性。② 第一,功能与制度之民主正当性,强调行政机关因被宪法赋予特

---

① 参见陈天昊:《行政协议的识别与边界》,《中国法学》2019 年第 1 期。
② Vgl. Ernst-Wolfgang Bökenförde, Demokratie als Verfassungsprinzip, in: Josef Isensee/Paul Kirchhof(Hrsg.), *Handbuch des Staatsrechts der Bundesrepublik Deutschland*, Bd. I, 2 Aufl., Heidelberg 1995, S. 887 ff.

定职权和定位,从而可以直接从制宪权获得民主正当性,因其着重于行政权整体的民主正当性,因而在讨论具体的案例时较少被论及。第二,组织与人员之民主正当性,则强调公权力的执行者(行政机关和公务员)与公权力的拥有者(人民)之间是否存在"持续不中断且可回溯之联结"。① 其中,就组织之民主正当性而言,在合议制的行政组织中特别具有讨论意义,即是否当合议制组织中所有成员均具民主正当性时该组织才具备民主正当性。对此,较为代表性的观点是"双重多数原则",即认为合议制组织的多数决的决定可被接受的前提有两个:(1)该组织多数成员具有完整的人事的民主正当性;(2)同意该项具体决定的多数人中多数成员具有民主正当性。② 就具体人员之民主正当性而言,不仅要求职务担当者的身份取得源自选举或有权之任命,且在履行行政权过程中负有保持距离和中立的义务。③ 第三,事务与内容之民主正当性,强调公权力必须可以回溯至国民(或由国民主导,或符合国民普遍意志)。该正当性可由两种方式形成,一是由人民选举组成具有民主正当性之权力机关,制定法律,而其他所有国家机关均需受法律制约,实际上就是"依法行政原则"的体现;二是通过民主责任原则有效监督国家权力之行为。在此意义上,行政权的事务与内容之民主正当性,通过其对于内部之"行政一体"及"行政对立法负责"的原则即可得到满足。三种传递模式互相合作、互为补充的。

就上述内容而言,行政形式选择自由并未违背民主正当性的要求。首先,就组织与人员民主正当性来讲无论行政者以公法或私法行为来履行行政任务,其作为行政权力的执行者来说,其组织与人员民主正当性是完全不受影响的,例如无论政府做出行政处罚决定还是与私人签订合同,政府本身的民主正当性并不发生变化。其次,就事务与内容民

---

① 参见张志伟:《论民主原则之图像——以德国与美国法之民主正当性传递模式为借镜》,《中正大学法学集刊》第 22 期(2007 年 5 月)。

② Vgl. BVerfGE 93,37(71).

③ 参见黄舒芃:《我国行政权民主正当性基础的检视——以德国公法释义学对于行政权民主正当性概念的诠释为借镜》,《宪政时代》第 25 卷 2 期(1999 年 10 月)。

主正当性而言,行政行为形式选择自由通常适用的领域是"仅仅规定对特定任务的履行"的法律领域,即法律赋予行政者在行为上较大的裁量空间,则行政权并未具有坚实的事务与内容之民主正当性。但如上文所言,三种传递模式相互补充,补充作用主要体现为:如果行政活动不具备坚实之事务与内容之民主正当性,则其组织和人员部分便要求全面的民主正当性之保证。因而,当行政者选择以私法行为履行行政任务时,其事务与内容之民主性欠缺可为其本身完整之组织与人员民主正当性补足。

第二,依法治国原则,主要包括依法行政和正当程序原则。首先,依法行政既是人民主权原则的应有之义,又是依法治国原则在行政法领域的首要体现。它分为两个层面,即法律保留和法律优位。法律保留意为,行政机关在法律明确规定的范围内行使职权,不得超越;法律优位意为,行政行使职权不得与位于上级规范的法律所违背。其中法律优位对于行政形式选择自由理论的影响更为强烈,即只要宪法或法律中对行政形式进行明确规定,立法者和行政机关便不能违背,不再享有选择自由。而法律保留原则仅适用于组织形式的选择自由。其次,正当程序原则中的核心内容包括听证,行政机关的论证义务和中立性。[①] 当行政机关选择以私法形式的行为或组织完成行政任务时,行政程序法的规定不能够直接适用,但是可以将具体规定通过法律解释的方法发展性地加以应用。

(三) 具体表现

行政形式选择自由虽然名为"行政",但实际上不仅行政者,立法者也可行使行政形式选择自由。它具有较为多元的表现形式。

1. 立法活动中的选择自由

与国家行使公权力有关的法律通常集中在公法领域,但是当立法

---

① Vgl. Martin Burgi, Rechtsregime, in: Hoffmann-Riem/Schmidt-Aßmann/Voßkuhle (Hrsg.), *Grundlagen des Verwaltungsrechts*, Band I, 2. Aufl., München 2012, S. 1282.

者决定打破这一藩篱,将行政活动置于私法领域时,即所谓立法者的行政形式选择自由。立法者的选择自由主要表现在三个方面:

第一,立法者制定明确地仅适用于行政活动的私法。例如,政府采购被纳入作为私法规范的合同法中来规制,产生争议也由普通法院解决。《中华人民共和国政府采购法》第 43 条第 1 款明确规定:"政府采购合同适用合同法。采购人和供应商之间的权利和义务,应当按照平等、自愿的原则以合同方式约定。"再如,规范行政部门(不包括私组织形式的国家)与其公务员之外的雇员之间的工资协定的法规在德国亦属于私法范畴。

第二,行政活动缺乏相关公法规定。这是立法者行使行政形式选择自由中最常见的表现,即对于某些行政活动,根本不存在相应的公法规定,只能直接适用私法。实践中,最典型和最常见的例子就是营利性行政和辅助行政。

第三,共同法在立法实践中的体现。共同法是指既适用于民法和公司法领域,又适用于国家领域的法规范。典型例子如德国《工商业管理条例》中第 70 条规定,活动主办方有权基于活动顺利进行的要求在有资格参加活动的企业中挑选若干参加活动,只要并非对于企业有不公正待遇即可。在这一规定中,活动主办方既可以是政府也可以是私人。但也有论者认为这一概念是多余的,所谓共同法,其实与私法可以适用于任何人之性质相同,因此它本质上就是"行政活动缺乏相关公法"规定的情况。①

2. 行政活动中的选择自由

实践中问题较多和被广泛讨论的是行政者的行政形式选择自由,根据其涉及行为还是组织层面又可分为行为形式选择自由和组织形式选择自由,常见于下述领域:(1)需求行政,即所谓辅助性行政;(2)通过补贴的手段,对整体社会、经济与文化生活予以奖励辅导的助成行政;

---

① Vgl. Martin Burgi, Rechtsregime, in: Hoffmann-Riem/Schmidt-Aßmann/Voßkuhle (Hrsg.), *Grundlagen des Verwaltungsrechts*, Band I, 2. Aufl., München 2012, S. 1288.

(3)给付行政。在传统秩序行政和干涉行政之中,选择自由并不多见。因为在这样的领域,鉴于行政对人民利益影响较大,通常法律会为行政活动规定特定的法律形式。根据行政者行使选择自由基于行为或组织层面,又分为行为形式选择自由和组织选择自由。

第一,关于行为形式选择自由,当行政者选择以私法形式进行行政活动,若该活动仅属于"国库行政"领域,则其除基本权外,一般仅受私法之约束;若该活动是以履行行政任务为目的,则除适用私法外,还需受到相关公法之补充适用。行政行为形式选择自由最常见于下列情况:第一,行政行为选择自由最为典型之行使体现于双阶理论的运用。该理论由德国公法学者汉斯·彼得·伊普森(Hans Peter Ipsen)提出,主张国家补贴行为应分为两个阶段:第一阶段中国家决定是否给予私人补贴,属公法行为;第二阶段中国家与私人签订合同,具体履行补贴行为为私法行为。① 如今该理论的适用范围已扩展至公共设施的利用。在双阶理论的第一阶段中,要么立法者通过明确的法律选择了适用公法,如市镇法中关于公共设施使用许可的相关规定;要么在执行层面,行政者考虑到适用公法能够更加有效地完成行政任务,而放弃了选择私法的自由,如补贴中即是如此。而在第二阶段中,行政者既可以选择私法合同,又可以选择公法合同。由此看来,在双阶理论中,行政行为形式选择自由的行使实质上受到了一定限制,因为第一阶段中存在的必须是公法行为。第二,行政行为选择自由的行使还见于行政协议中。在给付行政中,行政部门为了有效达成给付任务之完成,常常以与私主体签订私法合同的方式来履行任务,如城市建设合同。这些合同已被明确规定适用私法,但是出于对分配公正与合同正义的保护,依然需适用一定的公法规范。

---

① 最早见于 Ipsen 在 1951 年做出的法律意见书,vgl. Hans Peter Ipsen, Haushaltssubventionierung über zwei Stufen——Rückblick auf einen rechtsstaatlichen Ansatz, in: Klaus Vogel/ Klaus Tipke (Hrsg.), *Festschrift für Gerhard Wacke zum* 70. *Geburtstag*, Köln-Marienburg 1972, S.142ff 。随后在自己的著作中有进一步论述,vgl. Hans Peter Ipsen, *öffentliche Subventionierung Privater*, Berlin/Köln 1956, S.64 - 66。

第二,关于行政组织形式选择自由,行为形式选择自由只需要不违背宪法和法律规定,但由于制度性法律保留原则,组织选择自由却必须有特别法律依据方可行使。实践中,行政组织形式选择自由主要体现在组织民营化中。行政任务范围的急速扩张使得行政者必须突破原有的公法组织形式,开始寻求在人事、管理和融资渠道上更大的自主权。因此行政者不得不行使组织形式选择自由,寻求用以私法形式的组织完成行政任务,此即前文谈到的"组织私法化",其中最常见组织形式就是有限责任公司和股份有限公司形式。按照国家对公司的影响程度不同,可分为国家100％控股的国有独资公司和国家对其有支配力的公私合营公司。在组织民营化情况下,国家并非退出行政任务之履行,而仅是通过行使私法选择自由来完成任务。因而从本质上讲,私法形态的组织是国家之一部分。因此国家必须对私法组织采取"充分"且"有效"的影响和介入手段,来确保其公益性之实现。这些影响涉及公司的建立、组织形式的选择、公司的经营范围、人事、信息公开等方面。

(四) 限制要件

行政选择自由的核心问题在于,行政能否在公法秩序和私法秩序下自由选择法律形式。而能够选择法律形式者,也同时决定了法律救济途径以及公法或私法的适用,即行政在一定限度内的自由裁量范围内,可以在任务的履行上选择公法或私法形式,并确定所选择的法律形式受到公法或私法规范的约束。所以,行政的形式选择并非毫无限制,不得滥用其选择自由。具体而言,行政形式选择自由的限制要件包括消极要件与积极要件。

消极要件至少包含以下几点:第一,宪法和法律并未明确规定在何种情形下禁止行政部门采取私法形式的活动,或要求行政部门必须以特定法律形式从事相关活动。第二,行政部门选择以私法组织或行为形式从事相关活动时,负有一定的说明义务,即解释其选择的原因。通常,这种选择应基于提高效率的需要。在司法实践中,德国联邦行政法院和联邦普通法院均认可行政形式选择的自由,但法院认为,这种选择自由应当能够最好地实现公益,并且不违反公法规范和基本原则。[①]

积极要件目前存在争议。学界提出"依传统理论(Traditionstheorie)",即依照传统行政惯例来判断具体行政活动究竟属于何种形式,在没有重大理由的情形下,不宜随意变更。[②] 但是"依传统理论"具有两处较为明显的局限性:其一,当行政惯例不存在时,行政形式仍难以识别;其二,当社会背景或者现实需求发生变化时,一味坚守惯例也未必适宜。譬如,国有企业的公司制改革正是在经济体制变迁背景下所进行的重大变化。再如,2014 年版《行政诉讼法》将政府特许经营协议与土地房屋征收补偿协议纳入到行政协议范畴,这也算是对传统习惯的一种变化。基于"依传统理论"的局限性,司法实践中又发展出"推定规则"(Vermutungsregeln),即除非行政机关明确表示采取私法形式,否则将行政活动认定为公法形式。其原因在于,公法是专门适用于国家的特别法。因此,如行政机关未明确选择适用私法,则应当推定其适用公法。[③]

第三节　传统方案:主要内容与局限

当行政活动以私法形式进行时,产生的相关争议究竟适合公法还是私法。对于这一问题,学界提出的方案是"行政私法"。下文将对这一方案及其在公司法领域的"变形",以及其局限性进行讨论。

一、行政私法及其局限

为了防止行政部门借由私法形式来规避其所应当受到的公法约

---

① Vgl. BVerwGE 84,236(240).

② Vgl. Hans Julius Wolff/Otto Bachof/Rolf Stober/Winfried Kluth, *Verwaltungsrecht I: Ein Studienbuch*, München 2017, S. 212.

③ Vgl. BVerwG *NJW* 1961,137,139.

束,可以采取两种解决方案。第一种方案是将行政部门利用私法形式从事活动的可能性降为零,即要求行政部门只能选择公法形式。随着现代行政任务的日益复杂,这种方案已经不合时宜。第二种方案则是容许行政机关采用私法形式进行活动,但同时要求行政机关不得逃避其所应当负有的义务,即除了私法之外,还应当遵守特定公法原则与具体规定。后一种方案,即为行政私法理论所倡导的思想,它在学理和实践中占据了优势地位。

(一) 行政私法的内涵

行政部门可以选择私法形式从事相关活动,但这不意味着其完全失去其公法主体的特性。即便行政活动采用私法形式进行,也不意味着国家或行政机关享有意思自治。换言之,行政以私法形式活动,其所适用的私法还需要受到公法的调整、补充与修正。所以,有论者主张,在纯粹的私法与严格的公法之间,还存在第三种法律领域,即行政私法。[①] 当然,更加准确的说法应该是,不能将行政私法看作独立于公法与私法之外的"第三法域",而是指在私法形式的行政活动中,公法与私法可以得到共同适用。

首先提出"行政私法"思想的是德国学者希伯特(Siebert),他提出"私法仅仅是公权力行政的手段"。[②] 随后另一德国学者沃尔夫(H. J. Wolff)在自己著作中引用希伯特的观点并同时表达了自己的见解,赋予其"行政私法"之称谓。[③] 这是"行政私法"的概念首次被提出。根据该理论,行政可以选择以私法的形式履行高权性质的活动,但同时也必须受到因其公权力的本质而应受到的公法的约束与限制。因而行政在履行行政任务时虽然可以采用私法的形式,但并不意味着其享有意

---

① Vgl. Hans Peter Bull, *Allgemeines Verwaltungsrecht*, 6. Aufl., Heidelberg 2000, S. 120.

② Vgl. Wolfgang Siebert, Privatrecht im Bereich öffentlicher Verwaltung. Zur Abgrenzung und Verflechtung von öffentlichem Recht und Privatrecht, in: *Festschrift für Hans Niedermeyer zum 70. Geburtstag*, Göttingen 1953, S. 221 f.

③ Vgl. Hans Julius Wolff, *Verwaltungsrecht I*, 7. Aufl., München1968, S. 73.

思自治。换句话说,在这种情况下,私法并不是作为行政活动的基础,而仅是行政活动的方式或手段,应当被一些公法所补充、修正和重叠。

顾名思义,行政私法是一个试图在行为主体与行为形式上结合公法与私法的法律概念。根据沃尔夫的说明,行政主体在追求依据公法上任务规定所指示的行政任务,而成立的私法法律关系,虽然形式上与国库行政类似,但在内容上已经完全不同。[①] 所以,行政私法的观念是建立在国库行政与给付行政的区分前提之上。前者只能适用私法,而后者才有行政私法的作用。

但是,上述区分观念并不恰当。原因之一是,国库行政与给付行政的区分不明确。根据行政私法的传统概念,并非所有行政执行公共任务的领域都可以适用行政私法,而毋宁仅仅是给付行政或指导行政。换言之,仅仅在"直接完成其被赋予的任务"时才适用。原因之二在于,行政部门采取私法形式从事活动时,并不意味着其就变成了真正意义上的"私人",更不用说与其他私法主体具有同等的法律地位。换言之,行政部门并不因其采取私法形式而具有意思自治。私法行政活动所追求的行政目的或公益目的仍需要加以正当化。

如果国家仍然是所有国家高权行使的隶属主体,同时依据公法的特别法来界定其法律人格,则国家基本上所受到的宪法约束也应当适用在私法形式的行政上。特别是基本权条款的效力。我国宪法虽然不如德国基本法规定那样,基本权利能够作为直接有效的法,来拘束立法、执行与司法。但解释上也应当承认基本权处于最高法律位阶。它的根据是一个单纯的事实,也就是基本权被规定在宪法条文之中。通过上位法优于下位法也可以得出,任何法律规定违反上位法时,都会因违宪而无效。私法形式的行政也属于行政领域,因此它受到的基本权约束也无差异。除了基本权之外,还包括其他进一步的约束。特别是如果没有其他行政法基本原则的约束时,私法形式的行政还必须遵守

---

① Vgl. Hans Julius Wolff/Otto Bachof/Rolf Stober/Winfried Kluth, *Verwaltungsrecht I: Ein Studienbuch*, München 2017, S. 212.

若干公共财政管理的基本原则,以避免行政"遁入私法"后变成非法取得财政资源的工具。

(二) 行政私法的局限

在具体适用的过程中,行政私法遭遇到两大难题:一是对私法进行调整与补充的公法,其范围究竟包括哪些。最具有争议的是,行政程序法中规定是否可以适用于私法行政。这是因为,公法与私法区分在实证法上的意义之一,在于行政的一些公法行为必须适用行政程序法。例如,我国台湾地区"行政程序法"第 2 条第 1 项规定:"本法所称行政程序,是指行政机关做出行政处分、缔结行政协议、订立法规命令与行政规则、确定行政计划、实施行政指导以及处理陈情等行为之程序。"从本条文义出发,并参考"行政程序法"第 3 条第 3 项,本法似乎已经有意排除私经济行政事项的适用,因此行政私法并不适用于行政程序法。但是通过程序来达成基本权利保障的观点,另一种思考是:即便欠缺明确的法律规定,难道不能考虑一般性类推适用吗?但是,可否类推适用的前提在于,法规范中存在漏洞,而"行政程序法"又似乎不存在这一前提性条件。

另一个难题则是关于行政私法的司法救济渠道。如果没有特殊规定,与行政私法相关的争议究竟应当遵循民事还是行政诉讼救济?我国行政诉讼法对于诉讼范围规定之立法例,采取了"列举 + 概括"主义。换言之,只有法律没有另外规定,公法争议都要通过行政诉讼渠道来解决。肯定行政私法属于公法上的争议者认为,诉讼途径的认定应视寻求权利救济者所进行的具体行为是以何种法律基础为依据。据此,对行政私法行为的救济渠道便存在争议。一方面,由于行政私法相关争议涉及与私法规定相叠合的公法规范,因此这并非私法争议,而是公法争议,理应将行政诉讼作为救济渠道。另一方面,诉讼途径的选择,又与所涉争议的相关行为之法律形式紧密相关。就此点而言,行政私法行为相关争议又似乎应当寻求民事诉讼渠道获得救济。正是因为行政的行为形式不论公法形式或者私法形式,都不能规避公法(特别是宪法)的约束,同时私法形式的行政活动又难以精确地以国库行政和给付行政进行区分。传统内涵的行政私法概念也受到质疑。今日学者已经转而将其视为行政所有从事的私法形式活动的概念总称。

"行政私法"理论正是为了防止出现"遁入私法"的情形而被创设。依照该学说,行政虽然可以采取私法活动形式,但不完全享有意思自治。换言之,私法并非行政活动的基础,而仅是活动形式,因此要受到公法的补充和修正。① 但是,行政私法理论自提出以来一直饱受质疑。除了操作层面上,批评行政私法内涵不够清晰,私法究竟应当受到哪些公法的补充与调整并不明确之外,更为根本性的是以下两种批评。第一,传统上的行政私法以国库思维下的任务分类或者说对公共目标的直接追求程度为基础,这种观点并不准确。即便是所谓"间接实现公共目标"的"国库行为"也并非完全适用私法,其至少要受到宪法约束。第二,"行政私法"仍然基于公法私法相分离的视角,将二者分别理解为强制法与自由法,而并非中立性地将公法与私法作为两种在功能上各有优缺点的法律制度。②

即使行政私法对于行政形式选择自由做出了限制,认为其适用的私法应当是经由公法规范调整并补充的私法,但仍有许多观点认为这种限制并不充分,因为其可能会导致一个令人担忧的结果:国家可以随心所欲地选择适用哪些公法规范。行政私法中作为补充的公法规范范围之不明朗,以及这些规范对于私法分散的、点状的补充,根本不能与适用于行政的公法行为的公法规范相提并论。③ 另外,行政私法认为部分行政程序法规范亦可适用于以私法形式活动的行政的观点,亦遭受到激烈的批判。反对者认为,行政程序法仅能适用于以公法形式进行活动的行政。例如,德国《联邦行政程序法》第 29 条中规定的文件审

① Vgl. BGH *NJW* 1985,1892,1894.

② Vgl. Martin Burgi, Rechtsregime, in: Hoffmann-Riem/Schmidt-Aßmann/Voßkuhle (Hrsg.), *Grundlagen des Verwaltungsrechts*, Band I, 2. Aufl., München 2012, S. 1290.

③ Vgl. Dirk Ehlers, Rechtsstaatliche und prozessuale Probleme des Verwaltungsrechts, *DVBl* 1983, S. 427 f.

阅权或者第 28 条和第 39 条中规定的机关听证和论证义务；从诉讼法角度来看，行政法院法对于寻求法律保护的当事人而言，其意义绝不仅仅在于行政诉讼比民事诉讼费用更加低廉，而在于通过一些方式消除公权力对于当事人合法权利的侵害，这些方式包括：与民事诉讼中的提出原则（即原告举证，意为只有进行了主张和举证的当事人才能受到判决的约束）不同，行政诉讼中采取的是依职权调查原则，并且，行政机关需承担更多的文件出示与答辩的义务。

"行政私法"理论正是为了防止出现"遁入私法"的情形而被创设。依照该学说，行政虽然可以采取私法活动形式，但不完全享有意思自治。换言之，私法并非行政活动的基础，而仅是活动形式，因此要受到公法的补充和修正。① 但是，行政私法理论自提出以来一直饱受质疑。除了操作层面上，批评行政私法内涵不够清晰，私法究竟应当受到哪些公法的补充与调整并不明确之外，更为根本性的是以下两种批评。第一，传统上的行政私法以国库思维下的任务分类或者说对公共目标的直接追求程度为基础，这种观点并不准确。即便是所谓"间接实现公共目标"的"国库行为"也并非完全适用私法，其至少要受到宪法约束。第二，"行政私法"仍然基于公法私法相分离的视角，将二者分别理解为强制法与自由法，而并非中立性地将公法与私法作为两种在功能上各有优缺点的法律制度。②

二、行政公司法及其局限

"行政公司法"并非立法层面的一部法律，而是指学理层面上对于行政法与公司法之间相互调整、补正适用的讨论。总体上来看，行政公司法延续了行政私法的思考路径，它是行政私法在行政公司法的具体

---

① Vgl. BGH *NJW* 1985, 1892, 1894.

② Vgl. Martin Burgi, Rechtsregime, in: Hoffmann-Riem/Schmidt-Aßmann/Voßkuhle (Hrsg.), *Grundlagen des Verwaltungsrechts*, Band I, 2. Aufl., München 2012, S. 1290.

表现。但也不能认为行政公司法是行政私法的子集,在目的与效果上,行政公司法也具有一定的独立性。

(一) 行政公司法的诞生

行政公司法理念之雏形由德国公法学学者汉斯·彼得·伊普森(Hans Peter Ipsen)提出。[①] 他认为,既然国家选择以公司形式完成行政任务,那么就必须担负起公司法框架之外对行政任务履行的监督权,以使得任务履行也是符合行政法要求的。在伊普森看来,即便国家采用了私法上的公司形式从事相关活动,但公司仍是用以履行特定的行政任务,那么其经营活动本身便是一种行政活动,应当具有"合行政性",即实现行政活动的公共目标,而这通常是借由行政法的调控得以实现,因而此类公司应当受到行政法的规范与约束。换言之,公司法与行政法共同产生调控作用。如果说公司法的存在是为了赋予私人股东以利润分配权与表决权等权利,那么行政法的存在则是为了实现国家对公司的有效监督,以保证其公共目标的实现。

20 世纪 80 年代,德国公法学者恩斯特·托马斯·克拉夫特(Ernst Thomas Kraft)在伊普森所述理念的基础上,正式提出"行政公司法"的概念,并从教义法学角度对其进行全面系统的阐述。[②] 之后,托马斯·冯·丹维茨(Thomas Von Danwitz)从"行政私法"理论中得到灵感,对"行政公司法"进行了更加具体的演绎。[③] 丹维茨指出,在德国各地方用以从事经济活动的公营事业中,约 40% 采用私法形式组织,其中以有限责任公司与股份有限公司为主。公司形式最初并不是为了履行行政任务而设立的,因此二者分别由不同的法律体系予以调控,即公司法与行政法。不同法律体系背后隐含着价值取向的差别和

[①] Vgl. Hans Peter Ipsen, Kollision und Kombination von Prüfungsvorschriften des Haushalts- und Aktienrechts, *JZ* 1955, S. 598.

[②] Vgl. Ernst Thomas Kraft, *Das Verwaltungsgesellschaftsrecht*, Frankfurt am Main/Bern 1982, S. 12 ff.

[③] Vgl. Thomas von Danwitz, Vom Verwaltungsprivatrecht zum Verwaltungsgesellschaftsrecht, *AöR* 120(1995), S. 596 ff.

利益导向的冲突。为了缓解这种冲突,丹维茨提出,可以考虑借鉴行政私法的思路来建构"行政公司法"。所谓行政私法,是为消除对私法形式的行政活动"逃遁至私法"风险的担心而出现的。该学说的核心论点是:国家以私法形式进行活动时,仍然不能摆脱公法规范之约束,因此国家的私法活动虽整体上受私法框架规范,但应当受到行政法部分的、点状的干预与调整。借鉴这一思路,丹维茨认为,各地方政府通过公司形式来完成行政任务,如能源供给、交通建设、污水处理等,公司的实际控制人仍然是国家,这与国家自身以私法形式进行活动并无二致。参考行政私法的思路,上述公司在主要受公司法约束的情形下,也应当受到公法规范的调整与补充。例如,依德国公司法之相关规定,公司监事享有"指令豁免权",意在保证其不受任何外来意志干扰,独立地行使其职权。但依照地方自治法的相关规定,地方政府对其所派出的代表享有指令权。"外派代表"自然包括外派至政府独资公司监事会的成员。此处,完成了公法规范对公司法的调整与补充。经丹维茨的进一步演绎与丰富,最终将"行政公司法"推上讨论的风口浪尖之上。

(二) 行政公司法的发展

时至今日,称"行政公司法"已成为结构严谨精密之理论体系尚为时尚早。基本上,绝大部分的讨论还集中于"行政公司法"存在的必要性与合理性范畴。总体而言,相关论述主要围绕以下几个方面展开。

1. 行政公司法的宪法基础

行政公司法需要遵循前文所讨论过的民主正当性原则。这一原则不仅适用于国家高权行为,也适用于私法行政。国有公司作为行政任务履行的一种组织选择,其活动同样应当满足民主正当性的要求。民主正当性主要通过两个方面体现,即人员与事务。就具体人员而言,是指有关国家事务的决定只能由具有人事上民主正当性基础的公职人员做出。[1] 就事务而言,意为国家事务的履行必须能够贯彻全体人民的

---

[1]　Vgl. BverfGE 83,60(71f.).

普遍意志。而事务正当性的实现又依赖于人员的正当性，二者密不可分。因此，为了确保国有公司决策形成能够与国家所代表的人民意志统一，国家需对国有公司进行有效的监督和影响。此种影响义务不仅包括派遣相关人员进入公司治理机构，更应进一步给予对公司经营活动的指示。行政法对公司法在适用中的调整与补充即为这种影响义务的体现。

除了民主正当性之外，在德国法中，"行政公司法"理论还需要遵守社会国原则。作为国家权力运行需要遵守的重要秩序，社会国原则的核心内容在于国家要保证"社会形成最低标准"之实现。① 这一原则体现于各地方自治章程中，便具体化为市镇的给付义务，即市镇必须满足当地居民的基本生活需求，如果自身给付能力不足，则需要建立公用设施以履行此给付任务，包括交通、供水、供电、供气、污水处理等等。在提供相应服务时，"社会最低形成原则"要求市镇必须以适合的价格、适宜的质量进行持续性给付。公用设施也可以表现为私法上的组织，如公司形式。德国学者格拉夫·维茨特姆（Graf Vitzthum）强调，市镇有义务保证向当地居民平等地提供持续的服务，从而使得居民的正当生活需求得以保障。② 因此，国家对国有公司的介入和影响义务也是源于宪法上的社会国原则。

2. 行政公司法在法律层面的体现

"行政公司法"理论落实于具体法律层面表现有二：一是国家通过对国有公司治理结构的介入实现其影响义务；二是国家直接对国有公司发布指令，影响其决策与经营活动。

（1）国家对国有公司治理结构的介入

公司的治理结构通常包括股东（大）会、监事会与董事会。国家的介入首先表现在对股东投票权的影响上。这在有限责任公司中较容易实现。因为德国《有限责任公司法》第45条第2款明确规定，在不违背

---

① Vgl. Ernst Thomas Kraft, *Das Verwaltungsgesellschaftsrecht*, Frankfurt am Main/Bern 1982, S. 73.

② Vgl. Wolfgang Graf Vitzthum, Gemeinderechtliche Grenzen der Privatisierung kommunaler Wirtschaftsunternehmen, *AöR* 104(1979), S. 585 ff.

法律规定的情况下,股东权利(尤其是与公司经营和运行相关的权利)可以由公司章程做出特别规定。那么,理论上来讲,通过公司章程赋予市镇派遣至公司的股东代表以"多倍投票权"就完全具有可行性。虽然在实践中,基于保护国有公司其他私股东的利益之考察,"多倍投票权"仅在决定公司重大事项上被使用。[1] 但是,对股份有限公司的介入则显得困难很多,其症结在于德国《股份有限公司法》第 12 条第 2 款明确禁止了"多倍投票权"的适用。因此,国家对于股份有限公司公派股东投票权的影响程度要远远高于有限责任公司公派股东。

除股东投票权外,国家的影响义务还体现于对公派监事与董事身上。在有限责任公司中,这一影响仍然可以通过章程的约定得以实现。与之相比,对股份有限公司的影响可能性仍受到较大限缩,但并非没有可能性。就监事的任免而言,根据《股份有限公司法》第 101 条第 2 款之规定,公司章程中可以赋予特定的股东享有向监事会派遣监事的权利,但是人数不得超过监事会总数的三分之一。又根据该法第 103 条第 2 款,监事的派遣主体可以随时召回其所派遣的代表并以其他人选替代。与监事会不同的是,基于公司独立性之保障,董事会的任免权由监事会享有,股东无权干涉。但是,国家仍然可以通过在章程中设定董事会应满足的条件,在一定程度上保证董事会能够促成国有公司公共目标的实现。

(2) 国家对国有公司的指令权

国家对国有公司的指令权可以体现为三个方面:首先,对于派遣的股东代表而言,国家可以对其投票的内容下达指令。按照各市镇法的相关规定,市镇派遣出的代表所做的决定须符合市镇议会的要求。正因如此,这些股东有市镇的"亲生"代表之称。[2]

---

[1] Vgl. Wolfgang Schön, Der Einfluß öffentlich-rechtlicher Zielsetzungen auf das Statut privatrechtlicher Eigengesellschaften der öffentlichen Hand: Gesellschaftsrechtliche Analyse, *ZGR* 1996, S. 429.

[2] Vgl. Günter Püttner, Die Vertretung der Gemeinden in wirtschaftlichen Unternehmen, *DVBl* 1986, S. 750.

其次,对于不同公司类型中的监事直接下达指令的可能性也有所不同。在股份有限公司与强制设立监事会的有限责任公司中,监事具有高度的独立性,他们对公司利益负责,不受外界命令的影响。因此,国家就具体事件对两类公司中的监事直接下达指令较难。但是,仍可以通过在公司章程中规定公共目标,从而将国家指令内容抽象为公共目标中的内涵,使其成为公司利益中的一部分,则监事必须对此予以注意与监督。在选择性设立监事会的有限责任公司中,国家直接对公派监事下达指令便容易得多。《有限责任公司法》第 52 条第 1 款为此类公司的章程形成提供极为广阔的空间。市镇法中关于国家对公派监事的指令权完全可以转化为章程中的规定。

最后,国家可以通过对董事下达指令而实现对公司具体经营活动的介入。在股份有限公司中,这一途径的实现受到较多限制。例如,根据德国《股份有限公司法》第 84 条第 1 款和第 111 条第 4 款的规定,董事由监事会任命,这就减少了董事与某一股东关系过于密切的可能性,同时监事会作为监督机构,也不能直接干预董事对公司的经营活动。但是,国家的指令权仍可通过监事会的"同意权"得以实现,即有关公司经营的特定事项董事会必须经过监事会的同意才可以做出决定,但特定事项需在章程中载明。简而言之,国家通过影响监事而间接实现对董事的影响。在有限责任公司中,国家对董事的指令权则可以直接规定于公司章程之中。

(三) 行政公司法的局限

自产生至今,"行政公司法"亦一直饱受质疑与责难,批评者几乎是全方位对其存在的基础进行攻击。

1. 对"合宪性解释"必要性的质疑

"行政公司法"根本上是要解决公司法与州法、市镇自治章程等公法规范之间的适用矛盾。这一矛盾的源头便在于德国《基本法》第 31 条中规定的"州法不破邦法"原则。据此,公司法优于州法与市镇自治章程适用,但依据宪法原则推导出的国家对国有公司的介入义务又无法通过公司法中的工具得以实现，"行政公司法"的提出正是为了缓和这一冲突。反对者认为，"行政公司法"的支持者其实是将国家选择组织形式的可能性进行了缩减。当某一组织形式不足以按照国家意愿履行特定行政任务时，国家完全可以选择另外的组织形式。

德国学者霍夫·施托贝尔(Rolf Stober)认为"行政公司法"理论出现了"预设观点"的逻辑错误，即预设国家能够对每个私法组织型形式的国有企业施以充分影响，因此用尽办法为其寻求正当性基础。① 然而，宪法上的影响义务依照法律保留原则应当通过颁布单行法形式予以具体化，而非一定通过对公司法进行所谓"合宪性解释"的方法。若国家和地方认为通过各种单行组织法与公司法仍无法完成对某国有企业的充分影响，也可以不考虑采取这种组织形式。总而言之，在并非存在唯一可能性的情况下，便将法律适用者优先于立法者的地位无疑是一种匆忙的考察。②

2. 对"规范重叠"的质疑

"行政公司法"的核心内容在于描绘出一副州法、市镇自治章程等公法规范对公司法进行调整、补充而形成的"规范重叠"模板，使得两种截然相反的法律秩序在实践中达成一致。但反对者认为"行政公司法"所追求的"实践一致"根本就不能通过其提供的程序上的论证得到实现。托马斯·莱赛尔指出，对"行政公司法"的论证实质上可以区分为两个步骤：第一步要检验公法上的影响义务是否不能通过公司法上的手段来实现；第二步则是公法规范与公司法规范之间的调整与补充。但他认为，"行政公司法"大部分的讨论只是集中在第一步，并没有为实践中两种不同规范的一致性做出明显的贡献。③ 为此，德国学者迪

---

① Vgl. Rolf Stober, Lösung mittels einer verfassungskonformen Interpretation der Konfliktsituation, *NJW* 1984, S. 455.

② Vgl. Willy Spannowsky, Der Einfluss öffentlich-rechtlicher Zielsetzungen auf das Statut privatrechtlicher Eigengesellschaften der öffentlichen Hand-Öffentlich-rechtliche Vorgaben, insbesondere zur Ingerenzpflicht, *ZGR* 1996, S. 422.

③ Vgl. Thomas Raise, Konzernverflechtungen unter Einschluß öffentlicher Unternehmen, *ZGR* 1996, S. 462.

克·艾勒斯(Dirk Ehlers)也指出,"行政公司法"根本没有对公司法规范产生调整与补充的作用,它只是涉及公法规范对公司法的单向介入与打断而已。[①] 在反对者眼中,"行政公司法"最大程度的作用,也只是提醒市镇不要忽略通过在公司章程中规定监事派遣权等内容的方式来保障国有公司公共目标之实现。

3. 建设性的批评

在对现有"行政公司法"进行全方位批驳之余,反对者们也提供了若干具体的修正意见,主要包括以下几方面:

第一,对象限缩。"行政公司法"理论中提出的影响义务之所以充满争议,就是因为在公私合营公司中,私人股东的经济利益与公司的公共目标发生冲突,而《股份有限公司法》中对于防止歧视股东所做的制度设计显然对影响义务的实现形成巨大阻碍。[②] 基于此,反对者认为,"行政公司法"理论应当将讨论焦点集中在国有独资公司上。如此一来,市镇便可以自由地在章程中规定公司的目标,使其与市镇想要履行的行政任务形成自洽。同时,市镇对公司的影响义务也可以在章程中进行规定。

第二,扩展依据。在国家对国有公司的介入和影响义务方面,德国《基本法》仅仅提供了一种基础,而绝非如单行法中那样结构性的具体规定。[③] 如果说从基本法中能够推导出国家对企业的影响义务,那么基本法就不能够仅仅提供一种可能性,而是必须对影响义务的性质和实施方式做出规定。事实上,"行政公司法"的支持者仅能从基本法中的形式选择自由原则中推衍出影响义务的存在,而并不能找到其直接存在的依据。

第三,细节勘误。反对者们对"行政公司法"所采取的部分论证方

---

① Vgl. Dirk Ehlers, Interkommunale Zusammenarbeit in Gesellschaftsform, *DVBl* 1997, S.139.

② Vgl. Christoph Gusy, Die wirtschaftliche Betätigung des Staates, *JA* 1995, S.172.

③ Vgl. Eberhard Schmidt-Aßmann, Verwaltungslegitimation als Rechtsbegriff, *AöR* 116 (1991), S.334f.

式亦有所不满,认为某些论证存在着明显的不妥。例如,部分"行政公司法"的支持者以"举重明轻"原则作为论据。他们认为,《股份有限公司法》第 103 条第 2 款规定了股东对监事的召回权。与之相比,市镇的指令权仅仅是对公司内部决议程序的"点状"干预,强度远不及召回行为。既然召回行为在公司法上是允许的,那么市镇的指令权可类推为公司法所接受。①

反对者们认为这种论证无疑是荒谬的。他们认为,"举重以明轻"乃是为弥补法律漏洞之原则,意为在法无明文规定情况下,较重的事实在解释效力上包含较轻的事实。两种事实的性质应当是同样或接近的,才能具有可比性,而公司法中规定的监事召回权与市镇对公派监事的指令权的本质并不相同,主要体现为权利性质与效果强度两个方面。就权利性质而言,公司法中规定的监事召回权是针对一般性的监事而言,是对于选任权与派遣权的补充,并没有赋予市镇的公派监事以特权或特殊地位。与此相反,指令权的行使体现出公股东,即市镇的优先地位,它针对的对象并不是一般性的公司监事。就效果强度而言,监事召回权仅仅涉及到内部人事制度上的安排,是一种事务性操作,与公共利益无涉。市镇对公派监事的指令权则是直接影响到最终监事会决定的内容,并且外部人员很难获悉这一行为。因此,指令权对公司经营活动的影响强度远远超过监事召回权。

第四节　新的框架:公法与私法交互

20 世纪末兴起的新行政法学主张,应打破行政私法中公法是"强制法",私法是"自由法"的陈旧认知,转而强调公法与私法的合作,使其

---

① Vgl. Thomas von Danwitz, Vom Verwaltungsprivatrecht zum Verwaltungsgesellschaftsrecht, *AöR* 120(1995), S. 627.

形成一种"交互支持秩序"(wechselseitige Auffangordnung)。[①] 较之传统学理,"公法私法交互秩序"不再以法律形式角度将公法与私法视为两个迥异的法律体系,而是从功能主义角度,将公法与私法视为完成同一个整体性任务的调控手段。它所关注的核心问题不再是公法与私法之间的差异,而是二者应当如何进行支持与补充。

一、行政法学的转型

近二十年来,行政法学界兴起一股反省传统行政法教义学的理论风潮。新行政法学理论主张行政法不应再将关注焦点放在维护行政合法性上,而是应进一步追求具体行政决定的正确性,强化行政法的调控作用。

(一) 传统行政法学

传统行政法学强调对行政权力的警惕,即"把权力关进制度的笼子里"。基于此,行政权的法治化成为行政法学的中心任务。而这种法治化又以法律适用为主要实现途径。

1. 以"法律适用"为中心

传统行政法学所采取的制约权力方法,主要是将国家公权力的行使,全面纳入法的支配,加强对权力运行的制约和监督。在这样的背景下,行政法体系顺理成章地以"依法行政"为发展基调,强调"法律优位"与"法律保留"等行政合法性基本原则对行政权的拘束力。这个以法律为整体秩序核心的发展架构,目的在于实现完整的行政权法治化,确保法律对行政的控制力,防止行政部门的滥权与恣意。从而,传统行政法释义学以"法律适用"为中心展现出两项主要的发展特色:一是巩固法律对行政行为的绝对性指导地位;二是强化法院对行政合法性的审查

---

① Vgl. Wolfgang Hoffmann-Riem, Reform des Allgemeinen Verwaltungsrechts-Vorüberlegungen, *DVBl* 1994, S. 1386 ff.

功能。

在上述认知脉络中,很难找到国有企业的叙事空间。这是因为,依法行政原理又导致了传统行政法学中的另外两种主流思考结构,即"行政主体-私人"的二元对立图式与行政行为概念中心主义。从组织视角来看,传统行政法学中的行政主体,通常是指"行政上权利义务的主体",或称"被赋予实施行政权能的主体"。[①] 而在"行政主体-私人"图式中,国有企业往往被归于私人范畴,作为免遭行政权力侵害的被保护对象而存在。这一点与私法叙事十分契合。尽管行政组织法教义学也尝试将行政部门采取的公司形式组织纳入研究范围,但这种教义学所讨论的核心模型仍然是作为标准的科层制。因为科层制有助于实现行政一体化原则。正如德国社会学家马克斯·韦伯主张的那样,通过上级行政机关与领导对自身权力的理性行使,可以带领下级机关与人员合法、正确、有效地执行行政任务,并提升了统治的理性程度。[②] 因此,国有企业始终没有进入到行政组织法的核心关注范畴之中,至多在边缘徘徊。

从规范视角来看,传统行政法学主要隶属于公法,因为其所调整主要是涉及公权力的活动。在理论上,这些活动被统称为"行政行为"。行政行为概念由德国法学家奥托·迈耶(Otto Mayer)首创,他认为国家权力的本质在于能够单方命令人民,并对人民具有强制力,因此行政行为应当归属于国家公权力范畴。行政诉讼的展开通常以行政行为的类型化为核心。这主要体现为:行政行为是行政诉讼法用以界定受案范围的核心概念。[③] 以现行法律规定来看,行政行为通常包含行政处罚、行政许可、行政强制等,这些行为所依据的实体法也属于典型的公法规范。就此而言,国有企业的经营活动也不可能被纳入到行政行为范畴进行考察。

---

① 参见[日]藤田宙靖:《行政法总论(上卷)》,王贵松译,北京:中国政法大学出版社,2023年,第15页。

② Vgl. Max Weber, *Wirtschaft und Gesellschaft*, 5. Aufl., Tübingen 1976, S.565.

③ 参见何海波:《行政诉讼法》(第3版),北京:法律出版社 2022 年,第119页。

2. 从"行政合法"到"行政正确"

随着现代行政的日益复杂化和行政任务的多元化,传统行政法的调控能力逐渐减弱。具体表现为:以人大立法为政策意志核心的行政法体系,已无法有效应对各类管制事务迅速且多样化的发展所带来的问题。具体而言,这种弱化表现为行政权在合法性与自主性之间的摇摆不定。

合法性与自主性是传统行政法学要处理的核心关系。一方面,行政权法治化的目的,在于防范行政权的行使超脱法律的拘束,因此需要依法行政。另一方面,法治化并不意味着立法权可以完全取代行政权,依法行政也绝非彻底剥夺行政机关在决策过程中享有的自主决策空间。长期以来,学界与司法实践中对于"裁量""不确定法律概念"等相关联概念的区分与体系化,便是传统行政法释义学致力于寻求行政"受拘束性"与"自主性"之间平衡的经典示例。也正因为行政合法性的诉求本就容纳行政自主的空间。

然而,现代行政的发展却导致合法性与自主性的分裂与极端化倾向。当下,越来越多的事务领域具备高度动态发展的潜能与需求,甚至潜藏许多未知资讯、也因此无法在现阶段探知未来发展空间与动向的特质,使得传统以"立法者先掌握既定信息、再据以指导行政政策方向"的调控模式,越来越不可行,因此针对这些事务领域,也越来越难以期待法律如同过去一般,通过内容确定而稳固的规范,发挥驾驭行政决定之结果、进而稳定社会秩序的功能。对此,产生了两种观点。一种观点坚决捍卫合法性,主张法律可以借由预先的、内容上的规范,确保行政部门的忠实执行。另一种观点则过度强调行政的自主空间,其风险在于:行政在法律松绑之后过于恣意,乃至成为脱缰野马。

行政法学发展的目的在于突破现有行政"合法性"与"自主性"之间的争议,寻找一条能够真正掌握行政决策流程的"第三条路"。这条路线既尊重行政自主空间,又能有效驾驭行政行为。为了使行政法的发展能够充分回应当前行政任务的变化,新一代的行政法释义学不仅需要巩固行政合法性,还必须将发展目标拓展到实现具体行政决策的"正确性"方面。这样,行政法学才能更全面地适应和应对现代行政管理的复杂需求。

在依法行政原则下,任何一个"合法"的行政决定,在法律眼中仍然都是"正确"的。换言之,合法即正确。然而,鉴于当代行政任务的多元化发展,行政决定的正确性已不再能完全取决于行政合法性。传统行政法释义学忽视了对行政决定过程的关注,更无法对其进行精准的调控。传统上以法律为运转及控制轴心的行政法体系发展至今,往往不能有效巩固依法行政原则,反而因法规范与行政实务间的距离越来越远,导致行政决定与法律拘束脱钩。

行政法的发展重点应从传统的行政"法治化"转向更全面的行政"理性化"。基于此,行政效能、行政透明、行政亲民以及行政决定的可接受性理念,均可成为行政法革新的重点目标。这种转变不仅旨在更好地适应现代行政管理的复杂需求,还希望通过提升行政决策的科学性和合理性,真正实现依法行政的初衷。通过这一革新,行政法将不仅仅是权利保护的工具,更成为推动行政理性、透明和有效运作的有力保障。

(二) 新行政法学

关于"行政正确"尚无绝对性的判断标准,但已有共识认为,"正确"应当是一个多元评价体系,包含合法性、完美性、可接受性以及可行性等指标。除了合法性之外,其他衡量因素也开始被纳入考虑。其中,"行政经济性"是最为常见的一个指标。行政经济性可以被理解为"手段-目的"最佳化配置。从手段来看,遵循最小化原则,以最少的资源投入达成目标,即所谓"效率";从目的来看,遵循最大化原则,以固定资源投入创造最大效益,即所谓"效能"。国家角色的变迁使得行政任务急速扩张,国家不仅需要缓解沉重的财政压力,还在努力探索提升行政品质与效率的有效路径。因此,追求行政决定的"正确性"不仅仅是确保其合法性,更包括提升行政效率和效能,确保行政行为的合理性和可接受性。这样的多元评价体系,有助于在复杂多变的现代行政环境中,提供更加全面和科学的指导,确保行政决策的质量和公正性。

为了确保行政决定的正确性,新行政法学必须是一种科际整合导向的调控科学。在这一背景下,"调控""治理""规制"等等诉诸行政学、社会学、经济学、政治学之知识支援的概念术语,明显取代了传统释义学脉络下"依法行政"的重要性。基于要求高度行政理性与正确性的目标,新行政法学希望借由引进全方位的调控科学,来缩减法律规范赋予行政机关的形成自由。从这个角度看来,在革新路线的诉求之下,不论是法律,或者是负责巩固法律拘束力的行政法院,都不再是新行政法学的关注焦点。更具体而言,法律只是确保行政正确性的其中一个,甚至往往不是最重要的一个评判标准。因为对新行政法学的目标设定而言,"合法的行政"只是一个最低的门槛;就当代行政法的前景来说,真正重要的是致力于创造一个"良好的行政"。

二、公私法交互支持

新行政法学主张,应打破行政私法中公法是"强制法",私法是"自由法"的陈旧认知,转而强调公法与私法的合作,使其形成一种"交互支持秩序"(wechselseitige Auffangordnung)。[①] 较之传统学理,"公法私法交互秩序"不再以法律形式角度将公法与私法视为两个迥异的法律体系,而是从功能主义角度,将公法与私法视为完成同一个整体性任务的调控手段。它所关注的核心问题不再是公法与私法之间的差异,而是二者应当如何进行支持与补充。

(一) 理论内涵

公法私法交互支持系统理论不再以法律形式角度将公法与私法视为两个迥异的法律体系,而是从功能主义角度将二者视为完成同一个

---

① Vgl. Wolfgang Hoffmann-Riem, Reform des Allgemeinen Verwaltungsrechts-Vorüberlegungen, *DVBl* 1994, S. 1386 ff.

整体性任务的共同调控手段。它所关注的核心问题不再是公法与私法之间的差异，而是二者应当如何进行支持与补充。这是因为，为了实现法律体系的融贯性，就必须思考"在某个法秩序中无法满足的规制需要，怎样通过另一种法秩序的构成要件得以实现并且在此意义上实现支持。"①

1. 公法与私法的交互联系

现实世界中，具体的任务并不会自我分裂以适应公法与私法的区分，相反，这些任务通常表现为统一的政策目标。而公法与私法则作为不同的法律"手段"，在完成共同任务的过程中承担着不同的功能。比如，政府与社会资本合作（Public-Private Partnership）是一个整体性的政策任务，但它在具体实现时，既可能使用民事合同等私法手段，也可能使用行政合同、行政许可等公法手段。再如，城市发展也是一个整体性任务，其中，城市建设法、房屋建设促进法、采购法与私法上的房地产交易法、公法上的规划与许可、公法与私法上的行政合同都会发生作用，就像市镇房屋建设公司、混合经济企业与私人发展主体一样。交互支持系统正是旨在组织法律体系中的碎片化倾向，并且关注公法与私法的交互支持作用。公法与私法之间的交互联系可以从以下四个维度进行讨论，即体系、规范、合法与工具。

第一，体系上的交互联系是指，在适用法律的过程中，要有意识地将公法与私法视为一个整体。例如，能源合同中的特别规定（如强制缔约）适用于所有能源供应企业，而无论该企业是民营企业还是国有企业。就此问题而言，特别私法与适用于给付行政的公法共同发挥作用，服务于消费者保护这个目标。联邦数据保护法为这种共同性的、跨领域性的法律体系提供了实例，它在第一章中为所有与个人数据相关的机构，无论公共机构还是非公共机构，都进行了基本规定。而对于行政

---

① Vgl. Eberhard Schmidt-Aßmann, *Öffentliches Recht und Privatrecht: Ihre Funktionen als wechselseitige Auffangordnungen. Einleitende Problemskizze*, in: Wolfgang Hoffmann-Riem/Eberhard Schmidt-Aßmann（Hrsg.），Öffentliches Recht und Privatrecht als wechselseitige Auffangordnungen, Baden-Baden 1996, S. 8.

机关与私人对待数据的不同方式,则在之后的两个部分进行分别规定。

第二,公法与私法之间的另外一种联系是在法规范层面。一种法律体系中的规定会被另一方所吸收,或者一方通过援引另一方中的规定来建立相应的联结。例如,我国国家赔偿法中大量援引《民法典》中的相关规定。又如,德国《行政程序法》第62条第2句规定,行政协议可以补充性地适用《民法典》。上述例子都是关于不同体系法律规范之间在实践中互相援引,这如今成为一种普遍现象。但是,这种现象并非理所当然。德国行政法学者奥托·迈耶(Otto Mayer)认为,如果从立法宗旨来看,私法不可能与任何公法关系具有相似性。[①] 然而,司法实践与学理反对这种观点。它们认为,援引另一种体系法规范的方式,并不会导致另一种法体系的功能错位,这是因为,在使用类推技术时需要对不同利益状况的一个非常精确的比较,也反对强制性的接受。之所以在这种情形下适用私法,是因为它是在长期的法律体系合作传统中发展起来的,并且积累了丰富经验,行政法在重建这种关系时可以利用这种经验。

第三,公法与私法的交互联系还体现在合法性的判定上。具体而言,在个案中,依据一方法律体系中规定所做出的行政决定,判定其是否合法的标准可能是规定在另一方法律体系中。例如,警察法上的状态责任与私法中的财产权相关,所得税法与私法上的合同成立相关。但是,上述例子也说明,两套法律体系中不同的行为准则,不能够进行机械的连接。这种交互联系可能主要表现为一般原则或者推定,但也并非完全将具体标准排除在外。例如,德国《民法典》第906条第1款第2句规定,原则上应当根据公法规定中的界限与标准来判断侵害的重要程度,当然这也不排除特殊情况下的个案考察。

第四,对于行政法体系而言,最有趣的联系方式是公法与私法中不同法律工具的交互使用。一个十分熟悉的议题是,民事合同与私法组

---

① Vgl. Otto Mayer, *Deutsches Verwaltungsrecht*, 3. Aufl., München/Leipzig 1924, Bd.1, S.117 f.

织在行政活动中的适用。不仅如此,近些年不同法律工具的适用在更广泛的范围中具有了更加重要的意义。一方法律体系在调控能力上的弱点可以通过另一方法律体系的特点得到平衡,两种法律体系成为一种互相补强的交互性秩序。在上述领域中,关注重点在于应当从联系的视角来看待公法与私法中不同的行为模式与工具优势。当然,在公法与私法合作中产生的特殊保护需要也不应当被忽略。

2. 公法与私法的支持作用

公法与私法的支持作用可以从广义与狭义两个层次来理解。从广义上看,公法与私法的相互支持作用是指,如果想要实现一种法律体系所承担的功能,那么另一种法律体系需要耗费极大成本才能完成。例如,国家履行能源供应任务,如果采用公法形式对于国家而言是巨大负担,采用私法形式则在融资、决策方面都具有更大的优势。相反,在面临巨大交易成本时,公法则可以发挥作用,如国有资产转让的审批制度。从狭义上看,公法与私法的支持作用还表现为,一种法律体系发生作用的过程,离不开另一种法律体系的支持。例如,在有关相邻权的法规范中,公法通过参考值与设定限制所进行的宏观调控,其实现离不开私法中防御与利益平衡请求权在个案中所进行的微观调节。相反,私法中对危险与封锁的防御,也离不开公法上的规定。在此,公法上的工具彰显了行政的担保责任与备位责任。

就表现形式而言,公法与私法的支持作用可以表现为多种形式。有时候它只涉及不同法律体系下具体实施工具的交换与补充。例如,建设公法还有其他的实施可能,即将其看作保护性规范,使其具有保护私益之可能,从而可以对侵扰自身利益的邻人直接提起民事诉讼,以此取代仅仅以来建设主管机关的监督。相似的,卡特尔法、专利与商标法中也可以提供分析用的实施工具。在其他支持关系中,还涉及有意识的分层。例如,在私法形成性行政行为中,可以运用公法行为,从私法的查明程序中抽取出特别值得保护的利益,将其置于分类的行政决定中。

除了前文中的实例之外,相关的适用情形还有很多。它涉及这样一个过程,即首先将其他的法律领域拉进来,然后研究它们的互补关系与替代作用:私法上的责任作为环境法规定中行政监督,特定适用者公法协会的补充,旨在构建一个统一的成本分配体系。关于环境法执行不力的讨论,关于社会保障体系给付能力不足的讨论,关于公共任务民营化的讨论,或者关于程序加速这一工具的讨论,都会引发对于交互系统的思考:有些情况下,传统上的行政法重要议题,仅靠公法完成,而忽略私法的作用。另外的情况下,个案中当私法能够发挥作用时,公法的功能隐藏了。

(二) 实现策略

从法律技术角度而言,新行政法学所提出的公法私法交互支持秩序可以被理解为一种"任务-手段"结构,即公法与私法则作为完成共同任务的不同法律手段。公法与私法上的不同体现为私人与公共行政总体上遵循不同的行为原则,但他们需要同时用于国家与社会合作中的调控任务。在共同的任务之下,则更应当注意到公法与私法的合作可能性,而非对立。

1. 宪法框架

在完成共同任务时,公法与私法都需要在宪法框架内进行。在宪法教义学中,私法形式的效力,尤其是基本权,已经被谈论非常多。民法是社会活动的基础,其正当性与合法性仅能存在于宪法之中。除了个案中已被详细讨论的第三人效力之外,私法立法者的宪法约束也不存在争议。对于私法而言,宪法具有保护、纪律化与促进功能。新的保护法意义上的理解将所有法规范都回溯至宪法上的价值观。它所追求的私人之间的利益冲突解决方案,涉及到一个公共利益问题。问题的关键可能不在于公法与私法,而是在于宪法与法律之间的关系。然而,对于私法的立法者来说,宪法并不是公法规定中竞合性权利的一部分,而是一种框架性秩序,它同时确定了公法与私法的任务。在宪法框架的影响下,某个具体法律规定或是法律关系究竟属于私法还是公法已经显得没有那么重要了。

两种法律体系也都注重保障自己作为单行法的独立性,而反对过度强调宪法的优位性。宪法为公法与私法确定任务,但这并不意味着,公法与私法中的所有具体规定内容都可以从宪法中推导出来。这一点尤其体现在基本权保护功能上,如果立法者的形成自由不被承认,那么基本权保护功能就不能得到全面的实现。而一旦相关法律颁布了,其独立性即便在宪法诉讼中也会得到承认。宪法优先,特别是基本权优先原则,并没有为公法与私法的竞争关系提供规则,而是为单行法和立法者的形成权限、司法与学术研究规定了具体的任务。然而,宪法具体化并非公法中专家代表的单独责任,而是同样也涉及私法研究。没有对具体法律领域的准确认知(民法、刑法、行政法),就无法实现宪法的具体化,因此这是所有法学机构的共同任务。有时候,相关的法律部门过于坚持自己拥有一个自洽的体系,遵循独立的原则:对传统行政法学来说,它就是对于行政的服从;对私法学来说,它就是市场的自生自发功能。这两种观点都违背了法律与法学的形成性任务。

然而,同样的任务不一定要通过同样的工具来实现。社会的复杂性使得相关问题不可能被简单地解决。与基本理念相反,法治国的形式宝库中拥有不同的组织模式与行为模式。对于基本权来说至关重要的国家与社会区分,自由与权限之分,只是作为理念而存在。上述认知同样适用于公法与私法的关系。如今,我们过于草率地将这种关系仅仅作为教义学上的问题,特别是法律救济上的区别。与此相反,正如德国法学家古斯塔夫·拉德布鲁赫(Gustav Radbruchs)所言:在同时关涉公法与私法的法律关系中,通过考察公法与私法是如何被分配的,是最能表现出法律属性的。[①] 两种法律体系作为不同责任构造的表现,被作为不同的调控技术来使用,并且一旦有必要就会被区分开来。然而,这两种法律体系发展的未来既不是严格的区分,也不是结合成为共同法。合理的方案是,突出两种法律体系各自不同的调控特点,并在可以互相交换与限制的领域,尽可能将他们联合起来。对此,立法者拥有

---

① Vgl. Gustav Radbruch, *Rechtsphilosophie*, 2. Aufl., Heidelberg 2003, S. 228.

广泛的,但绝非无限制的形成空间。

2. 私法手段

私法体系的核心构成是由平等主体做出的自由的、免于说明义务的决定。这些决定需要一个可信赖的框架性秩序。与此相反,在此框架内的具体关系则基本交由意思自治,而不需要特别的正当性基础。个人在法律框架内表达他们自己的利益,并且独立地表达出来。合同自由、结社自由与财产自由构成了必要的前提。对利益实现独立负责的能力是基础;合同签订与责任是必要的后果。

(1) 框架特征

私法体系以建意思自治与自由经济的自我活力作为基础。然而,私法并不是一种纯私人的、自给自足的或者与国家完全无关的秩序。它仍然是国家法律和力量的表现形式,即国家的控制力与市场平衡机制必须体现为法律形式。私法不仅是对合同自由与财产权的认可,更加被理解为一种框架性的法机制。设置私法框架的立法者也设计了矛盾调节机制,从而可以实现对公益的追求。这常见于为消费者、竞争者、邻人、租客设置特殊保护举措的领域,与公法的规制强度相当。因此,两种法律体系并非根据所谓的利益理论进行区分。对于整个规制模式而言,虽然意思自治是重要的,但并不代表其是垄断性的。如果人们将私法看作完全自由领域,限制要素只是事后加入的内容,这就扭曲了私法的本质。私法的立法活动,总是既承认自由的灵活性,又承认法律上的支点。即便在组织中,私法也要同时处理自由与其他的遗留性问题。因此,它并不是一个在众多利益中中立的,而是有价值的秩序。

从调控视角来看,关键在于私法的框架性特征。它应当能够为自由交流提供法律上的保障,同时对结果赋予一定的约束。这尤其表现为私法的任意法特征,即当事人可以偏离法律规定,把法律当成一种可以变化的模型。同时,框架特征也影响着所采用工具的方式与功能:首先,私法规定了沟通的前提条件,采取了分类规定与后果责任,规定了法律行为的外观形式与成立程序。基于保护需要的实现,这一框架被附加条款与禁止性规定所束缚,个别情况下甚至可能完全受到缔约强制条款的约束——这也是私法中重要的调控概念。与此相反,那些促进个人去追求自身利益,而无需考虑其他因素的规定并不多见。因此,在行政法中具有重要地位的说明义务,在私法中仅属于例外规定。这种调控方式可以保障广泛性,即私法规定对法律关系的整体领域都能涉及。原因在于,私法是一般性的交易法,而公法是作为公主体的特别法。同时,它也使得这种框架性能够对新的状况迅速反应,因为它仅仅具有基本性的规定。因此可以说,私法具有很好的容纳性。

(2)调控界限

用私法框架进行调控的界限不可以被忽视。根据私法框架的设计,它被自由的力量游戏所填充。一旦利益诉求没能表达出来或是一方法律主体对于实现自身利益失去兴趣,私法上的工具便没有用武之地了。它们并非用来有计划地实现所转交的行政法上的任务。当人们援引积极效果,如用相邻权对抗环境政策时,这一点被考虑得并不充分。正像建设保护法的发展那样,相邻权也可以用来对抗环境政策利益。较之公法上的权利,私法上的权利较少用来作为实现特定政策的工具。它并没有被信任。即便它同时在追求公共性,那这也是附随效果。

建立于自然人利益主体上的利益交换模型比较简单,这可能会减少实践中比较复杂的利益领域。因此,文献中观察到的私法的界限通常是基于小规模的具体利益交换活动。个人利益的实现需要以稳定性为基础,或至少是法律规定的一目了然性。这一观点与前文所说的私法的容纳性并不矛盾。私法的发展是小心谨慎的,它并非突如其来,而是作为"个案的精准调控"从个案经验的累积中而来。这并非排除更广泛的调控背景。但是,正如股份公司法与劳动法展示的那样,他们以独立的结构与特别的组织法规定为前提。在这些私法领域中,会运用到公法中的规制要素,就不显得奇怪了。

3. 公法功能

公法是针对国家的"官法"。国家是一个政策统一体,它被委托了特殊的公益性任务并以特殊方式加以组织。与私法相比,另外的角色

（国家）闯入了游戏。公法与私法二元论并非是宪法强制性要求的,但它尝试将对于国家和社会而言不同的利益与正当性问题都纳入到发展方向不同的规制模式中来。这就减轻了法律适用的负担,使其不必在个案适用时,还要考虑如何将国家-人民关系特殊性安排到一般法律规定中来。据此,整个法律体系的调控能力进一步提升了。

（1）特殊的调控任务

公法是一种特殊法,它承担着至少三个特殊任务。这些任务都和公权力的介入相关。

第一,制约公权力之所以变成一个特殊任务,是由于国家权力的介入。对于私人而言,只有国家权力才是独立的、潜在的无处不在的权力。社会管理、团体与卡特尔可能会在相关领域使得个人对其形成高度依赖性,但它们是个别存在的权力,必须要不断地进行新的形塑,并且固定自己的影响范围。只有国家权力享有广泛的普遍性的"权力帷幔",尽管其也存在调控的缺陷。平衡这种权力是公法的传统任务。针对公权力的普遍救济,是公法任务的典型领域。

第二,国家统治需要具有正当性。行政机关可以单方确定法律效果,但必须为自己的决定寻找公益性作为正当性基础。一旦国家权力介入,就不能放任权利不了了之,而是要对权力进行对外的限制。它需要进行这样的组织,即具有实施的能力,同时符合公益的要求。除了权力化问题之外,公法还必须解决这种双重公益化问题。正当性要求对权力的启动与目标进行说明。因此,与私人决定不同,高权主体的决定需要履行说明义务。这并非只是具体规定中提及说明义务才应履行的。反而是说明义务与可说明性要求反过来形塑了特别的法律结构,它延伸至决定形成的内部,这比起私法对外部程序的规定影响要深得多。

第三,公法的特殊调控任务还源自国家权力对民主正当性的要求。公法是一种特别的正当性法,它要规范正当性链条,保障导出过程。民主的统治需要能够回溯至人民,并且在利益中立的人民概念中赢得品质:它并不是直接利益当事人双方协商的结果,而是所有人的多数决定。这种内容的形成过程使得国家公益性目标的地位被抬高。尽管存在一些病态现象,使人怀疑国家决策组织实现公益的能力,但这一点总体而言是确定的。即便在合作型行为较为发达的领域,如环境与社会行政,国家仍有能力做出单方行为。并非所有的利益冲突都能够达成共识。这种情形出现在利益实现机制发生严重碰撞的情形;还有就是利益冲突持续时间很长,涉及面极广,参与者与民主正当性中的主体的组织形态类似。

（2）特殊的法律结构

公法的特殊调控任务决定了其具有特殊的法律结构。公法规范存在着不同的层次,对应着不同法律领域或法律秩序。例如,除了规制高权行为的法律之外,还存在行政合同。

公法首先被看作组织法。组织性的调控内容包含管辖权、预算与审计、公共经济法,甚至行政内部决策等等。另外,公法还承担保障法治国责任明确性的功能。在学术讨论中,公法的组织面向被关注得不够,因为人们只重视具有外部效力的行政行为。但是,公法的调控潜力并没有因此受到影响:即便以私法形式从事具有对外效力的行为,其也需要受到公法的规制。即便体现为私法组织形式,也需要受到预算法与公共经济法的规制。公法中的组织法部分是执行活动的基础与标准法。

公法的另一个部分涉及具有对外效力的行为,对此,应注意到公法的特殊性。调控任务的特殊性使得,公法不能像私法一样具有框架性特征。公法中的调控只能是计划性的调控,其借由实体法中的构成要件与宪法价值的转换而实现。这不仅涉及到程序,还涉及具体内容。公法不允许,利益冲突仅仅通过相对人个案式的规定来消解。

与具有预防性调控特点的私法相比,公法体系下的具体调控工具具有更为强烈的效果。仅仅依靠直接后果,如责任与赔偿,是不够的。在司法实践中,为了有效保护个人的基本权利,需要对公法进行加工。事后的平衡以及责任法中的一般性预防作用不足以实现这一目标。行政法中,行为法的成分高于责任法。渐进、指向直接作用的发展,使得私法责任的司法实践成为可能,但这并不适用于公法。国家的保护义务只能间接实现,并且需要采用间接行为调控的工具。公法尤其重视程序性规制,这与私法的调控观念完全相反。公法不能对基准线以上的交往内容采取放任态度,而是需要进行外部程序规制。国家行为的正当性要求也需要对行政决定的内部程序进行规定。

综上所述,公法在调控工具的应用上,注重程序性规制,以确保行政行为的正当性和有效性。与私法不同,公法不仅仅关注直接后果,更注重通过程序性的方式实现对行政行为的调控。这种方式不仅能够更好地保护个人权利,也能确保行政行为的合理性和公正性。

第五章　国有企业法律调控的制度转型

公法私法交互支持理论可以作为新的分析框架来重塑公法与私法之间的关系,使之从分裂迈向合作,进而消除法律体系中的不融贯现象。对于国有企业而言,在保障"公益本位"顺利实现与充分发挥私法组织形式的优势这二者之间寻求平衡,成为法律调控的共同任务。又因为国有企业相关法律制度涉及的利益主体十分复杂,所以在不同维度下,这一共同任务的表现形式有所不同,公法与私法实现交互支持作用的运作逻辑也存在差异。基于此,以下笔者将具体讨论在"政府与国有企业"以及"市场与国有企业"两个不同的维度下,公法私法交互支持秩序应如何借由"任务-手段"结构予以实现,并促进"双轨制"体系之融贯。

第一节　政府与国有企业

在我国,政府与国有企业之间的矛盾主要聚焦于国资委与国有企业的关系上。四十年来,国有企业改革始终无法绕开的一个难题便是"政企分开"。党的十八届三中全会掀起的新一轮国有企业改革的浪潮中,政企分开仍被作为重中之重。而这也正是政府与国有企业之间关系的核心症结之所在。在传统的制度背景下,只能产生非此即彼的解决方案。国资委与国有企业的关系及相关法律制度需要在公私法交互秩序理论下的"任务-手段"基础上予以重塑。

一、尴尬的国资委

自国资委成立以来,关于"出资人"和"监管人"的定位之争论便一直如影随形。这也使得国资委始终处于尴尬的地位。这既表现为国资委的属性不清晰,也表现为国资委的职能存在冲突。

(一) 国资委概况

1. 成立背景

国资委的成立是对"政资分开"理念的落地。所谓"政资分开",主要包含两个层面的内容:第一,在监管层中,国有资产所有者职能和社会经济管理职能应当分开。第二,在经营层中,国有资产监管主体需和经营主体分开。这应当被理解为在国有资产所有者职能范围内所做出的进一步划分。依《企业国有资产监督管理暂行条例》(以下简称:《暂行条例》)第6条第1款之规定,国资监管机构依其出资人身份,不仅当然享有企业经营之责任,另外依法条之规定负有监督管理企业之责。这是经营层中监管主体与经营主体分离之真意。实务中的国有资本经营与投资公司即为经营层两个主体分离之表现。归根结底,这仍属政府出资人职能如何行使之问题,重点在于如何处理好出资人中的经营职能与监管职能间的关系。

为了贯彻落实"政资分开"理念,2002年11月,党的十六大在总结过往经验的基础上做出了新的国有资产管理体制的改革决定和设计框架。2003年10月,党的十六届三中全会对十六大提出的改革思路进行了深化,明确提出要坚持政资分开。而这一改革思路的具体化展开正是以国有资产监督管理委员会(以下简称:国资委)的成立为标志。2003年3月国务院国资委成立,同年8月,第一个地方国资委上海国资委成立,2004年末全国各地方国资委组建完毕。

2. 角色变迁

而随着立法的不断变化,国资委至于国有企业的角色亦有所变化,大致来说可分为《暂行条例》时期和《企业国有资产法》时期。

（1）《暂行条例》时期

国资委成立后不久，2003 年 5 月国务院便发布了《暂行条例》，它对国资委的性质、功能定位进行了规定。

第一，根据《暂行条例》第 12 条，国有资产监督管理机构是国务院及地方各级政府依法履行出资人职责、负责监督管理企业国有资产的直属特设机构，上级政府国有资产监督管理机构依法对下级政府的国有资产监督管理工作进行指导和监督。这便点明了国资委"直属特设机构"的性质，以及国资委与地方各级国有资产监督管理机构是指导与被指导、监督与被监督的关系。

第二，根据《暂行条例》第 5 条和第 6 条规定，国资委代表国务院、地方各级国资监管机构代表本级政府履行出资人职责，依法对企业国有资产进行监督和管理。第 7 条则进一步规定，国资监管机构不履行社会公共管理职能。可见，《暂行条例》对"政资分开"原则进行了强调，并明确了国资委的"出资人"职能。但依上述条文，国资委的出资人职能中亦包括对企业的监管职能，这一模糊之处也为日后国资委的双重职能之争埋下伏笔。

（2）《企业国有资产法》时期

针对《暂行条例》所遗留下的国资委职能模糊问题，《企业国有资产法》刻意强调、突出了国资委的出资人职能，并理顺了企业国有资产所有者与出资人代表之间的委托链条。首先，国务院代表国家行使国有资产所有权，是国有资产所有权的代表人（第 3 条）。继而，国务院和地方人民政府是国家出资企业的出资人，代表国家履行出资人职责，享有出资人权益（第 4 条）。然后，国务院国有资产监督管理机构和地方人民政府按照国务院的规定设立的国有资产监督管理机构（即国资委）为履行出资人职责的机构，根据本级人民政府的授权，代表本级人民政府对国家出资企业履行出资人职责（第 11 条）。至此，"国家-国务院-地方人民政法-中央与地方各级国资委"之间的委托链条构建完毕。企业国有资产法起草小组成员、中国政法大学李曙光教授认为，如何建立完善的出资人制度是《企业国有资产法》的中心问题,该法是围绕出资人制度而进行全面设计制度创新的一部法律,它明确界定了国资委作为"纯粹、干净"出资人的法律地位,并对国资委进行了重新定位,即作为"法定特设出资人机构"。[①]

由是以观,国资委设立的初衷与它应担负的职能即为"出资人"。而国资委也确实终结了"多龙治水"时期的乱象,使得国资管理的责任主体更加明晰。"政资分开"由此正式进入全面创新时期。但是,《暂行条例》与《企业国有资产法》规定的模糊之处,导致实践中国资委行使出资人职能遇到种种问题,致使国资委成立十余年来,一直承受着种种的质疑与批评。

(二) 属性不清

国资委成立十余载,针对其的质疑从未平息过。位于质疑飓风之核心处者乃国资委"出资人"与"监管人"双重职能之冲突。然此处可存有疑虑,上文中已言明国资委的职能十分清晰,为何又会产生冲突。盖因立法用语模糊、理论争议激烈、实践问题频现、司法保护不力,致使国资委设立之初衷与实际效果相差远矣。

1. 立法用语模糊

"政资分开"所涉之主要法律规范乃《暂行条例》与《企业国有资产法》。但二者对于国资委的性质和职能却均存在语焉不详之处。

就国资委的性质而言,《暂行条例》将国资委定性为政府"直属特设机构"。目前,国资委也是唯一的"直属特设机构"。但究竟何为"特设",其中的"特"体现在哪些方面?对此,相关的法律规定及政策性文件并未给出明确答复。随后颁布的《企业国有资产法》虽强调了国资委的出资人职能,但也并未就其性质做出肯切之说明。

就国资委的职能而言,《暂行条例》中第 5 条至第 7 条中规定,各级国资委依法代表国务院及地方各级政府行使出资人职能,而并不承担

---

① 　参见李曙光:《论〈企业国有资产法〉中的"五人"定位》,《政治与法律》2009 年第 4 期。

社会公共职能。但《暂行条例》第 6 条在明确了国资委出资人职责的同时,还规定了国资委应当"依法对企业国有资产进行监督管理"。其中,"监督管理"含义为何? 这一监督管理与本属于社会公共管理职能的"行政监管"有何不同? 即使是被誉为"围绕出资人制度而进行全面设计、制度创新"的《企业国有资产法》在第 11 条,仍将国资委称为"国有资产监督管理机构",这似乎表明立法者仍不能完全放弃国资委的"监管人"身份。因此该法亦被学者诟病为"立法对现实的妥协"。① 随后国资委颁布的《企业国有产权交易规则》也被视为进一步印证了其"不习惯或不甘于"仅仅作为"履行出资人机构"的心态。②

2. 理论争议激烈

既然立法语焉不详,各界对国资委的性质与职能产生激烈争议也就并不奇怪。首先,关于国资委的性质,学者们或基于对法条之解读,或基于自身设想,围绕国资委的性质与职能提出众多方案,大致分为行政部门说、企业法人说和特殊法人说三种。

第一,行政部门认为,仅就国资委的本身性质来说,其应属于行政部门。有论者认为,从国资委的形式特征来看,它作为国务院直属特设机构,是国务院组成部委之一,符合行政在形式上的法律特征,即行政是由宪法条文直接且具体规定的国家行政机关从事的活动;而从国资委的内部组成来看,2003 年国务院办公厅颁布的《国务院办公厅关于印发国务院国有资产监督管理委员会主要职责内设机构和人员编制规定的通知》(即所谓"三定方案")中,明确国务院国资委由 18 个职能机构组成,且国务院国资委的内部组成部门的人员为机关公务员编制,对应机关公务员人员管理级别,这可以进一步佐证国务院国资委在形式上的行政性。

第二,"企业法人说"意图否定国资委的行政部门属性,而将其列入私法上的企业法人范畴。按照《企业国有资产法》的规定,国资委的法

---

① 王克稳:《企业国有资产法的进步和不足》,《苏州大学学报(哲学社会科学版)》2009 年第 4 期。

② 万翠英:《尚待完善的〈企业国有资产法〉》,《理论前沿》2009 年第 23 期。

律定位应是一个"法定特设出资人机构",即"特殊的企业法人",理由为:其一,该法在第 7 章特别规定了国有资产监督由人大常委会、政府及政府审计机关、社会公众监督等构成,实际上剥夺了国资委的行政监督职能;其二,该法中的许多规定确定了其特设的法人地位,规定了政府授权的机构履行出资人职责的主要内容、方式和责任等;其三,在不同种类的法人中,只有企业法人是以营利为目的的法人,而《企业国有资产法》第 15 条明确规定,履行出资人职责的机构对国有资产的保值增值负责,这决定了国资委是以营利为目的的法人,即企业法人。有学者进一步提出,将国资委隶属于全国人民代表大会,从体制上避免行政部门对国有资产及其经营活动的干预。①

第三,特殊法人说似乎颇为受官方之青睐,其主张,国资委不属于行政部门,又不属于企业法人,而是超脱于二者之存在。简言之,国资委是不同于一般性行政机关的国务院直属特设机构。而某地方国资委的负责人亦表示,所谓特设机构,就是它既不是政府行政机构,也不是一般的企事业单位,而是为完成特定目标经过特殊立法形式形成的特殊机构,类似于国外的特殊法定机构。具体来讲体现为五个方面:一是管理身份特别,国资委不承担政府的社会公共管理职能,仅以出资人身份监管企业国有资产;二是管理对象不同,国资委的监管企业要根据省政府授权而定;三是管理关系不同,国资委与所监管企业并非行政主管部门与下属企业关系,而是出资人代表与所出资企业的关系;四是管理方式,由行政管理转变为产权管理;五是管理目标不同,由过去国家宏观调控目标转为实现国有经济的保值、增值这一经济性目标。② 但何为"超脱"? 何为"特殊机构"? 这模糊的表示似乎让问题绕了一大圈又回到了原点——国资委的性质究竟是什么?

3. 司法标准不一

较之国资委披着出资人外衣,却行监管者之实这一情形更可怕的

---

① 参见杨天宇、刘雯:《对现行"国资委"模式缺陷的理论思考——兼论中国国有资产管理体制的进一步改革》,《华北电力大学学报(社会科学版)》2007 年第 1 期。
② 参见彭勇、朱海波:《国资委如何履行出资人职责》,《当代贵州》2004 年第 14 期。

是,人民对此无能为力。在司法实践中,关于国资委行政诉讼的被告资格这一点,各法院对此的判决并非完全一致,下面将对国资委所做出的行为分类进行具体探讨。

(1)产权界定类

在计划经济体制的情况下,国家资金投入几乎只有财政拨款,因此财产所有权隶属比较简单。但党的十一届三中全会做出改革开放的重大决定后,其他经济成分和各种类型的混合制企业发展迅速,国有企业的资金来源也日益多元化。但是,在这一过程中,由于没有相应的法律规定,企业产权关系存在着大量争议和混乱,国有资产被以各种名目化公为私。

一般来说,在企业国有资产产权界定类案件中,企业国有资产产权界定的决定机关是否拥有做出财产界定的职权,是法院首先要解决的问题。司法实践中,法院倾向于认定国资委具有做出企业国有资产产权界定的行政职权,且将此种界定行为认定为具体行政行为。但根据案件的判决理由和法律依据不同,仍能发现不同法院对此类案件中国资委企业国有资产产权界定职权来源的微妙态度。且看以下两个案例:

第一,在"山东省临沂市国资委与曹明华行政批复纠纷上诉案"(以下简称:"临沂案")中,[①]1994年沂南县技术市场管理办公室开办沂南金桥科技开发中心(以下简称:金桥中心),之后,沂南工商局变更了金桥中心的法定代表人登记,新法定代表人不再由曹明华担任。2001年,原临沂市国有资产管理局、原临沂市科学技术委员会共同做出《关于对沂南县科委〈关于申请界定沂南金桥科技开发中心国有资产的报告〉的批复》(以下简称《批复》)。以《批复》为主要依据,沂南工商局将金桥中心认定为国有经济性质。

原告曹明华不服,一路上诉至山东省高院。在此期间,原临沂国有

---

① 参见山东省临沂市国资委与曹明华行政批复纠纷上诉案,《人民司法·案例》2010年第22期。

资产管理局撤销,相关职能被临沂市财政局合并。2005 年,原告曹明华以临沂市财政局、临沂市科学技术局为被告,向临沂中院提起诉讼,请求撤销《批复》,后上诉至山东高院。山东高院将本案指定由山东省泰安市中级人民法院管辖。案件审理过程中,最高人民法院于 2009 年 8 月 4 日,做出《关于地方国有资产监督管理委员会是否可以作为行政诉讼被告问题的答复》,规定:"按照《中华人民共和国行政诉讼法》第 25 条第 5 款规定,原地方国有资产管理局被撤销,其确认企业资产性质的职能为地方国有资产监督管理委员会所承受,当事人对原地方国有资产管理局做出的确认企业资产性质的行为不服提起行政诉讼的,应当以地方国有资产监督管理委员会为被告。"据此,法院认定临沂国资委可以作为被告,驳回上诉,维持原判。

　　第二,在"李章晃等与佛山市人民政府国有资产监督管理委员会国资行政确认纠纷上诉案"(以下简称"佛山案")中,[①]1984 年,包括上诉人郭方、吴翠莲等八人在内的 15 位会计工作人员所申请成立的佛山市会计咨询服务所正式开业。次年,佛山市编制委员会发文批准成立广州会计师事务所佛山分所,并批复该所与佛山市会计咨询服务所实行两个牌子,一套人马。之后,该所不断发展壮大,注册资金亦不断增加。1992 年,经佛山市编制委员会批准,佛山市会计咨询服务所归并佛山会计师事务所,归并后的佛山会计师事务所为全民所有制事业单位。1998 年 5 月,根据财政部《关于执行证券、期货相关业务的会计师事务所与挂靠单位脱钩的通知》的规定,佛山会计师事务所与挂靠单位佛山市财政局签订了脱钩协议书和脱钩方案,并得到了广东省财政厅批准。同年 12 月,佛山会计师事务所上报了《清产核资报告》,佛山市清产核资领导小组办公室与佛山市国有资产管理办公室做出《关于对佛山会计师事务所资产核实结果的批复》(以下简称《批复》),认定佛山会计师事务所的所有者权益人民币 3441794.73 元为国有资产,并于次年 3 月份敦促佛山会计师事务所抓紧财产移交与资产处置工作。

---

① 参见广东省高级人民法院行政判决书,(2008)粤高法行终字第 66 号。

上诉人认为《批复》侵犯了自身合法权益,遂提起行政诉讼,要求撤销《批复》。案经佛山市中级人民法院和广东省高院一、二审审理,高院于2001年6月18日做出终审判决,以事实不清,适用法律法规错误为由,宣布撤销《批复》,并责令佛山市财政局、佛山市清产核资领导小组、佛山市国有资产管理办公室重新做出具体行政行为。2003年1月,佛山市财政局重新做出批复。上诉人仍不服,复又提起行政诉讼。佛山市中级人民法院判决,判决撤销被诉批复,由佛山市财政局重新做出具体行政行为。判决后各方当事人均未上诉,业已生效。后在法院强制执行过程,被上诉人做出了本案被诉的《关于对佛山会计师事务所资产核实结果的批复》(以下简称被诉《批复》)。上诉人遂向佛山中级人民法院提起本案诉讼,请求撤销被诉《批复》,依法确认佛山市会计师事务所在清产核资时的净资产归八名上诉人所有。中院认为,2004年《佛山市人民政府国有资产监督管理委员会职能配置内设机构和人员编制规定》将佛山市财政局原来包括"实施国有资本金权属的界定、登记、划转、转让、纠纷调处等"在内的有关国有资产管理的部分职能划入被上诉人佛山市国资委。根据《企业国有资产监督管理暂行条例》第13条、第30条和佛山市人民政府职能机构的职权划分,被上诉人有权对本案所涉及的佛山会计师事务所的资产是否属于国有资产进行界定。且本案被诉《批复》与被原审法院判决撤销的《批复》相比较,虽然结果相同,但本案被诉《批复》得出资产界定结论的主要理由有改变,因此予以维持。最终维持原判,驳回上诉。

上述两个案例均围绕地方国资委所做出的企业国有资产产权界定行为而展开,其相同点有二:其一,法院均认同国资委的行政诉讼被告资格。两个案例中虽均未提及国资委自身的法律性质问题,但从其将国资委列为行政诉讼的适格被告这一点看来,法院确实把国资委作为行政主体来看待。那么,至少在企业国有资产产权界定相关案件中,法院采取的是以国资委的形式特征为判断其性质的标准,因为国资委的出资人职能与其行政主体的身份显然是不相匹配的。其二,法院均认定国资委进行企业国有资产产权的界定的行为为具体行政行为。如在

"佛山案"中,法院认为被诉《批复》虽与之前做出的《批复》结果相同,但不属于相同具体行政行为,所依据的便是《最高人民法院关于执行〈中华人民共和国行政诉讼法〉若干问题的解释》第54条第1款规定:"人民法院判决被告重新做出具体行政行为,被告重新做出的具体行政行为与原具体行政行为的结果相同但主要事实或者主要理由有改变的,不属于行政诉讼法第55条规定的情形。"此处,法院显然已将佛山市国资委做出的《批复》视作具体行政行为。

但诚如上文所述,《暂行条例》明确规定,国资委不具有社会公共管理职能。那国资委做出企业国有资产界定的行政职权又是源自何处?关于这个问题,上述两个案例却分别给出了不同的答复。

第一,法律规范的直接规定。在"临沂案"中,判决形成之际法院存在两种截然相反的意见。意见一认为,根据《暂行条例》第7条第2款,国有资产监督管理机构不行使政府的社会公共管理职能。因此,临沂国资委进行国有资产界定属于出资人职责的履行,不是行政主体,不能成为行政诉讼的被告。意见二则认为,参照1994年11月25日发布的《集体企业国有资产产权界定暂行办法》第2条的规定,以及《暂行条例》第30条第1款关于"国有资产监督管理机构依照国家有关规定,负责企业国有资产的产权界定等基础管理工作"的规定,应当理解为国家依法划分和认定企业中国有资产的所有权隶属,并明确国家作为所有者对这部分国有资产行使权利的行为。这与《暂行条例》第7条第2款的规定不一致。由于第7条属于一般条款,而第30条属于特别条款,按照一般条款服从特别条款的原则,应当认定国有资产监督管理机构享有界定企业国有资产产权的行政管理职责。依照行政诉讼法第25条第5款,临沂国资委是本案的适格被告。综上,法院以特别法优于一般法的原则推断,《暂行条例》第30条第1款所规定的产权界定职责为行政职权,界定行为为行政行为。

第二,经由政府授权。"佛山案"中,法院认为《佛山市人民政府国有资产监督管理委员会职能配置内设机构和人员编制规定》(以下简称《编制规定》)将佛山市财政局原来包括"实施国有资本金权属的界定、登记、划转、转让、纠纷调处等"在内的有关国有资产管理的部分职能划入佛山市国资委。《编制规定》属于行政组织内部规范,此处似乎可以将其理解为一种政府的授权。按照《暂行条例》第 6 条规定,国有资产监督管理机构根据授权,依法履行出资人职责,依法对企业国有资产进行监督管理。可见,法院将"监督管理"解读为行政性质的监管,或至少可以包含行政性质的监管。而这似乎也与国资委作为纯粹出资人的立法初衷相去甚远。

(2) 信访类

信访乃极具中国特色之制度,有着深厚的文化根源及现实性。从"击鼓鸣冤,拦轿告状"至信访制度形成,如今信访已被视为行政救济的补充性制度。然而由于诉求渠道和协调能力不足、问责机制不清晰与权力救济功能过于扩张等问题,现实中的信访制度存在着被滥用的危险。以下三个案例中,我们将看到在司法实践中,此种滥用之风险已蔓延至国资委身上。

第一,在朱志群等与广东省人民政府国有资产监督管理委员会履行国有资产监管法定职责纠纷上诉案(以下简称:"广东案")中,[①]法国新世界国际投资有限公司(以下简称新世界公司)的三位股东向广州中级人民法院起诉广东省国资委,认为其对于国有控股的粤海资产管理有限公司(以下简称粤海公司)没有对粤海集团公司擅自转让巴黎中国城国有资产的行为履行监管职责。广州中院经查明事实后认为,粤海公司所处分的资产已与新世界公司无任何关系,在此情形下,原告对粤海公司再行处理资产的行为,向广东国资委提出的质疑、控诉,要求国资委监督管理并予以查处的请求,属于信访事项,不予列入行政诉讼范围。原告遂向广东省高院提起上诉,高院最终驳回上诉,维持原裁定。

第二,在"温祖墀等与四川省国有资产监督管理委员会不履行法定职责纠纷上诉案"(以下简称:"四川案")中,[②]泸州市国资委做出"关于

---

① 参见广东省高级人民法院行政裁定书,(2013)粤高法行终字第 146 号。
② 参见四川省成都市中级人民法院行政判决书,(2009)成行终字第 75 号。

对赖华清等人请求返还原已转让窖池要求的答复",认为"你们的主张不成立。如有异议,建议你们可通过法律程序解决。"上诉人温祖墀、温祖成对该答复不服,认为原泸州老窖曲酒厂非法侵占二人之父温继先所有的三口窖池应当予以返还,遂通过邮政特快专递方式向被告四川省国资委提出行政复议申请。2007 年 6 月 30 日,被告将该申请书作为来信(访)件转给泸州市国资委"研究处理"。上诉人遂向成都市青羊区法院提起行政诉讼,起诉四川国资委的行政不作为。青羊区法院认为,泸州市国资委做出的该答复并非具体行政行为,而仅系信访处理回复,不属于行政诉讼范围。上诉人遂上诉至成都中院,中院经审查后驳回上诉,维持原判。

第三,在"曹石奇与上海市浦东新区国有资产监督管理委员会要求履行法定职责上诉案"(以下简称"上海案")中,[①]曹石奇原系原某总公司所属某总厂职工,他于 2013 年向浦东国资委提出书面申请,要求其更正并落实"协保"的相应待遇。浦东国资委接到申请后,于同年 9 月 24 日向曹石奇做出《信访书面答复》,告知:(1)当年某总公司所属企业某总厂根据相关政策未给曹石奇办理"协保"手续并无不妥。(2)曹石奇已与某总厂终止劳动合同,办理了退工手续,领取了工龄补偿金。(3)关于曹石奇补办"协保"的需求,建议到相关部门进行政策咨询。曹石奇对浦东国资委的信访答复不服,起诉要求判令浦东国资委履行法定职责,落实曹石奇协保。原审法院与上诉法院均认为国资委并无相关职责,均不支持上诉人之诉求。

由上述三个案例,我们可以分别看到,在信访的受理、处理过程以及结果中,国资委所呈现出的身份与职能似乎均与其出资人的定位不符。

其一,受理:"青天大老爷"。信访机构通常设立于中央到地方的各级党委、人大、政府、法院和检察院以及相关职能部门,即代表公权力的部门。"广东案"中粤海公司处分其资产的行为已经与新世界公司无

---

① 参见上海市第一中级人民法院行政判决书,(2014)沪一中行终字第 118 号。

涉,但后者的股东仍选择以"信访"的方式向国资委寻求自身权利救济。这种"求救",与其说是一种股东向另外一家企业出资人所做出的平等协商,倒不如说更像古时候的老百姓对于官员的"拦轿伸冤"。而法院对于这种信访行为的承认,无疑是认可了国资委在一般民众心中"青天大老爷"的形象。这不仅偏离了国资委的出资人身份,亦给国资委扣上一道沉重的枷锁。

其二,处理过程:"踢皮球"。信访制度本身的效率一直广为诟病,"庞杂的组织设置也使信访制度的运作效率低下,许多案件只能在上下级或部门之间流转却找不到相关责任主体,信访机构没有严格意义的隶属关系,信访系统内部的管制协调能力十分有限"。而在同样没有严格意义隶属关系的国资委系统中,这一问题自然也呈现出来。在"四川案"中,泸州国资委是以企业出资人身份建议当事人寻求其他法律程序。而当事人则找到四川国资委后,四川国资委又以信访机构的身份将"皮球"踢回给泸州国资委。

其三,处理结果:"无所不能"。"上海案"中的当事人因国有企业的"协保"问题向国资委进行信访。尽管法院已经认定"并无相关政策显示国资委负有此项职责",但实际中国资委还是出具了《信访书面答复》。看来不仅在当事人的眼中,国资委无所不能,连国资委自己均不得不在职能与定位不清楚的情况下扮演这样的角色。

(3)内部行政管理行为类

"管人"本属于国资委的出资人职责,但在"杨仕慧与三亚市政府国有资产监督管理委员会工商行政确认纠纷上诉案"中,却被认定为"内部行政管理行为"。[①] 该案主要事实如下:三亚市新经济实业有限公司(以下简称:新经济公司)的公司性质登记为全民所有制企业。三亚市国资委作为国有企业及企业国有资产的监督管理机关,对新经济公司做出《关于朱儒虹等同志职务任免的通知》。上诉人杨仕慧对该通知不满,遂向三亚城郊法院提起行政诉讼,后又上诉至三亚中院。一、二审

---

① 参见海南省三亚市中级人民法院行政判决书,(2011)三亚行终字第 8 号。

法院均认为,三亚市国资委的行为属于履行出资人职责的行为,即国资委对企业进行内部行政管理的行为,遂不纳入行政诉讼范围。由此可见,虽《暂行条例》中明确规定将国家对国有企业的出资人职能和社会共公告管理职能分开,但司法实践中仍不免将国资委的出资人职责定性为"内部行政管理行为"。但似乎又不可把责任全部推于法官身上,因为国资委行使出资人职责的方式亦难脱行政性色彩,如该案中未通过企业决策机构而直接下达的任免通知,再联想到前文所提到的"电信三大高层闪电换帅"以及上海市国有企业人事任免事件,国资委的行政性在此处再次得到验证。

（4）信息公开类

在司法实践中,国资委亦成为政府信息公开的义务主体,其典型案例如"唐某与上海市国有资产监督管理委员会政府信息公开申请答复纠纷案"。该案主要事实如下:唐某于 2011 年向上海市国资委提出政府信息公开申请,要求公开"关于同意上海皮鞋厂出售全部国有资产以及同意上海皮鞋厂改制的批文"。市国资委受理后,根据唐某的申请内容进行搜索查找,因未检索到相关信息,遂认定其并无唐某申请公开的信息,故根据该结果于 2012 年做出《政府信息公开申请答复书》。唐某收悉后不服,遂诉至原审法院,请求撤销市国资委做出的答复书,并要求国资委向自己公开所申请的信息。原审法院认为:依照《政府信息公开条例》(2007 年)(以下简称《公开条例》(2007 年))的有关规定,市国资委具有受理和处理向其提出的政府信息公开申请的行政职权,但本案中市国资委已尽到了谨慎审查和合理搜索的义务,因查询无果,遂答复唐某该信息不存在,并无不当之处遂判决:驳回唐某的诉讼请求。判决后,唐某不服,遂提起上诉。上诉法院最终判定驳回上诉,维持原判。①

根据《公开条例》(2007 年),政府信息公开的主体有三种,即行政机关、法律法规授权的具有管理公共事务职能的组织以及与群众利益

---

① 参见上海市第二中级人民法院行政判决书,(2013)沪二中行终字第 43 号。

密切相关的公共企事业单位。其中,公共企事业单位提供社会公共服务过程中制作、获取的信息公开,参照《公开条例》(2007 年)执行。根据被立法者赋予的出资人地位,国资委不属于行政机关。另外,根据《暂行条例》的规定,国资委不具有社会公共事务管理职能,亦非第二类主体。最后,国资委是国有企业的出资人,而非企业事业单位本身,而且现在也并没有关于国资委的信息公开的具体办法。由此看来,在自身定位不清晰的情况下,国资委也有义务履行包括信息公开在内的与其他行政机关同样的职责。

除去上述四种情形之外,有时法官也并不关注国资委做出何种具体行为,而仅仅以国资委不具有公共管理职能为由便认为其并不属于行政诉讼的被告范畴,如"郑春花与深圳市人民政府国有资产监督管理委员会行政不作为纠纷上诉案"中,法院仅在国资委的性质这一层面上,便以其不行使政府的社会公共管理职能为由,判定其不属于行政诉讼的被告范围。①

(三) 职能冲突

除了角色定位不清晰之外,国资委的两种职能——"出资人"与"监管人"之间也经常发生冲突。这种冲突也被戏称为"老板"还是"婆婆"。

1. 双重职能

自国资委成立之后,政府关于国有企业的各种职能便由多个部门集中到国资委身上。由此,国资委定位与职能之争拉开帷幕,至今不休。

(1) 学理争议

关于国资委在实然层面上承担哪些职能,学界一直存在着争议。目前,比较主流的观点是"双重职能说"。该说认为,长期以来政府在国有资产管理事项中具有双重职能,即"出资人"和"监管人"职能。《暂行条例》第 6 条中所规定的"监督管理"职能就是"行政监管"职能,因而国

---

① 参见广东省深圳市中级人民法院行政判决书,(2011)深中法行终字第 632 号。

资委名义上为出资人,但实际上却兼有出资人和监管人两种身份。如有学者指出,国资委实际上具有双重监管权,除作为出资人享有的监管权之外,还同时代表国家对国有企业及国有企业出资人享有监管权,后者属于公权力范畴。[1]　而华东政法大学顾功耘教授更是对这一现象进行了严厉批评,他认为《暂行条例》将对企业国有资产的监督权赋予国资委,国资委的监管者与出资者身份出现了重叠,这使得国有企业改革很有可能从一个反面走到另一个反面,"多龙治水,多头治理"的纷乱局面走向国资委"唯我独尊、大权独揽"的局面。[2]　学者将上述两种职能戏称为"老板权"与"婆婆权":"出资人"作为国有股股东,行使的是公司法赋予股东的权利,即"老板权";而"监管人"作为国有资产的监督管理机构,行使的是监督管理权,即"婆婆权"。"婆婆加老板"的管理体制导致的结果便是"政企不分"。[3]　也有学者将其喻为既当"运动员",又当"裁判员",认为这在理论和事实上皆行不通。[4]

　　然而,也有人为国资委进行辩护,认为对其具有双重职能的指责是没有道理的。国资委对企业国有资产的监管是一种基于出资人职责以私权方式行使的"权益监管",这与政府以公权力方式行使的"行政监管"存在着本质上的不同,因而对于国资委"既当裁判员,又当运动员""自己管自己"等的指责并没有道理。李曙光教授也同样认为,国资委的监管权与一般行政监管不同,应定性为"通过履行出资人职能对所出资企业的监管"。[5]　由此看来,该说主张《暂行条例》中的"监督管理"乃基于出资人身份所享,属出资人职权之列。

　　实际上,以上两种观点的争议核心在于《暂行条例》第6条所赋予国资委的"监督管理"职权之性质。但此议题非在抽象层面可解,而是需要细化"监督管理"中的各项职权,根据不同的内容与行权方式来进

①　参见张素华:《论国资委法律定位的再定位》,《求索》2009年第11期。
②　参见顾功耘,沈吉利等:《国有经济法论》,北京:北京大学出版社,2006年,第286页。
③　参见王克稳:《企业国有资产法的进步和不足》,《苏州大学学报(哲学社会科学版)》2009年第4期。
④　参见顾功耘:《国有资产立法宗旨及基本制度选择》,《法学》2008年第6期。
⑤　参见李曙光:《论〈企业国有资产法〉中的"五人"定位》,《政治与法律》2009年第4期。

行划分,以观其究竟属于"行政监管"还是"权益监管"。由此观之,两种学说并无矛盾之处,仅为技术处理问题。因而真正的问题并非在于纸上之法律条文,而在于"监督管理"在鲜活的实践中所呈现出的不同样态。《暂行条例》赋予国资委的"监督管理"因其语焉不详,极易引起理论与实践的不协调,如国务院研究发展中心的张文魁研究员便指出,实践中资产监管与公共监管之间的本质没有被区分清楚,从而将资产监管与公共监管混淆起来,进而容易将国资委与其他公共行政机构混同起来。① 而除了上述关于出资人"监督管理"权的争议之外,《暂行条例》中"履行出资人的其他职责和承办本级政府交办的事项"也成为各级政府干涉国资委职责承担的依据。

（2）具体内涵

"出资人"与"监管人"两种职能的冲突,与它们各自的实质内涵不同相关。"出资人"主要侧重经济性职能,而"监管人"主要侧重行政性职能。

第一,国资委具有经济性的出资人职能。若要还原国资委"干净、纯粹"的出资人身份,便必须认识到:国资委的出资人职能,属于公司内部治理问题,国资委与一般股东相同,按照公司法规定享有权利并履行义务。如《企业国有资产法》第 12 条规定,国资委享有资产收益、参与重大决策和选择管理者等职权,这实际上就是股东权中自益权和共益权的内容。因此,有学者认为,企业国有资产法和《暂行条例》中关于国资委出资人职能内容的规定"与公司法重复,不仅没有任何必要,而且本末倒置"。② 由此观之,出资人职责实际上就是股东权,它以国有资产增值保值为主要目标,因此可称其为经济性职能。党的十八届三中全会指出,未来将会建立若干国有资本投资运营公司。届时出资人职能将不再由国资委承担,而是转移到国有资本运营公司,出资人职能的经济性也将更加清晰。

① 参见张文魁:《国资委定位模糊系实践与理论偏差》,《中国投资》2006 年第 3 期。
② 参见洪学军:《分权与制衡:国有资产监督管理委员会职能探析》,《法学》2006 年第 9 期。

《企业国有资产法》第 6 条规定："国务院和地方人民政府应当按照政企分开、社会公共管理职能与国有资产出资人职能分开、不干预企业依法自主经营的原则,依法履行出资人职责。"这一条文再次强调了政府对于国有企业的出资人职能。于是,我们必须要思考的是,所谓"纯粹、干净"的出资人职能究竟指什么? 要回答这一问题,便必须认识到:国资委的出资人职能,属于公司内部治理问题,国资委与一般股东相同,按照公司法规定享有权利并履行义务。如《企业国有资产法》第 12 条规定,国资委享有资产收益、参与重大决策和选择管理者等职权,这实际上就是股东权中自益权和共益权的内容。因此,有学者认为,国有资产监管机构作为公司国有股东,其股东权的内容已由公司法予以明确,作为公司的国有股东,其通过行使股东权,借以履行出资人职责,必须而且当然要依据公司法,而不能游离于公司法之外,至于《暂行条例》规定国有股东权的内容和股东权行使方式,这些内容与公司法中相关规定重复,不仅没有任何必要,而且还本末倒置。

由此观之,"纯粹、干净"的出资人职责实际上就是要求国资委的出资人职能回归其股东权的本质,完全在公司法框架内予以规范,不需要其他法律规范或重复、或多余的约束。商事公司中的股东通常以公司营利为首要目标,同样的,国有股东要求国有企业以国有资产增值保值为主要目标。因此,我们可称出资人职能为经济性职能,这是一种完全私法意义上的职能。

第二,国资委具有行政性的监管人职能,是指为出资人享有的监管权之外,还同时代表国家对国有企业及国有企业出资人享有监管权,后者属于公权力范畴。[1]《暂行条例》第 30 条规定的"协调国有企业国有资产产权纠纷",第 31 条规定的"建立企业国有资产产权交易监督管理制度"及第 12 条赋予国资委的指导和监督下一级国有资产监管机构的工作的权力,均属于"行政监管"职能。行政监管通常包含两种:一是对其他行政机关、机构的监督,如政府对国资委的监督,这明显不适用于

---

① 参见张素华:《论国资委法律定位的再定位》,《求索》2009 年第 11 期。

国资委与国有企业的关系;二是指对整个国民经济活动实行的全面监督,具有广泛性的特征,监督机关包括物价监督机构、海关、工商行政管理部门、金融部门等等,且监督对象是包括国有企业在内的全体企业。从这个意义上讲,国有企业应和私企同样接受监管,充分发挥现有监管机关作用,由监察部门、财政部、工商与税务监管部门等在"不同行业、不同领域"行使监管权,而毋需国资委专门对国有企业行使监管职能。综上,"行政监管"职责本质上属于公权力范畴,其目标在于公共管理,属于行政性的职权。

那么究竟何为行政监管?行政监管通常包含两种:一是对其他行政机关、机构的监督,如政府对国资委的监督,这明显不适用于国资委与国有企业的关系;二是指对整个国民经济活动实行的全面监督,具有广泛性的特征,监督机关包括物价监督机构、海关、工商行政管理部门、金融部门等等,且监督对象是包括国有企业在内的全体企业。国资委对企业的监管,只可能是后一种。从这个意义上讲,国有企业应和私企同样接受监管,即充分发挥现有监管机关作用,由监察部门、财政部、工商与税务监管部门等在不同行业与不同领域行使监管权,而毋需国资委专门对国有企业行使监管职能。综上,"行政监管"职责本质上属于公权力范畴,其目标在于公共管理,属于行政性的职权。这项职责由各政府部门依各自分工分别履行即可,换句话说,国资委不应当再承担"监管人"职责。

2. 职能冲突

国资委作为公法组织意义上的行政部门,却又担负着私法意义上的出资人职能。这种公私交融的情况若以传统上的公、私法二分的角度来分析,便会产生诸多问题,诚如上文所述的立法与理论上的争议之处。而此种争议又势必影响到实践。实践中国资委代表政府履行其出资人职能也是问题多多,主要表现为出资人的"缺位"与监管人的"越位"。

(1) 出资人"缺位"

从实际情形来看,由于人员数量、专业能力、制度设计等种种限制,国资委在履行国有企业的"出资人"职能方面,存在着诸多力有不足之处。

其一,中央与地方国资委的能力不足。国资委人员有限,要管理庞大的国有企业,而且这些人不是依据市场化原则招聘,专业性大打折扣。且国资委的人员基本上来自财政部、经贸委、中共中央组织部与中央企业工委、计委、劳动与社会保障部等党政机关,它们的工作习惯是行使公共权力而非出资人权利,因而国资委恰恰缺乏出资人需要的商业化的专业运作能力。[①]　管理半径过大与人员数量、专业素质的局限性使得国资委不具有完备的行使出资人职能的权力。

其二,"统一所有,分级管理"的内在矛盾。党的十六大确定了"统一所有,分级管理"的国资管理体制,即关系国民经济命脉和国家安全的大型国有企业、基础设施和重要自然资源等,由中央政府代表国家履行出资人职责。其他国有资产由地方政府代表国家履行出资人职责。中央政府和省、市(地)两级地方政府设立国有资产管理机构。但事实上,真正的"分级管理"尚未形成,地方政府也并非地方国资的真正代表。有论者指出,"履行出资人职责"并不意味着地方国资委成了真正意义上的国有资产所有者代表。实践中,地方国有资产的真正所有权代表仍然是中央政府,中央政府仍然可以干预地方政府对国有资产的运营。因此,地方国资委不仅没有"所有者"的感觉,也没有出现如所有者一样促进国有资产保值增值的动机。[②]　因此,部分地方国资委竟是以变卖国有资产中饱私囊为己任。此等体制下的地方国资委,何谈出资人职能之履行。

(2)监管人"越位"

《暂行条例》虽明确规定国资委不承担公共管理职能,但其对国资委出资人职权的模糊规定,加之国资委具有行政部门的外观,使得国资委在实践中行使职能时常常"以出资人之名,行监管人之实"。其中最

---

① 参见张文魁:《国资委定位模糊系实践与理论偏差》,《中国投资》2006年第3期。
② 参见杨天宇,刘雯:《对现行"国资委"模式缺陷的理论思考——兼论中国国有资产管理体制的进一步改革》,《华北电力大学学报(社会科学版)》2007年第1期。

典型的例子当属"三大运营商高层闪电换帅事件"。2004 年 11 月 1日,中国电信、中国移动、中国联通的高层互相交换,联通 CEO 任职移动,移动 CEO 任职电信,电信 CEO 则任职联通。此外,还有部分高层即将退休。上述人事安排决定并非由企业自己,而是由中组部和国资委的文件做出。[1] 当时各界对此事的原因、利弊从各角度进行了解读与分析。然而这一名义上属于从国资委行使出资人职能来看,这无疑印证了其行权方式极具公权力色彩的特点。

其一,从发布人事任命的主体来看,中组部想要干涉国有企业的人事任免权时,只要和国资委联合发文即可,那么何以保证国资委可以独立行使出资人职权中的"管人"权。其二,从监管程序来看,诚如顾功耘教授所言,"在相关公司董事会并不知情、股东大会并未召开的情况下,国资委亲自操作三大电信商的高层互换,显示出他仍然将企业经营管理者视为可以随意调动的政府官员"。[2] 很明显国资委并未像其他公司股东那样严格依照公司法行使出资人权利,而中国移动总经理到年龄正式退休的表述更是显示出国有企业高管与公务员仍难以分开。其三,从该人事任免内容来看,同行业三大高层互换显然违反了公司法中有关竞业禁止的相关规定,国资委此举所显示出对公司法的无知实在令人担心其是否真的能够行使好出资人职能。类似的事例并非只此一件,上海国资委 2003 年成立之际最重要的"管人"权,特别设定由市委组织部部长兼任国资委党委书记,由国资委负责干部管理,但是突然,上海电气集团、上汽集团、光明食品集团的人事管理权就被一纸通知转到市委组织部。[3] 如此种种,似乎表明在实践中国资委并非如立法者所设想的那样仅仅履行出资人职能,而是经常出现监管人越位的情况,从而导致两种职能发生冲突。

---

① 参见陈霞:《电信巨头高层互换:一个平衡游戏》,《证券时报》2004 年 11 月 7 日,第 005版。
② 参见顾功耘,沈吉利等:《国有经济法论》,第 65 页。
③ 参见汪生科:《上海三大国企干部回归"市管":权益之计抑或长远之策》,《21 世纪经济报道》2006 年 9 月 20 日,第 007 版。

二、调控任务转型

由前文可以看出,国资委的双重角色与职能紧密纠缠,很难将单独一方完全剥离。非此即彼的方案并不符合中国实际。所以,下文将讨论国资委承担新角色之可能性,即在"出资人"与"监管人"之外,国资委还可以选择第三条路线,即影响义务。

(一)影响义务的基本内涵

国家与国有企业的关系应当避免步入两个极端。一个极端是政企不分。随着国有企业公司治理结构的日益完善,政企分开观念逐渐深入人心,此种情形发生可能性较低。更需要警惕的是另一个极端,即过度强调公司的独立性,反对国家的任何干预举措。在"营利本位"理念下,这一情形很容易被认为是公司自治的要求而获得支持甚至鼓吹。但是,资合公司形式从来就不是为国有企业而量身定制,它很有可能会导致国有企业与国家间的关系疏远,从而使得公益性遭受资本逐利性的侵蚀。这就是所谓"遁入私法"之担心,即行政部门是否会借由私法组织形式而逃脱其本应受到的公法约束。

作为私法化后的行政组织,国有企业虽然作为私人,但同样需受到特定公法规范之约束。而作为私法化后行政组织实际控制者的行政部门,也被称为"母体组织(Muttergemeinwesen)",其应当负有保障与督促公营事业在经营过程中不能脱离上述公法规范约束的义务,不得偏离国家意志以确保公共目的之实现,这种义务通常被学界称为母体行政组织的"影响义务"(Einwirkungspflicht)(以下简称:影响义务),也可称之为介入义务(Ingrenzpflicht)。[①] 就国有企业而言,国家负有保障与监督国有企业公益性得以实现的义务,防止其被营利性侵蚀。就

---

① Vgl. Günter Püttner, Die Einwirkungspflicht-Zur Problematik öffentlicher Einrichtungen in Privatrechtsform, *DVBI* 1975, S. 353ff.

国家(或称政府)与国有企业的关系维度而言,为了保障国有企业公益性之实现,国家应当通过恰当的方式对国有企业施加影响或对其经营活动予以介入,以避免国有企业的公益性任务被其营利性所吞噬,从而保障公益性任务顺利实现。这一义务也被称为国家之于国有企业的"影响义务"。[1] 所以,国家之于国有企业既不只是股东意义上的"老板",也不只是监管者意义上的"婆婆",而是还具有第三种重要身份即影响义务实施者或称母体组织。在此身份下,国家需要借由合适的法律手段实现对国有企业的影响义务,并需要平衡好企业自主经营与公益性保障之间的微妙关系,这正是"国家-国有企业"维度下"双轨制"体系的主要任务。由于实现难度较大,这一任务也被戏称为"在悬崖边上的行走"。[2]

影响义务为国资委提供了第三条道路。这条道路既不同于纯公法意义上的行政性监管人,又不同于纯私法意义上的经济性出资人,在中国的法律语境下,我们可称其为"公益性的目标管理人"。正如德国学者迪克·艾勒斯(Dirk Ehlers)所言,影响义务既不是纯粹经济性的,又不是纯粹行政性的,它更多的是一种对目标的监控与影响手段。[3]

(二) 影响义务的法律基础

影响义务并非一个纯粹的学理概念,而是具有现实法律基础。第一,人民主权原则,依据该原则,一切国家权力源自人民,因而国家权力的行使必须受议会监督并向其负责,而行政者能够保障行政活动向议会负责的前提在于,其对行政活动享有充分的影响和监控可能性。无论行政以公法形式活动还是利用私法形式的"工具",均属行政活动范畴,理应受到行政者的监控及影响。第二,依法治国原则,依据该原则,

---

[1] Vgl. Günter Püttner, Die Einwirkungspflicht-Zur Problematik öffentlicher Einrichtung in Privatrechtsform, *DVBl* 1975, S. 353 ff.

[2] Vgl. Beatrice Fabry/Ursula Augsten (Hrsg.), *Unternehmen der öffentlichen Hand*, 2. Aufl., Baden-Baden 2011, S. 71.

[3] Vgl. Dirk Ehlers, *Verwaltung in Privatrechtsform*, Berlin 1984, S. 130.

与拥有自由活动空间的公民相比,国家仅能在法律限定的"半径范围"中活动,当国家进入到私法领域时,其必须对私法组织予以充分监控和影响,保证国家权力不会侵犯公民的自由空间。

除宪法原则之外,影响义务也见于具体法律中。以德国为例,《联邦预算法》第 65 条第 3 项规定,联邦需保证对自己新设或参与的私法形式企业拥有适当的影响力,且需在企业章程中规定。而各州及市(乡)镇自治章程的规定会存在细节上的差异,但大致是相同的。以巴登-符腾堡州为例,该州的自治章程第 103 条第 3 款规定,各市(乡)镇有义务对市(乡)镇入股超过 50%的企业予以适当的影响和监控,以确保该企业公共目标的实现以及其经营的效率性。由此也可看出,法律对于影响义务仅予以概括性的规定。

在我国,影响义务则主要表现为对于国企公益性目标的规定。国有企业的公益性目标由宪法中的基本权衍生而来。我国《宪法》(2018修正)第 7 条规定,国有经济是国民经济的主导力量。《企业国有资产法》第 7 条则解释了如何发挥这一主导力量,即国家应当通过"推动国有资本向关系国民经济命脉和国家安全的重要行业和关键领域集中"的方法,来达到"增强国有经济的控制力、影响力"的目的。

(三) 影响义务的实施主体

影响义务的实施主体是母体组织。在德国,公营公司是国家从事经济活动的组织工具之一。因而国家对公营公司必须具有实际控制力,以保证该公司不会以营利为借口而逃避其应当受到的公法约束。在实践中,公营公司的行政股东并非仅仅是国家(联邦和州),相反,大部分其实是地方各市(乡)镇。为此,立法者选用"公权力部门(der öffentliche Hand)"这一称谓。公权力部门既包括国家(联邦和州),又包括各市(乡)镇和其他公法人。作为公营公司股东的公部门,也被称为"母体组织",即影响义务的实施主体。由此可见,影响义务的实施主体必须是公权力部门,但其在履行影响义务时,并不一定要以其所掌握的公权力为手段,甚至通常情况下是在私法框架下履行该义务。这也使得行政部门的母体组织身份区别于其他行政监管机关。就此而言，在我国，对国企实施影响义务的母体组织正是国资委。国资委作为"国务院直属的正部级特设机构"，其本质仍属于国务院特设机构。这一身份使国资委具有承担目标管理职能的权力基础，同时其长期管理国有企业的经验也非常有利于这种职能的实施。

需注意的是，对国有企业享有控制力的行政部门也是公司中的股东，但是影响义务却并非基于股东权而是行政部门作为母体组织的身份产生。因而，母体组织既不同于纯粹行政性的公权力机关，又不同于纯经济性的公司股东，而是二者之外的第三种身份。同样，母体组织所负有的对公营公司的影响义务，也不同于行政性的"监管人"与经济性的"出资人"职责，而是与以上两种职责均不相同的第三种职责。此种特殊的第三种身份与职责使得作为公法人的公权力部门与作为私法人的公营公司之间拥有了一条独特的纽带。

(四) 影响义务的法律救济

"救济走在权利之前，无救济则无权利"。这句古老的法谚告诉我们，即使公民的权利在法律中规定得再详细，若无法得到救济，则也只不过是空谈一场。例如，在前文讨论的相关案例中，国资委的被告资格认定便成为司法实践中的难题。因而，在影响义务提出伊始，学者们便已在寻求其被归入给付行政之诉的可行性。影响义务相关法律诉讼主要表现为两种情形，即政府对国有企业影响"过度"与"不足"的两种情况。

"影响过度"之诉，是指国家对于国企的监控与介入过于严格，以致产生了侵犯企业自主权之虞。例如，在国企改革过程中，行政机关强行作出的全面所有制工业企业分立的决定，被认为是侵犯了企业经营自主权，最高院司法解释一度允许当事人提起行政诉讼。[①] 在国资监管体制改革过程中，国资委的出资人职能对影响义务"过度"之诉的判断

---

① 《最高人民法院关于当事人对行政机关作出的全民所有制工业企业分立的决定不服提起诉讼人民法院应当作为何种行政案件受理的复函》，法函〔1994〕34 号。

造成了困惑。如江苏戴某诉通州市企业公有资产管理办公室一案中,法院便以该办公室做出的相关批复是履行企业国有资产出资人职责的行为,而不是基于行政管理职权而做出的具体行政行为,因而不予受理。[①] 但在批复不予撤销的情况下,原告也无法通过与国有企业进行民事诉讼来维护自身权益。因此,笼统判定国资委的出资人职能不属于行政诉讼范围是不合理的。例如,在哈尔滨市丰田纯牌零件特约经销中心诉国务院国有资产监督管理委员会案中,法院认为,国资委以复函方式提出相关企业产权界定意见,已经超过了自身法定权限,该复函相关内容应当予以撤销。[②]

影响"不足"之诉则是指当公民认为母体行政组织对国有企业的督促与监控不够,致使国有企业未能充分遵循相关公法规范的约束,而导致公民的合法权益受到侵害时,可提起诉讼,如能源类企业为了利润而肆意抬高价格、或是对不同区域的顾客予以不平等的对待、或是对应于公开的信息不进行公开等等。目前,我国此类案例还不多见,最为典型的是被称为"全国首例公民诉通信公司信息不公开案"的"王聚才诉中国联合网络通讯有限公司南阳市分公司不履行政府信息法定职责案"。[③] 该案判决尝试避开了传统行政领域中确认行政机关的标准,开拓了从实质主义或功能主义角度来界定公共服务行政领域行政主体的标准,使得在组织法上无法归入行政机关范围的公共企业事业单位,在适用《信息公开条例》(2007 年)第 37 条时也可被视为行政诉讼的适格被告。[④]

三、调控手段转型

调控任务的转型也给予调控手段新的启发。既然国资委在"老板"和"婆婆"之外还存在第三种定位,那么调控手段也不必非此即彼,而是

---

①　参见冯果,杨梦:《国企二次改革与双层股权结构的运用》,《法律科学》2014 年第 6 期。
②　参见北京市高级人民法院行政判决书,(2009)高行终字第 495 号。
③　参见河南省南阳市卧龙区人民法院行政判决书,(2010)宛龙行初字第 127 号。
④　参见朱芒:《公共企事业单位应如何信息公开》,《中国法学》2013 年第 2 期。

可以同时运用公法与私法两种手段。

（一）现状分析

影响义务的实施既要保证公营公司公共目标的实现，又不能削弱公司这一组织形式所带来的灵活自由、融资渠道广等核心优势，否则选择私法组织形式就变得毫无意义。所以，影响义务会同时使用到公法手段与私法手段。

1. 私法手段

私法手段是指母体组织通过公司法来实现影响义务。为此，可以采取的途径主要包含三种，即公司章程、股东代表与监事代表。这里面并不包含董事会。这是因为，对国有公司而言，一个能够有力抵挡政府不当干预、为公司利益行事、有效监督管理层的董事会是成功运作的关键。[①] 因此，应当尽可能保障董事会独立行使职权，而非借助其来实现影响义务。

在私法框架下，有助于实现影响义务的第一种手段是，国家作为股东通过制定国有企业章程或参与制定，在章程中明确规定国有企业的公益性目标及政府股东对国有企业的影响范围。一般而言，有限责任公司中国有企业的形成空间较大，在诸多情形下，只要股东取得合意，章程甚至可以偏离相关法律规定。相较之下，股份有限公司章程的形成空间便小了许多。

实现影响义务的第二种手段是，政府派遣股东代表参加国有企业的股东（大）会。该股东代表直接听从派遣机关的指令。有限责任公司中，股东会对董事会的影响力度非常大，主要表现为：其一，董事会的职权范围需受到股东会决议的约束，股东会对董事几乎享有"全面的命令权"；其二，股东会有权决定董事的聘任与解聘；其三，股东享有"全面的质询与查阅权"，董事仅能在股东行使该权利是基于与公司经营无关的

---

① 参见胡改蓉著：《国有公司董事会法律制度研究》，北京：北京大学出版社，2010 年，第 37 页。

目的,或者会对公司造成重大损害的情况才可拒绝。而在股份有限公司中,股东大会的权力被大大缩减,股东大会仅能在董事会要求的情况下才能做出相关决议,且不能随意在董事任期届满前将其解聘,除非存在重大事由。而股东若想对董事进行质询,则必须在股东大会基于合理判断认为确属必要的情况下,才可进行。因此,在德国实践中,部分州在选择公营公司的组织形式时倾向于优先选择有限责任公司,而将股份有限公司作为备位选择。

第三种实现影响义务的私法手段是派遣监事代表加入公司的监事会。除派遣股东代表外,母体组织还有权派代表进入公司监事会。[①] 监事可随时要求董事会或高管人员提供关于公司经营情况的信息,以及质询与对公司账簿和财产情况进行查阅的权利。且监事对母体组织负有报告义务,即向母体组织报告公营事业的相关事项。然而,我国《公司法》(2023 修订)第 176 条规定,国有独资公司在董事会中设置由董事组成的审计委员会行使本法规定的监事会职权的,不设监事会或者监事。因此,在可预见的未来,监事在国有企业治理结构中的作用恐怕会大大削弱,其监督作用将部分甚至全部移交给审计委员会。[②]

2. 公法手段

为了确保影响义务的实现,母体行政组织应建立拥有各种实现手段之"宝库",当公司法给予公营事业的约束过于松散时,则从"宝库"中选取合适的公法手段。与私法手段的普适性不同,各国公法手段的表现形式因其法律规定不同而有所差异。总体而言,实现影响义务的公法手段主要包含信息控制与指令监督。

(1) 人事监督

人事监督是指,除了在公司治理结构框架下派遣股东外,母体组织还有权派遣监事代表。由于各国实行的公司决策模式不同,监事

---

① Vgl. OVG Nordrhein-Westfalen, 21.05.2002 - 15 B 238/02.

② 也有学者提出对审计委员会规则的质疑与担心,对此可参见蒋大兴:《新〈公司法〉董事会审计委员会规则的执行困境》,《中国法律评论》2024 年第 2 期。

代表发挥的作用也有所不同。例如,在奉行"监事会中心主义"的德国,公营公司中的监事代表可以发挥十分重要的作用。向公营公司派遣监事代表通常由各州的地方自治章程进行规定。公派监事代表可以通过以下渠道来帮助政府实现其影响义务:监事可随时要求董事会或高管人员提供关于公司经营情况的信息,以及质询与对公司账簿和财产情况进行查阅的权利(德国《有限责任公司法》第52条第1款)。

在我国,源自稽查特派员制度的外派监事在很长一段时间内是重要的人事监督手段。外派对象不仅包括国有独资公司,也包含国有控股、参股公司。例如,《企业国有资产法》第22条第3项规定,履行出资人职责的机构可以向国有控股、参股公司的股东(大)会提出监事人选。但是外派监事发挥的作用比较有限。在现行法律制度下,监事会不直接干预公司具体事务,其功能仅在于检查督促。[①] 虽然国有企业中的监事会被赋予了更多职权,如《国有企业监事会暂行条例》第12条规定,企业应当定期、如实向监事会报送财务会计报告,并及时报告重大经营管理活动情况,但仍然不能直接干预公司的经营活动,俗称"带眼睛,带耳朵,不带嘴巴"。[②]

近年来,审计委员会已经逐渐取代了外派监事的作用。2018年中共中央印发的《深化党和国家机构改革方案》明确规定,将国有重点大型企业监事会职责划入审计署,不再设立国有重点大型企业的外派监事会。《公司法》(2023修订)第176条规定:"国有独资公司在董事会中设置由董事组成的审计委员会行使本法规定的监事会职权的,不设监事会或者监事。"当然,面对这一新的规定,还有许多问题需要解决。例如,审计委员会成员作为董事,其履行职责是否会与董事会独立性冲突? 审计委员会成员如何产生,与国资委的关系又应如何看待? 等等。

---

① 参见周梅:《论监事会的信息获取请求权》,《南京大学学报:哲学·人文科学·社会科学版》2013年第4期。

② 参见李曙光:《论〈企业国有资产法〉中的"五人"定位》,《政治与法律》2009年第4期。

（2）信息公开

国家影响义务的实施需要以国有企业信息公开作为基础。目前，我国现行法律规定并未对国有企业信息公开问题做出明确规定。这意味着，国有企业信息公开没有上位法依据，其主要依据是党中央和国务院发布的政策性文件。2015年，中共中央与国务院印发的《关于深化国有企业改革的指导意见》提出要打造阳光国有企业，推动国有企业普遍实施信息公开。为了贯彻落实上述《指导意见》的精神，2016年国资委印发《关于推进中央企业信息公开的指导意见》，这是目前指导中央企业信息公开行为的效力最高的文件。该文件要求中央企业按照现行《公司法》《企业国有资产法》等法律法规和国有企业改革文件，结合本企业性质和所处行业特点，全面梳理信息公开相关要求并按照要求公开相关信息。2018年，国资委办公厅印发《关于全面推进中央企业信息公开工作的通知》，结合实际明确深化信息公开工作具体要求。

在没有系统性法律制度的情形下，我国国有企业信息公开处于"碎片化"状态，即不同类型的国有企业信息公开问题由不同法律制度进行调控。目前主要包含以下两个方面：第一，关于上市类国有企业，证券法强调上市公司的信息披露，公司法及企业国有资产法仅集中于公司的财务状况。总体而言，被纳入信息披露制度的上市类国有企业，在信息公开方面较为规范。第二，属于公共企业类的国有企业，其信息公开通常以《中华人民共和国政府信息公开条例》为基础。该条例第55条第1款规定："教育、卫生健康、供水、供电、供气、供热、环境保护、公共交通等与人民群众利益密切相关的公共企事业单位，公开在提供社会公共服务过程中制作、获取的信息，依照相关法律、法规和国务院有关主管部门或者机构的规定执行。全国政府信息公开工作主管部门根据实际需要可以制定专门的规定。"

（3）指令监督

指令监督是指政府直接对国有企业下达具体指令。在我国长期坚持的政企分开的改革背景下，这一手段似乎格格不入。例如，有论者批评国资委对国企干预过多，认为国资委沿用计划经济模式下的管理思维,为了自己的监管便利而直接限制和干预国有企业的具体治理与人员安排,这会使国企改革背离初衷。① 然而,实践中的指令监督其实并不罕见,其至少表现为以下两个方面:

第一,产权监督。国有资产交易与处置需要接受更加严格的行政审批。在国企改制过程中,由于法制不健全等原因曾出现过大量国有资产流失的情况。基于保障国有资产安全的考虑,《公司法》(1993 年)中便制定了特殊的国有资产处置规则,如国有独资公司的资产转让需要由有权机关办理审批和财产权转移手续等等。这套特殊规则在《公司法》(2005 年修订)被剥离出去,但其并未消失,而是在公司法之外成为一套独立的规则体系。它由相关法律规定与大量的行政法规、规章以及规范性文件构成,涉及小型国有企业出售、国有产权转让与交易、企业兼并等等。《企业国有资产法》中的多个条款涉及国有企业重要交易的行政审批制度。

第二,具体指令。实践中,国资委发布的文件中经常要求国有企业履行各种各样的目标。有论者指出,大量文件涉及高管人员职位、薪酬、职工工资发放、福利标准、教育培训经费、职工董事聘任、女职工工作、职工素质工程、企业财务信息化等管理政策的直接设定,甚至涉及对特定企业的个案干预。② 这种国资委的自我授权还表现为替国企在全世界范围内招聘高管,与其他部门,如中组部联合助推国企"闪电换帅"等等。③ 尽管并非所有文件都具有强制性效力,但在实践中,国资委的意见无疑会对国企决策产生重大甚至决定性的影响。

(二) 转型策略

中国所关注的是如何摆脱私法手段上过于浓重的行政性。所以,

---

① 参见邓峰:《国资委的历史使命》,2016 年 12 月 19 日,https://www.aisixiang.com/data/94040.html,2024 年 7 月 8 日。

② 参见邓峰:《国资委的历史使命》,2016 年 12 月 19 日,https://www.aisixiang.com/data/94040.html,2024 年 7 月 8 日。

③ 参见陈霞:《电信巨头高层互换:一个平衡游戏》,《证券时报》2004 年 11 月 7 日,第 005 版。

在进一步完善公司结构与推进市场化改革的趋势下,以私法手段实现影响义务,与公法手段相比,更能凸显国有企业相对于科层组织更加灵活与高效的优势。为了防止政企不分的弊病,国家对于国有企业的影响义务主要通过"弱化公法手段"与"强化私法手段"的方式予以实现。此外,还需注意到具有中国特色的一种手段,即党组织对于国有企业的影响力。

1. 弱化公法手段

弱化公法手段最典型的领域是行政审批。行政审批的趋弱表现为两个方面。其一,行政审批事项逐渐减少。随着国资管理体制的不断深化,政府职能由"管企业"向"管资本"转变,审批手段在国资监管中的运用不断减少,《国务院国资委以管资本为主推进职能转变方案》(国办发〔2017〕38 号)删减了 43 种国资监管事项。其二,强制性的审批手段也可考虑向更加柔性的协商行政转变。例如,德国《联邦预算法》第 65 条中规定,国有企业注册资本额、经营范围或联邦对企业的影响力即将发生变化时,联邦财政部必须参与协商。中国司法实践中也存在类似案例。在吴生宏等 1155 人诉武进市人民政府案中,武进市人民政府便通过召开协调会议的方式,解决江苏新光棉织厂改制过程中吴生宏等职工权益受到侵害的问题。[①]

在另一条甬道中,政府通过直接行使行政权,主要是行政审批来干预企业经营。比如《企业国有资产法》第 29 条、第 34 条与第 35 条。更不用提国有产权转让领域繁多的行政规章与规范性文件,硬是将资本市场割裂为"非国有企业"与"国有企业"两类。所谓行政审批,其实质在于具体行政行为基于法律规定,直接引发私法关系产生、变更和消灭,此即德国法上所称的"私法形成性的行政处理"。[②] 此一行为涉及国家管制对意思自治领域的介入,其并非为全部学者所接受。它被批评为,不能预设国家能够对所有的国有企业施以充分的影响,从而想方

---

① 参见江苏省常州市中级人民法院行政判决书,(2000)常行初字第 2 号。
② Vgl. Vincent Brenner, *Der privatrechtsgestaltende Verwaltungsakt im Regulierungsrecht*, Frankfurt 2014, S.83.

设法为其寻找可能的渠道。① 反观当下中国现实,国有企业刚刚完成向市场经济的转身,计划经济的烙印尚未完全祛除。因此,对于此条渠道的运用应当尽量缩减与避免,以真正发挥公司法人形式所具有的高效、灵活、融资能力强、盈利性强等优势。2017 年《国务院国资委以管资本为主推进职能转变方案》中一口气精简了 43 项国资监管事项,正是体现改革实践弱化行政干预的趋势。

2. 强化私法手段

私法调控手段主要体现在国有企业的人事与章程制定等相关事项中。与行政审批相比,私法手段更适宜将国家影响义务"嵌套"至公司治理结构中予以实现,因而在实践中得到更普遍的适用。就人事权而言,尽管国有企业负责人具有"准官员"性质,但负责人的任命仍应符合公司治理的要求,像 2004 年电信三巨头迅速换帅这样将国有企业负责人视为行政官员的做法已不合时宜。人事安排既要有助于国家实现影响义务,又要符合公司治理要求。目前的改革举措已体现出这一倾向。一方面,监事会改革逐步取消"行政化"的外派监事会,②仅保留现代公司治理结构所要求的内部监事会,并规定监事的报告义务。另一方面,党组织与董事会通过"双向进入、交叉任职"模式予以融合,③以实现党组织对国有企业的政治影响力。当然,此种模式下董事会的独立性问题、党组织的参与方式与程度问题,尚存在进一步讨论的空间。就章程制定而言,公司章程载明了公司组织和活动的基本准则,是公司的宪章,也是实现公司自治的重要手段。国有企业可将公益性目标嵌入公司章程,使公司的发展与公益性目标息息相关。目前,充分利用公司章

---

① Vgl. Rolf Stober, Lösung mittels „ einer verfassungskonformen Interpretation der Konfliktsituation, *NJW* 1984, S. 455.

② 中共中央印发《深化党和国家机构改革方案》第 13 条规定,将国有重点大型企业监事会的职责划入审计署,构建统一高效审计监督体系,不再设立国有重点大型企业监事会。

③ "双向进入、交叉任职"模式是指,公司党委(党组)主要负责人应当进入董事会;非外部董事会中的党员可依照《中国共产党党章》有关规定进入党委(党组);党委(党组)书记和董事长可由一人担任。参见《关于国有独资公司董事会建设的指导意见(试行)》,国资发改革〔2004〕229 号。

程推进管理目标实现已成为实践中国资委的重要创新举措之一。例如,上海市国资委为推动科技创新中心建设,便引领部分国有企业将创新容错机制载入公司章程。[①]

基于此,国家影响义务的实现应以第一条渠道为主,即国资委在公司治理框架内寻求实现可能性。具体而言,实现途径主要包括人事管理与章程参与。首先,人事管理是指国资委通过派往国有企业的人员贯彻自身意志,保证国有企业公益性不被营利性侵蚀。基于董事会独立原则,人事管理的可能性集中于被委派的股东和监事上。在股东层面上,《企业国有资产法》第 13 条规定,被委派股东应当按照委派机构的指示提出提案、发表意见、行使表决权,并将其履职状况及时报告委派机构。在监事层面上,《企业国有资产法》第 19 条规定了监事会的监督义务。《国有企业监事会暂行条例》第 9 条与第 10 条进一步规定,监事会每次对企业进行检查结束后,应当及时做出检查报告,并将报告报送政府有关部门。其次,应当充分利用公司章程的形成空间。在我国,公司章程多为公司法相关规定的简单重复,其价值尚未充分发挥。以上海国有企业为例,为更好地贯彻建设全球科技创新中心的国家战略,上海国资委引导国有企业将增强创新写入公司章程中,从而实现国家战略与公司战略的统一。[②] 总而言之,国资委的"红头文件"式管理与审批制管理会导致影响义务与公司自治间的失衡,在公司治理框架内借助"特别规范"的设计尽量寻求国有企业双重性的平衡方为解决之道。

3. 重视特色手段

除了公法手段与私法手段之外,还必须重视党组织对于国有企业的影响。改革之初,厂长(经理)责任制一度削弱了企业党组织的地位和作用,但近年来党组织对于国企的作用越发受到重视。2002 年,党的十六大修改了《党章》,规定国有企业中的党的基层组织要发挥政治

---

① 　参见金琳:《上海市国资委积极鼓励国企创新》,《上海国资》2016 年第 6 期。
② 　参见金琳:《上海市国资委积极鼓励国企创新》,《上海国资》2016 年第 6 期。

核心作用。2016 年 10 月召开的"全国国有企业党的建设工作会议"上,习近平总书记再次强调坚持党对国有企业的领导不动摇这一基本原则。《公司法》(2023 修订)第 170 条规定:"国家出资公司中中国共产党的组织,按照中国共产党章程的规定发挥领导作用,研究讨论公司重大经营管理事项,支持公司的组织机构依法行使职权。"在人事安排方面,《中共中央组织部、国务院国资委党委关于加强和改进中央企业党建工作的意见》(中办发〔2004〕31 号)提出"双向进入、交叉任职"概念,即国企的党委(党组)书记、董事长由一人担任,党委成员通过法定程序分别进入董事会、监事会和经理班子,董事会、监事会、经理班子中的党员依照有关规定进入党委会。

党的领导作为实现影响义务的特色手段,"特"就特在把党的领导嵌入到公司治理各环节,这涉及形式与内容两个方面。就"嵌入"形式而言,党组织对国企的领导作用应当以章程的形式固定下来。2016年,《关于深化国有企业改革的指导意见》指出,党建工作总体上要纳入国有企业章程,进一步明确党组织在国有企业治理结构中的法律地位。但是,在具体实现方式方面,仍然存在集体参与和分散参与两种方案之争。① 前者是指,党组织作为一个整体,总体性地参与到公司治理结构中。后者则是指,党组织成员分散性地担任不同职位与角色,以此发挥作用。集体参与更加有效。因为它能够更好地发挥党组织的作用,也更符合现有法律与政策精神。

就"嵌入"内容而言,按照目前的制度设计,党对国有企业的领导可以归纳为参与企业重大经营决策权、权力监督权与重大人事决定权等三个方面。企业重大经营决策权,涉及政治参与和经济参与的区分问题。党组织并非仅仅起到政治领导的作用,而是必然参与到经济活动中。这里涉及一个党组织参与商业判断的边界问题。目前来看,党组织适合参与商业判断的政治性与合规性审查。对于商业判断中的专业

---

① 参见蒋大兴:《走向"政治性公司法"——党组织如何参与公司治理》,《中南大学学报(社会科学版)》2017 年第 3 期。

问题,党组织不一定要参与。权力监督权,这意味着党组织要对国企的权力结构进行监督。重大人事决定权则意味着党组织需要对国企中重要的人员安排拥有决定权。2015 年,《关于在深化国有企业改革中坚持党的领导加强党的建设的若干意见》强调,要坚持党管干部原则,充分发挥党组织在国有企业人员选拔任用中的领导和监督作用。

第二节　市场与国有企业

国有企业参与到市场经济活动中时,一般性竞争法规范不足以完全调控国有企业的活动。国有企业的竞争活动不能等同于私人的竞争活动,它实质上是一种国家竞争活动,因而需要特殊法律调控。

一、尴尬的竞争法

一般性的竞争法规范在调控国有企业竞争活动时存在着异化风险。国有企业参与市场竞争活动具有特殊性,将其与私企不作区分地对待是不合理的。

(一) 竞争的异化

在我国,基于特殊的历史背景,国有企业享有种种特权。这些特权包括市场准入优势、政府补贴优势、税收优惠政策等等。尽管有些优惠政策是必要的,但过于泛滥的优惠是有害的。这也是国有企业现在饱受诟病的主要原因。所以,打造一个良好的竞争环境,使得国有企业与其他竞争者可以实现公平竞争就显得至关重要。公平竞争主要包含以下三个方面内容:第一,在进入市场阶段,每个竞争者都具有平等机会。第二,在进入市场后的竞争过程中,各个竞争者所适用的规则是公平的。这意味着,竞争规则的制定与适用都应当是公平的。第三,竞争结果是公平的。需要注意的是,竞争结果之间的差距才是竞争结果公平的表现。如果没有差距,那反而是证明竞争结果不公平。

　　然而,在关于国有企业的公平竞争制度建设中,却出现了一种错误的倾向,即完全忽略国有企业的特殊性,一味强调国有企业应与其他竞争主体一样应纳入竞争法体系进行规制,并与其他竞争主体具有平等地位。例如,2017 年《反不正当竞争法(修订草案)》在提交全国人民代表大会法律委员会审议时,便有常委委员提出,商业贿赂的对象不宜单独强调"国有公司"等国有单位,因为市场主体在竞争中处于平等地位。① 这种看法是有问题的。即便是公平竞争,也不意味着所有竞争者都是一样的,例如不可能所有市场参与者都在竞争中获胜。

　　避免将国有企业和私企一视同仁,也是识别与规避国际经贸规则中陷阱的要求。近年来,竞争中立逐渐成为全球化经济进程中的一项重要规则。澳大利亚是开始竞争中立相关实践最早的国家,其将竞争中立制度作为一项国内改革措施,并将竞争中立定义为"政府企业在参与市场竞争时不能仅仅因为其政府所有制的背景而比民营企业享有更多优势"。就国际组织而言,经济合作与发展组织(Organization for Economic Cooperation and Development,简称 OECD)也认为,在经济上产品和服务应当由效率最高的一方来提供,在政治上政府必须确保经济主体之间的"公平竞争",当经济市场中任何实体都不存在不当竞争优势或劣势时,就实现了竞争中立状态。② 美国主导的跨太平洋伙伴关系协定(Trans-Pacific Partnership Agreement,简称 TPP)③,明确规定国有企业应当遵守竞争中立原则。其中,尤为重要的是政府保持中立地位。无论这一规定是否针对中国,可以看到的是,竞争中立已经成为一项被广泛接受与认可的规则。那么,如何看待竞争中立对我国

---

① 参见《全国人民代表大会法律委员会关于〈中华人民共和国反不正当竞争法(修订草案)〉审议结果的报告》,2017 年 10 月 31 日发布。

② OECD, Organization for Economic Co-operation and Development. Competitive neutrality: maintaining a level playing field between public and private business, Paris 2012.

③ 自美国退出后,TPP 更名为全面与进步跨太平洋伙伴关系协定(Comprehensive and Progressive Agreement for Trans-Pacific Partnership,简称 CPTPP)。

经济发展的影响,以及如何应对可能产生的问题,就需要进一步思考。我国既要认识到竞争中立理念与我国经济体制改革目标的一致性,又要与我国发展阶段与法制背景相适应,处理好公有制与市场经济的融合问题,以避免"竞争中立"政策可能会促使国有企业成为完全"商主体",以利益最大化为目标,并导致国有经济控制力逐渐丧失的情形出现。①

(二) 国企的特殊

正如前文中已论证的那样,国有企业本质上是国家从事经济活动的工具。国家是否能够参与经济活动,取决于宪法中对于国家基本经济制度的规定。以德国为例,基本法对经济秩序的规定很少。由基本法的发展历史来看,立宪者在这一问题上的节制是有意为之,即为了取得各主要党派对于基本法的支持,必须要放弃一个特定的经济体制。根据德国《基本法》第 14 与第 15 条,基于私有制与公有制的经济体制均有可能。这表明,基本法赋予国家一定的自由空间,选择适合国情的经济政策来执行。因此,联邦宪法法院尝试一切方法来反对,通过对个人基本权单向的与绝对性的解释,将基本法置于某个特定经济目标之下。基本法也并非确定了完全的市场经济制度。与此相应,更无从谈起对国家参与经济活动的禁止。

与德国基本法相比,我国宪法不仅明确规定了公有制是我国的经济主体,国家鼓励、支持和引导非公有制经济的发展,还进一步规定了国有经济是国民经济中的主导力量,国家保障国有经济的巩固和发展。据此,国家亲自从事市场经济活动在宪法是被允许的。因此,对于国有企业参与市场竞争活动的调控,其实是对国家经济行为的调控。对此,首先应当把竞争作为市场经济的制度机制来看待。受到国家行为影响的个人基本权利和经济宪法中的基本原则都要求国家既不能恣意妄

---

① 参见胡改蓉:《竞争中立对我国国有企业的影响及法制应对》,《法律科学》2014 年第 6 期。

为,也不能过度影响经济竞争。换言之,需要在法律上对影响竞争的国家行为设定一个行之有效的行为界限。不仅要考虑到国家的特点和公共利益,同时也要充分顾及宪法所保护的私人竞争者的合法权益。

要对国家影响竞争的行为设置一个统一界限,则需要首先对此类行为进行概括与归纳。所以,作为研究该问题的切入点,可以先研究国家对经济竞争的各种影响。这对私人竞争主体非常重要。从基本权的角度来看,国家参与市场竞争的活动可能会对私人竞争主体的权利形成限制。所以,国家必须尊重市场竞争对于个体自由的影响。因此判断哪些行为属于国家对市场竞争的影响就有了新标准。对于国家做出的可能影响市场主体权利的行为,可以被称为"对竞争有重大影响的国家行为"。[1] 从受到国家影响的相对人角度来考察问题可以判断国家行为的合法性,同时确立国家行为的统一界限,因为国家不允许过度侵害私人竞争者的权利。所以,对竞争有重大影响的国家行为包括所有实际存在的国家对经济的影响方式。

具体而言,影响竞争的国家行为可以划分为以下四种情形:第一种类型是直接竞争情形,这是实践中最常见的国家竞争活动。它是指国家通过企业形式来参与竞争活动,对其他竞争主体产生影响。这是一种传统的国家竞争行为,行政主体和另一个企业在同一个市场中为争夺客户而竞争。根据参与竞争的主体不同,又可以分为以下几种类型:(1)两个行政主体在同一个市场中竞争;(2)某个行政主体与私人企业在同一个市场中竞争;(3)私法组织形式的企业与私人之间的竞争。第三种情形正是国有企业与私人企业的竞争。在这种竞争中国家的组织形式发生了变化,与私人竞争的是以私法组织形式出现的国家。第二种类型是国家通过影响需求者来影响私人的竞争地位,即私人企业并不是受到国家作为竞争者的影响,国家针对企业的潜在顾客实施行为从而间接影响私人企业的竞争地位,典型例子是国家发布信息的行为。第三种类型是国家通过对企业施加负担影响其竞争地位,例如国家或

---

[1]　参见［德］施利斯基:《经济公法》,喻文光译,北京:法律出版社,2006年,第161页。

职业行会对企业的监督。第四种类型是国家对一个竞争者给予优惠措施而影响另一个竞争者,典型的例子是给予其中一个竞争者补助,国家的采购行为也可以归入此类。

二、调控任务转型

国有企业的竞争行为实质上就是国家的竞争行为。与其他市场竞争者相比,国家的竞争行为具有两个特点:第一,该行为以公共利益的实现为主要目标;第二,该行为不应当侵害其他市场竞争者的基本权利。因此,应当在法律上对国家竞争行为设定特殊的界限。

(一)维护公共利益

国有企业参与竞争本质上属于国家对市场的干预。基于我国的政治经济体制与特殊历史背景,人们对国家大规模地参与市场竞争活动早已司空见惯,以致其似已成为不证自明之理。然而,新古典自由主义学说的代表人物哈耶克(Friedrich August von Hayek)将竞争定义为一种"自我发现的过程",并不信任国家干预。① 可见,市场竞争本质上属于私人领域。当国家参与到市场竞争中时,这一行为本身便构成对竞争活动的国家干预。国家干预的限制或界限便是其正当性基础之证成。为此,需区分国有企业的合法垄断与违法垄断两种情形。

1. 合法垄断

合法垄断是指国有企业垄断特权的形成以现行法律法规为依据,它主要包含《反垄断法》(2022 修正)第 8 条第 1 款规定中特定行业与领域的垄断国有企业。合法垄断实质上是国家实现特定目标的一种法律技术手段。《反垄断法》颁布之时,有人担心反垄断会妨碍国有企业做大做强,不利于增强国有企业的国际竞争力。为此,立法者希望通过

---

① 参见[英]冯·哈耶克:《个人主义与经济秩序》,邓正来译,北京:生活·读书·新知三联书店,2003 年,第 155 页。

合法垄断手段,同时实现以下两个目标:第一,增强国有经济在关系国家安全和国民经济命脉的重要行业和关键领域的控制力,促进国内企业做大做强;第二,预防和制止具有优势地位的企业滥用市场支配地位,损害消费者和其他经营者的合法权益。[①]

国有企业的合法垄断需具有正当性基础,同时它也处于动态平衡之中。某种程度上,权限与自由正是国家与社会区分之表现。[②] 权限意味着受限,国家只能从事与完成国家任务,促进公益相关的活动。国家以企业形式参与市场竞争活动,尤其是在形成国家垄断的情况下,必须以公益性为主要目标,此即国家垄断的正当性基础。《宪法》(2018年修正)第 7 条规定,国有经济是国民经济的主导力量,国家保障国有经济的巩固和发展。《反垄断法》(2022 修正)第 8 条与现有产业法体系毋宁是上述条款在单行法中的具体表达。目前,国家垄断主要集中于公用事业领域,其属于自然垄断行业,对管线网络之依赖使其具有投资额巨大、周期长、沉没成本高等特点。国有企业的进入有利于抑制市场失灵,保持价格稳定与产能充足,满足人民生活与生产的基本需要。

但是,国家活动还需对公益目标的达成具有适合性与必要性。[③] 国家垄断是对市场竞争的一种强力干预。随着市场经济与科学技术的发展,原有垄断行业的特征逐渐发生变化,国家垄断不一定再是保障公益的最佳手段。一方面,垄断行业的管线依附性降低,由其导致的自然垄断特性呈消褪趋势。比如,在电信行业中,由于互联网与通信技术的颠覆性发展,依赖于电话线等数据传输基础设施的传统架构已渐趋被以互联网为基础的数位汇流与网络融合所替代,对网络基础设施的依赖程度大大减弱。再如,电力行业中,集发电、输电、配电、售电

---

① 参见胡康生:《全国人大法律委员会关于〈中华人民共和国反垄断法(草案)〉修改情况的汇报——2007 年 6 月 24 日在第十届全国人民代表大会常务委员会第二十八次会议上》,2007 年 6 月 24 日,http://www.npc.gov.cn/zgrdw/npc/zt/2007-06/24/content_1382614.htm,2024 年 7 月 10 日。

② Vgl. Josef Isensee, Grundrechte und Demokratie, *Der Staat* 20(1981), S.160.

③ 参见陈征:《国家从事经济活动的宪法界限——以私营企业家的基本权利为视角》,《中国法学》2011 年第 1 期。

于一身的高度垂直结合性企业亦在逐渐解体,将发售电与输配电业务分离开来,以防止独占垄断、交叉补贴等带来的市场失灵现象。基于此,十九大报告也指出,要防止市场垄断,加快要素价格市场化改革,完善市场监管体制。无论是电信业改革中的放开虚拟运营商牌照、引入民资、全面实行市场调节价,亦或是电力行业中售电侧改革允许向社会资本开放售电业务,无疑均展现出国家垄断向市场竞争滑动的一种动态趋势。另一方面,随着市场经济的建立与完善,基于特殊历史与政策背景下形成的国家垄断亦在逐渐松动。比如,2016 年 4 月 22 日发布的《国务院关于印发盐业体制改革方案的通知》(国发〔2016〕25 号)中规定,从 2017 年 1 月 1 日起放开政府对食盐的定价,由企业根据市场状况自主决定。由此,持续 2600 多年的食盐专营制度逐渐松动。

2. 违法垄断

与合法垄断相反,违法垄断是指国有企业垄断本身或其依据违反现行法律规定。既是违法,那么反垄断也就不存在疑问。但此处需注意的是,国有企业的违法垄断与私企的违法垄断在形成逻辑上存在本质不同。私企垄断属于经济性垄断,它主要是凭借市场力量与企业的经济优势而形成。在我国,国有企业垄断通常属于行政垄断,即以行政权力来干预市场竞争并使得企业获得优势。在市场经济转轨过程中,政府希望能够通过控制国有企业来影响经济活动,并通过企业上缴利润来增加财政收入,加之政府与国有企业之间天然的"父子情结",便使得政府具有保护甚而推动国有企业垄断的倾向性。① 这种行政垄断的成因较为复杂,它既与我国传统的计划经济体制与管理模式密切相关,也与我国行政权力行使缺乏有效制约的法治现状有关。因此,反行政垄断也需要多种手段的相互配合。

违法垄断通常发生在竞争性国有企业身上。对此,需要注意的是国有企业与民企参加竞争的行为动机存在本质差别,民企旨在追求个

---

① 参见黄勇,邓志松:《论规制行政垄断的我国〈反垄断法〉特色——兼论行政垄断的政治与经济体制根源》,《法学杂志》2010 年第 7 期。

人利益最大化,而国有企业只有基于对公共福祉的追求才能参与竞争。在德国,国家的竞争活动需要受到不同于"竞争私法"的"竞争公法"特殊规范的调控,以保证公益性目标与竞争活动的平衡。在审查国家的行为是否构成不正当竞争时,应当考虑到国家行为的特殊性。就我国而言,目前更加偏重行政自制的方式,即公平竞争审查制度。国务院《关于在市场体系建设中建立公平竞争审查制度的意见》(国发[2016]34号)明确要求,政府部门在制定有关政策措施时,要考虑其可能对市场竞争的影响。[①] 公平竞争审查制度致力于推动产业政策以市场原则为指导,从而在国有企业公益性与竞争机制之间寻求平衡。

国家参加竞争并不意味着国有经济主导力量的削弱。公益性乃不确定之法律概念,其内涵会随时空背景与社会经济发展而不断变化。目前,国有企业的公益性在我国最为重要之体现乃《宪法》(2018年修正)第7条中规定的发挥国有经济"主导力量"。"主导力量"同样系内涵广泛之不确定法律概念,需进一步进行解释。在1954年到1978年的早期宪法文本中,国营经济被表述为国民经济的"领导力量",并且具有优先发展地位。这一时期,"领导力量"主要体现在国营经济占国民经济的整体比重上,即产量与销售额应当占有较大比重。[②] 自1982年宪法开始,国有经济的地位变更为"主导力量"。较之于"领导力量",虽仅有一字之差,却标志着观念上的重要转变。党的十五大通过的《高举邓小平理论伟大旗帜,把建设有中国特色社会主义事业全面推向21世纪》指出,在坚持公有制的前提下,国有经济的比重减少一些,并不会影响我国的社会主义性质。此后,十七大、十八大与十九大报告中均提到,要优化国有经济布局,增强国有经济的活力与控制力,提高国有企业的国际竞争力。这意味着,国有经济的"主导力量"已逐渐与所占比重脱钩,而是向"控制力"发展。一方面,竞争机制有助于激发国有企业活力,提高自身经营能力。另一方面,若在某一特定领域,民企具有明

---

① 参见孟雁北:《产业政策公平竞争审查论》,《法学家》2018年第2期。

② 参见许崇德:《中华人民共和国宪法史:上卷》,福州:福建人民出版社,2005年,第188页。

显的竞争优势,那么也就意味着国家并无太大必要进入该领域,相关任务完全可以由社会资本完成。因此,竞争机制的引入不仅有利于国有经济的优化布局与结构调整,也是为国家参与竞争活动设定了界限。

(二) 保障个人权利

与民营企业不同,国有企业参与市场竞争本质上属于国家的竞争活动。因此,如何从个体权利的角度来保护竞争不受到国家行为的影响,就成为一个重要议题。

1. 国有企业竞争与法律保留

法律保留原则要求,只有基于法律的明确规定,行政机关才能从事相应活动。较之法律优位,法律保留对行政活动设定了更加严格的限制。前者仅是禁止行政活动违反现行法律,后者则强调只有基于法律明确授权才能从事相应的行政活动。根据法律优位不能以缺乏法律基础为由禁止某行政活动,但依据法律保留则可以。因此,法律保留也被称为"积极的依法行政原则"。① 法律保留的适用范围与方法比法律优位也要复杂许多。与法律优位适用行政活动的全部领域不同,法律保留的适用范围存在疑问。早在 19 世纪便作为君主立宪制宪法工具的法律保留,传统上仅适用于干涉行政领域。它的功能在于,保障个人与社会领域不受君主行政之干预,必要的干预则必须以公民代表机构发布的法律为基础。可见,法律保留的功能主旨在于保障人民的自由与财产。在这一指导思想下,给付行政、特别权力关系通常不被纳入法律保留的适用范围。

之后,"重要性理论"(Wesentlichkeitstheorie)成为法律保留适用范围的判断标准。根据重要性理论,法律保留不再仅仅限于干涉行政,而是适用于国家与公民关系中所有的基本性与重要性事项。而且,所谓"重要性",尤其是指对于公民基本权实现具有重要意义。重要性理论也遭到不少学者的批评甚至拒绝,认为它过于宽泛以及不确定。支

---

① 　参见陈敏:《行政法总论》,第 157 页。

持该理论的学者主要从以下几方面为其辩护：[1]第一，重要性理论并未压缩传统法律保留的适用范围(干涉行政)，仅仅是起到补充性作用；第二，重要性理论对传统法律保留范围之扩展主要围绕基本权的相关事项进行，这并非由该理论予以建构，只是被进一步具体化而已；第三，若个案中某种情形很清晰地表明应当适用法律保留，那么此时无需运用重要性理论；第四，重要性理论对传统法律保留范围之扩展仍然限制于涉及国家与公民关系事项范围内，并未延伸至国家内部事项，比如作为重要的管理权限分配。

如今，传统法律保留与重要性理论已经很少被作区分。[2] 重要性理论已成为界定法律保留适用范围的主要标准。据此，法律保留适用于下列事项：第一，作为基本权实现的基本前提之事项；第二，对基本权实现具有重要影响的其他事项；第三，涉及国家与公民关系的其他重要事项。本质上而言，"重要性"应当是对于基本权的重要性。尽管该理论具有高度抽象性，但总体上还是被贯彻使用。对于国家参与竞争活动事项而言，基于其较强的基本权相关性，法律保留应当是一项重要标准。当国家通过竞争的干预很重要，亦即，具有基本权相关性时，法律保留原则就会发生作用。

2. 法律保留的革新与实现

国有企业并不适用传统的法律保留。原因在于，从基本权视角来看，对国有企业的评价差异较大。而且这不仅涉及到保护范围，还有侵害的问题。随着事实性基本权干预理论的发展，多种关于法律保留原则要求的观点也产生了。其中，以传统的基本权干预概念为基础发展起来的法律保留，并不完全适用于事实性干预的情形。这可能会导致"彻底的功能转型"，因为事实性干预并不是达成特定目标的手段，而是所采取手段造成的结果。只有可预见的事实性影响才适用法律保留，

---

[1] Vgl. Hartmut Maurer/Christian Waldhoff, *Allgemeines Verwaltungsrecht*, 19. Aufl., München 2017, S.132.

[2] Vgl. Steffen Detterbeck, *Allgemeines Verwaltungsrecht mit Verwaltungsprozessrecht*, 13. Aufl., München 2015, S.77.

因为不能期待立法者做出不可能的事情。因而就可以理解,为什么联邦行政法院会认为,当潜在的干预状况与后果太过多样化时,一个过于细致的法律规定是不可能的,因此也就不能成为宪法原则。

这个问题并不只是关乎基本权的事实干预,而是涉及法律调控功能的一般性问题。反射性与媒介性的调控工具,以及代替条件式规定的目标式规范背景下加强的行政活动的程序性,导致对基本权所造成的威胁出现了新的类型。传统的基本权干预模式属于双极型与条件型调控体系,基本权的事实干预由于其间接性,则更多地与多元型的媒介型与反射型调控模式联系在一起。公营事业的矛盾正是在此:一方面,它是媒介型与反射型调控模式的极佳工具,因为它能够反应性的、自发地、根据市场情形与各方力量的变化而履行任务。另一方面,新的调控模式也会导致新的基本权干预情形,而每一种基本权干预都会触发基本权保护机制。

基本权的事实性干预是基本权教义学应对调控模式的改变而发展出的结果。立法者应当与新的教义学相适应。而对于立法者过于宽泛的要求,可能会导致"法规范之逃遁"现象。当法规范没有给行政制定明确的任务时,那么媒介型与反射性调控模式也无法适用。间接实现目标的调控模式通常意味着规范层面的调控缺失,因此总是被定义为需要论证的例外情形。这种法律保留意味着,立法者不是调整具体的干预手段,而是调整特定的干预情形与调控模式。规制法涉及总体性调控,并且以功能系统为主。

三、调控手段转型

为了实现促进公平竞争与保障国有企业特殊性的任务,需要综合运用外部手段与内部手段。外部手段主要是指通过规制框架的重塑来推动体制改革。内部手段则是通过一般性竞争法框架与公法的协调来调控国有企业竞争行为,即所谓的"竞争公法"。

（一）外部手段：体制改革

如今，部分情形下的合法垄断已与公益性不再匹配。一方面，继续保持垄断状态已经不利于国有企业做大做强。引入竞争机制，提升国有企业活力才有利于国有企业进一步发展。另一方面，部分垄断国有企业的高薪和高福利待遇、巨大的浪费挥霍现象引发社会普遍不满，它们独有的政策优惠与融资优势也大大挤压了民营企业生存与发展的空间。这既不利于促进民营经济发展壮大，也不利于二十大报告强调的共同富裕目标之实现。而对合法垄断之破除通常要诉诸公法体系中的产业规制法、行政许可法等法律手段，即外部性的体制改革。

1."国有化"模式的失灵

在我国，由于特殊历史背景，具有合法垄断地位的国有企业通常处于"国有化"的管制模式之下。随着时代和科技发展，传统模式已经不再适应实践需求，亟需改革。

（1）"国有化"模式及其弊端

所谓"国有化"，就是指国家由自己独占经营来取代私人的独占性经营，以期透过事业内部之管理控制，决定独占事业之价格、产能，将独占垄断之弊端内部化。这样既可以彻底防止私人独占经营的弊端，又能够解决如私人资本不足的问题，提高生产能量，最后，借由国家的直接补贴亦足以使产品价格保持稳定。[1] 由于历史之延续，以及对于保障人民基本生活需求与社会秩序稳定之政策考量，我国的公用事业均处于国有化模式之下。下文将以电信业为例，讨论国有化模式之形成及其弊端。

自建立至今，我国电信业发展历程大致分为四个阶段。[2] 阶段一：垄断经营时期（1980—1993 年），通信业务由国家邮电部统一经营；阶段二：引入竞争时期（1993—1998 年），主要表现为向社会开放九项业务、国务院批准组建中国联合通信有限公司、政企分开（电信总局

---

[1] See Stephen Breyer, *Regulation and its Reform*, Cambridge: Harvard University Press, 1982, p.183.

[2] 参见续俊旗等：《中欧电信法比较研究》，北京：法律出版社，2008 年，第 119—121 页。

登记为企业法人,原有政府职能转移至邮电部内其他司局);阶段三:法制化时期(1998 年至今),《电信条例》与《电信业务分类目录》出台,1999 至 2000 年的电信业重组形成六大国有企业的割据局面,2008 年的二次重组则奠定中国移动、中国联通与中国电信"三足鼎立"的局面。

我国电信业虽在一定程度上引入市场竞争,但基本上还是处于国有垄断模式之下。首先,对于私人资本之引入仅限于增值业务领域。虽然依照《电信条例》第 9 条的规定,符合条件者便可获许可进入电信基础业务市场。但实际上,三大电信巨头均基于历史延续之原因取得经营许可证,尚未有一家公司通过招标方式获得。其次,三大巨头于基础业务领域所展开的有限度之竞争仍呈现出实力悬殊之态,例如从营业利润来看,2010 年中移动前三个季度利润就为电信、联通的 5.5 倍。[①] 也有学者将三大巨头间的竞争解读为"只是政府为达成事务分工(分业经营、分区切割)的政策安排"[②],称不上真正意义上的竞争。

在早期资金与技术匮乏的情况下,国家独占经营模式确有利于将有限的资源充分整合,以更好地保障人民生存之基本需要。但随着经济社会与技术发展,决定电信网络业务胜败者已不在于资金是否密集,而是市场参与者是否具备充分的资讯科技知识与创新能力。这种情况下国有化的弊端便充分显露出来。首先,从政府角度看,国家垄断严重阻碍私人资本进入电业市场,则国家必须投入大量资金以保障国有企业正常运营,这便阻断了私人资本为政府日益增加的财政负担分忧的可能性。而且,政企不分现象仍然不同程度地存在,垄断国有企业往往成为滋生腐败的温床。其次,从消费者角度看,正如本节开头所提到的,垄断国有企业提供的电信服务有时并不尽如人意,但因不存在其他

---

① 参见高骥远:《中移动利润 5.5 倍于电信联通　电信业数据业务未成增长主力》,《通信信息报》2010 年 11 月 3 日,第 A06 版。

② 参见潘天蔚:《中国大陆电信市场准入法制的主要问题及对策》,《月旦财经法杂志》第 20 期(2010 年 3 月)。

竞争者,消费者没有其他选择,只能在三大电信巨头之间徘徊。这使得消费者在电信业(其他公用事业领域亦是如此)不能像面对其他商品一样通过行使选择权来发挥制衡作用,有被予取予求的风险。最后,从电信业发展角度看,限制竞争行为使得市场内在动力机制的作用受损,严重阻碍电信业的技术进步和质量发展,这与"创新驱动发展"的经济战略也不相吻合。

(2)法律手段的失灵

针对如何避免国有化模式下公用企业垄断地位之滥用,通常存在两种法律手段,即反垄断法与行业法规。但遗憾的是,这两种手段亦在不同程度上存在"失灵"现象。

第一,反垄断法失灵。将公用事业纳入我国反垄断法调整对象的尝试已持续多年。① 但实际上二者的性质完全不同。反垄断法着眼于对抗在市场中强势企业之权力滥用,该法由以市场机制为主借助供需互动来控制的私经济活动领域孕育而出。但"国有化"模式下,公用企业之垄断地位往往并非在市场竞争中形成,而是基于历史延续、政策支持等非经济因素,且其通常承担着诸如能源安全、保障人民出行需求、提供基本通讯服务等等公共任务。将脱胎于"私"领域的反垄断法硬拉入"公"色彩明显的公用事业,是造成反垄断法适用困难的根本之所在。在实际中,2011年中国电信与中国联通在互联网接入市场上的涉嫌垄断案至今未见罚单,不了了之,②这也在某种程度上印证了反垄断法的失灵。

第二,行业法规失灵。行业法规是针对某行业的特点所制定的法规范,目前主要包括《电信条例》与《电信业务经营许可证管理办法》,以及其他一些零散的规范性文件。在国有化模式下,"俘获"现象是导致行业法规失灵的一个重要原因。因公用企业通常是大型国有企业,其与政府的关系尚未被完全厘清,"政企不分"仍然存在,2004年中组部

---

① 参见华慧:《反垄断法对电信业的规制研究——以〈反垄断法〉实施对电信业的影响为中心》,《求索》2010年第7期。

② 参见王晓晔:《中国电信、中国联通涉嫌垄断案的再思考》,《交大法学》2013年第2期。

与国资委的一纸调令使得电信业三大运营商闪电换帅①便可证明此点。那么政府在做出相关决定时有无被国有企业进行利益俘获,便非常值得怀疑。另外,现有行业法规中设立了严格的市场准入制度与高密度的管制措施,实乃维护国有垄断之利器,依靠其达到反垄断的目的根本是南辕北辙,不可能达到效果。

2. 经济规制模式的提出

目前,我国公用事业之"国有化"管制模式已带来严重弊端,且导致法律手段的失灵,逐步放开市场,引入竞争是目前公用事业改革之趋势。而新旧模式交替之际,我国公用事业应如何在"促进市场竞争"与"保障公共利益"二者之间寻找到平衡点,这一问题需从理论与制度两个层面进行回答。

（1）理论革新

所谓公用事业之"自由",并非仅仅意味竞争之引入,而毋宁说公用事业的整体任务属性之变革与解放。依国家任务理论,应区分公共任务、国家任务与行政任务。其中,公共任务泛指所有为实现公共福祉利益而履行之任务,其内涵最为开放,随时空环境不同而变化,既可由私人社会自行完成,亦可由国家机关参与执行。国家任务乃由国家或归于其公权力主体所执行之公共任务,乃公共任务的下位概念。而宪法或法律赋予行政主体执行的国家任务,则被称为行政任务。民营化中最为彻底之一环"任务民营化"（亦称实质民营化、真正民营化）,即行政主体卸除对特定行政任务之主体地位与履行责任,该行政任务自此乃属私人与社会活动。

实际上,我国公用事业从"垄断"到"自由"之模式转变本质上便为任务民营化之过程。诚如上文所述,公用事业承担的供水、供电、交通等任务均为具有民生必须性之生存照顾类公共任务。这些公共任务中,除少部分已由私人承担,如增值电信业务领域等,绝大部分由大型

---

① 参见陈霞:《电信巨头高层互换:一个平衡游戏》,《证券时报》2004年11月7日,第005版。

国有企业承担,其至仍有行政机关以组织民营化形式自行承担者,如铁路运输。又因大型国有企业的实际控制者仍为国家或说是国资委,则国有化模式下我国公用事业所承担的绝大部分任务应属"行政任务"。值得注意的是,与德国不同,我国公用事业承担"行政任务"并非因法律规定,更多的是基于历史形成与政策倾向之原因,如国资委发布的《关于推进国有资本调整和国有企业重组的指导意见》第(8)项规定:依法推进国有企业互相联合,培育一批具有国际竞争力的特大型企业集团,并在严格执行中国大陆相关行业管理规定和市场规则的前提下,继续推进和完善电信行业的改革重组。可见,让强势国有企业率先联合,避免社会资本或外资过早进入相关领域,乃政策之目标,亦为造成公用事业承担"行政任务"之原因。因此,我国公用事业任务民营化改革不在于现有法律之阻碍,而毋宁是决策者的决心。

在做出是否进行任务民营化这一决定时,一个重要顾虑变为国家安全、人民基本需求满足、社会稳定等公益目标之实现,即国家是否能够从公用事业中"全身而退",放任其由私人与社会力量承担。对此,国家保障责任学说已给出了明确的否定答案。具体来讲,按照国家执行公共任务密度由高至低的顺序,依序将国家责任区分为履行责任、保障责任与网罗责任三种。① 履行责任,乃国家自行通过直接或间接行政方式执行特定任务责任。保障责任,是指国家不再亲自履行特定任务,而是交由私人力量或社会力量,但国家仍需对该任务的履行负有责任,除了要保证任务的履行具有合法性之外,还需要关注其公益性目标的实现。网罗责任则是指,在公益性目的未达成时,国家具有备位功能。

其中,保障责任为国家于任务民营化领域的主要责任实现形式。其存在的主要意义在于,国家于某领域释出行政任务后,该行为领域成为私经济活动,私经济主体自以追求利润为最终目标,然而国家释出任务之领域,通常涉及与人民生存照顾休戚相关之公用事业领域,如能

---

① Vgl. Gunnar Folke Schuppert, Die öffentliche Verwaltung im Kooperationsspektrum staatlicher und privater Aufgabenerfüllung: Zum Denken in Verantwortungsstufen, *Die Verwaltung* 31(1998), S. 423.

源、通讯、邮政、交通运输等,若全然放任私经济主体依市场法则行事,则在不符成本或利润过低的情形下,恐其会放弃人民服务或提高资费。[1] 由此可见,公用事业走向"自由"并非国家完全卸责之理由,而是要求国家以另外的责任形态来维护公用事业领域中公共福祉之实现,即国家一方面卸除原先之任务履行责任,另一方面退居监督者地位,借由管制立法与行政,对私人与社会履行公共任务肩负保障责任。[2]

（2）制度革新

由上文可看出,基于公用事业对人民基本生存之重要意义,在扬弃传统国有化模式,彻底开放市场时,如何在"促进市场竞争"与"保障公共利益"间寻找到平衡点,新旧模式交替之关键,也是传统国有化模式未曾面临过的难题。尤其是对引入竞争后仍享有剩余独占力的原垄断企业,需要建立新的管制制度,方足以一方面保障原国有化所维持的公共利益,另一方面导入新进企业与市场竞争。这种由国有化导入竞争后重新建立的管制架构即为本部分所探讨的"经济管制"。

经济管制通常被立法者作为实现某特定目的的法律工具。我国台湾地区许宗力教授将经济管制的目标列举为五项:给付不中断的担保义务、维持与促进竞争的担保义务、持续性的合理价格与一定给付品质的担保义务、员工的安置担保义务、人权保障义务与国家赔偿责任之承担。[3] 总结来讲,经济管制的目标有二:一为促进市场竞争;二为保障公共利益。因而亦有学者称经济管制为国有化与自由放任之间的平衡点。[4]

为实现上述两个目标,经济管制通常需要借助具体的管制手段与

---

[1] 参见詹镇荣:《民营化后国家影响与管制义务之理论与实践——以组织私法化与任务私人化之基本型为中心》,《东吴大学法律学报》第 15 卷第 1 期（2003 年 7 月）。

[2] 参见刘淑范:《行政任务之变迁与"公私合营事业"之发展脉络》,《"中研院"法学期刊》第 2 期（2008 年 3 月）。

[3] 参见许宗力:《论行政任务的民营化》,翁岳生教授祝寿论文集编辑委员会主编:《当代公法新论(中)——翁岳生教授七秩诞辰祝寿论文集》,台北:元照出版社,2002 年,第 607—608 页。

[4] See Stephen Breyer, *Regulation and its Reform*, Cambridge: Harvard University Press, 1982, p. 182.

工具。在不同的市场中,经济管制使用的手段也不同。下文将以电信业为例,围绕政府、业者和消费者等三大主体,对电信业进行模式转变时所需要的具体管制手段与工具予以探讨。

第一,政府与业者之间:市场准入阶段,我国电信业施行的是"以电信业务分类为前提,以电信业务经营许可制为核心"的市场准入制度。而如今的电信分类已不符合时代的发展与技术的要求,过于严格的许可制亦阻碍了民营企业进入电信市场。市场准入制度之革新为电信业自由化、民营化之起始点。

目前,我国实行比较严格的电信业务经营许可制。《电信条例》第10、13条和《电信业务经营许可证管理办法》第5、6条分别对基础、增值电信业务者应具备的条件做出了规定,包括注册资本、国有股权比例、人员、场地、信誉及其他资质以及国家规定的其他条件等等。此种严格的许可制阻碍了电信业的自由竞争之发展,其主要体现为两点:一是浓重的国有垄断特征。《电信条例》第10条便直接规定,基础电信业务经营者中国有股权或股份不得少于51%,这便直接将民营企业拒之门外。另外,《电信条例》第12条规定,颁发《基础电信业务经营许可证》,应当按照国家有关规定采用招标方式。但事实上,目前的中国联通、中国移动、中国电信等基础运营商均由于历史延续而取得许可证,并未经过公开招标程序。二是形成民营资本的壁垒。在不具有自然垄断特性的增值业务领域,如在基础业务领域,民营企业面临着诸多壁垒,如自身实力缺陷、电信业对科技创新能力要求高等特征,当然最重要的是法律规范层面的阻碍。虽然,工信部于2013年发布的《移动通信转售业务试点方案》在一定程度上为民营企业进入基础业务领域开了个口子,但其程度远远不够。另外,许可程序也较为复杂,等待周期长,在一定程度上阻挠了民营企业的进入。

由此以观,我国与欧盟2002年后所施行的"一般授权制"完全相反。所谓"一般授权",即成员国除了要求企业在进入电信市场前提交通知外,不需要做其他要求。根据欧盟"授权指令"第2款第2节,第5条第1、2款规定,单独许可证的颁发仅在无线频率和码号资源的分配方面,并尽量不被使用。这一制度在准入环节确保了对全体运营商的平等对待,极大地促进了欧盟各国电信市场竞争之发展。然虑及我国相关法制之缺位,于电信市场一步到位地实现一般授权之时机尚未成熟。现阶段可首先将不再具有自然垄断特性之业务由许可制改为"一般授权",即由新进企业通知主管部门进行备案;对于仍具自然垄断特性之业务,则可暂时保留许可制,但应逐步降低准入条件,简化准入程序,以实现向"一般授权"转化之最终目标。

第二,原垄断企业与新进企业之间:不对称管制。所谓"不对称管制",意指相关高权管制措施主要是以具有市场支配地位的原电信市场垄断业者为主。电信市场任务民营化之初,原垄断企业因过往之经营经验具有天然的竞争优势。而不对称管制则正是为创造电信市场新进企业有利之竞争条件,使其能够尽早取得与原垄断企业公平竞争之立足点,以形塑出一个有效竞争的竞争环境。[①] 由此可见,作为管制手段的重要选项之一,不对称管制亦具有目的取向性和过渡性之特征。目前,我国电信法制中关于"不对称管制"的内容几近空白,而其却是电信市场管制手段中最为核心之内容。

第三,业者与消费者之间:普遍服务。在国家垄断阶段,普遍服务可以通过行政手段得以施行。而在充分竞争的市场条件下,私经济活动主体的逐利本能往往与普遍服务的公益性特征产生矛盾。这一矛盾的平衡与解决便依赖于适当的管制措施及相应的法律制度。我国目前关于普遍服务的法律规定还较为粗糙,仅在《电信条例》第43条中有所涉及:"电信业务经营者必须按照国家有关规定履行相应的电信普遍服务义务。国务院信息产业主管部门可以采取指定的或者招标的方式确定电信业务经营者具体承担电信普遍服务的义务。电信普遍服务成本补偿管理办法,由国务院信息产业主管部门会同国务院财政部门、价格主管部门制定,报国务院批准后公布施行。"其余则多为零散的部门规

---

① 参见詹镇荣:《电信法上不对称管制措施之形塑及界限——最高行政法院100年度判字第1860号相关判决评析》,《"中研院"法学期刊》第16期(2015年3月)。

章、规范性文件,如 2004 年原信息产业部出台的《农村通信普遍服务—村通工程实施方案》等。法律制度的不完善使得我国目前电信业普遍服务实施的效果也并不尽如人意,存在城乡差距过大等问题,如 2006 年我国农村地区固定电话普及率比城镇地区低 37 个百分点,仅相当于城镇地区五年前的发展水平,往往经济发达的东南沿海已经实现数字接入国际互联网时,西部贫困地区却还未实现电话的普遍接入。

为在完全开放市场竞争的条件下仍能保障人人皆可享用电信服务这一公共福祉之实现,我国必须完善相应的法律制度,对普遍服务的具体内容、义务主体、实现方式等进行系统性设计。具体建议包括:第一,认定程序,应完善普遍服务在某特定市场是否得到满足的认定标准与程序;第二,义务主体,确定履行普遍服务的义务主体,在我国可考虑定为"主导的电信业务经营者",这也是不对称管制之体现;第三,指定程序,在无企业主动承担普遍义务的情况下,应当建立如何指定义务主体进行承担的机制,包含公开招标、听证等;第四,补贴程序,对于最终履行普遍义务并符合一定条件的企业应当予以适当补贴;第五,建立普遍服务基金。

(二) 内部手段:竞争公法

国家参与竞争的目的与私人不同,对其不能完全适用针对私人的行为公法,而是需要一套特殊的制度来设定国家竞争行为的界限。该界限应当使国家"维护公共利益"与"保护个人权利"的两大任务处于平衡状态,而不是过度偏向于任何一方。

1. 何为竞争公法

竞争公法主要是监督国家竞争活动是否遵守竞争规则。从事竞争性行为的国家主体与其法律形式和活动形式无关,该行为主体可能是国家机关自己,也可能是国家下属的行政主体或者是某个特别授权的公权力主体。

竞争需要法律形式的国家保护。对竞争的保护不单单指防止私人竞争者不正当地恣意破坏竞争,也要保护竞争不受到"竞争保护者"——国家的违法危害。这就要求从宪法上保障竞争者的法律地位，因为国家对竞争的限制同时也就是对私人经济主体竞争自由的侵害。如前所述，我国目前采取的方案是将国有企业与私人一视同仁，主要通过反不正当竞争法与反垄断法所构成的竞争法体系予以调控。该体系平等地适用于国有企业与私人，因而它通常被视为具有私法属性，可将其称为竞争私法。

　　然而，使国家受到竞争私法的约束和调整并不是解决该问题的正确方法。从法律角度来说，国家与社会属于不同的领域，在竞争方面，国家和社会的行为动机存在根本差别。与私人的营利动机不同，国家只有出于公共福祉才能参与市场竞争。国家有时为了完成某些特定的合法任务，可能或必须影响市场竞争，例如，国家利用国有企业作为组织工具自己亲自参与竞争。宪法并没有禁止国家从事上述活动，国家的此类行为有时还明确得到允许甚至鼓励。国家竞争行为的合法性目前也毋庸置疑。但是，由于国家参与竞争的不同目的，对其不能适用针对私经济主体的行为规范。所以更需要通过竞争公法来明确国家竞争活动的界限，该界限应当使国家"维护公共福祉"和"保护私经济主体的竞争自由"的两大任务处于平衡状态，而不是过度偏向于任何一方。因此，竞争公法就是所有单方面给国家赋予权利、施加义务，或对其组织结构进行规范的法律总和，这些法律规范对国家的经济行为设定行为标准，但同时也可能侵犯私经济主体的竞争自由。

　　竞争公法是公法私法交互支持理论在竞争法中的一次探索。公法适用于秩序任务，私法适用于合作任务与竞争关系，这一观点尽管还具有指向性作用，但已经不必奉其为金科玉律。私法的精准调节功能关注到个案事实的特殊性。就此而言，无法对公法私法交互支持系统在个案中的适用及其伴随的透明度缺陷避而不谈。一方法律体系究竟何时以及在多大程度上发生作用，并怎样与另一方法律体系发生交互作用，这并非不言自明的。相反，交互支持系统适用于角色的透明度，因为只有具有隶属疑难的国家行为形式才适用这个系统。只有对于国家本身，交互支持系统才会发生作用。

对国家竞争行为的行为规则和竞争公法体系来说,有两个重要问题:其一为国家是否能够亲自从事竞争行为,即国家从事竞争行为的权限;其二为国家应当怎样参与竞争行为,即国家竞争行为自身应当遵守的界限。下文将分别对这两个问题展开讨论。

2. 国家从事竞争性行为的权限

私经济主体的竞争行为和国家的竞争行为具有重要差异。前者涉及个人基本权利的行使。然而,国家从事竞争活动并不能要求保护自己的基本权利,相反,它可能会损害其他竞争主体的基本权利。国家的竞争行为本质上还是一种国家活动,需要遵守特定的规则与要求。这是因为国家本身不是终极目标,国家行为不能只追求自身利益发展。因此,国家从事竞争行为必须具有正当性基础。

(1)宪法基础

国家行使竞争性行为首先需要有关管辖权限或职责的法律规定。国家是否能够进入市场,或者说,国家是否能够像企业一样从事经济性活动,根本上依赖于这些法律规定。例如,德国的基本经济政策是"经济中立",即基本法不保障任何一种特定的经济制度,也未以某一特定的经济政策束缚立法者。因此,对国家进入市场这一问题,基本法的态度是"既未进行一般性禁止,也未进行具体规定"。基本法中有个别条款允许国家从事竞争行为,如基本法第 28 条第 2 款、第 87 条。其次,基本法中的其他条款虽然没有涉及具体的经济宪法内容,但也可能使国家竞争行为合法化。

相比之下,在实行社会主义市场经济的中国,宪法对于国家进入市场的态度则更为积极。同样,我国是否允许国家自己从事经济活动,也取决于宪法中对于经济制度的相关规定。与德国不同的是,我国宪法中对于经济制度的规定比较多,包含:第 6 条中所规定的社会主义公有制基本制度,第 7 条中规定的国有经济作为国民经济主导力量的重要地位,第 11 条中规定的非公有制经济在国民经济中的重要地位,第 15 条规定的国家实行社会主义市场经济制度,等等。据此,我国宪法不仅没有禁止国家参加市场竞争活动,反而体现出了相当程度上的积极态度。

（2）法律规定

公共利益和相应的职能授权规定可以使国家行为具有合法性，但并不必然使侵犯公民权利的国家行为获得合法性。这就意味着，与国家竞争行为紧密相连的侵犯基本权利的行为需要法律授权才能获得合法性。具体而言，在普通法上存在大量的规定授权国家从事竞争行为。对此，我国目前尚不存在明确的规定。但德国现行法律规定提供了一些实例。

就联邦法层面而言，《联邦预算法》第 65 条第 1 款第 1 项规定，国有企业的建立需要满足联邦的重要利益。此处，重要利益的存在可以构成国家竞争行为干预私人基本权的正当性基础。尽管该规定主要是组织法上的意义，但"联邦的重要利益"也涉及需要追求的目标，因此该规范可以作为干预授权性规范。有观点认为，《联邦预算法》第 65 条仅有内部效果，因为它源于预算法规定。这种观点存在问题。预算法并非全部是不具有实质意义的形式规定，而且依其内容，仅涉及到组织内部关系的规定不允许成为具体法律规定。《联邦预算法》第 65 条规定了公营事业的具体目标，即便目标内容较为宽泛，也不能说它不能成为相应的法律基础，这只是意味着立法者将目标内容的决定权转移给了行政部门。这一规定是国有企业进入到具有私人竞争者的市场之准入条款时。

就地方法层面而言，各市镇章程中存在着具体规定。这可以成为单行法上的竞争准入规定。在德国，联邦建立的公营公司在数量上远远少于州和市（乡）镇建立的公营公司。根据基本法第 70 条，各州享有极大的立法自主权。因而地方自治章程便成为国有企业受到公法规范约束中的非常重要的部分典型例子是《拜恩州市镇自治章程》第 87 条第 1 款第 1 项明确规定了国有企业必须具有公益性目标。另外，其他市镇章程中还有类似规定，如公共目标可以使得公营事业"正当化"或"具有必要性"等等。

总而言之，经济公法考察国家竞争行为的第一步是审查国家机关是否具有从事竞争行为的权限。如果某具体的国家行为都得到具体公益目的的充分支持,则该行为具有合法性。对缺乏公益目的的国家竞争行为则不必再进行进一步审查即可认定为不合法。如果法律提及公益目的,则要进一步审查,该法律是给国家机构划分职能还是授予职权,如果是后者,则国家据此而侵犯私经济主体竞争地位的行为也具有正当合法性。值得注意的是,运用公益目的来审查国家竞争行为时,只有少数国家行为不能通过审查,因为大部分国家行为一般都至少具有间接的公益目的,这就可以使该竞争行为具有合法性。

3. 国家竞争行为自身的界限

国家从事竞争行为必须遵守一定的界限,这些界限可能来自其他竞争者或市场主体的主观法律权益要求,也可能是立法者出于制度政策的考虑而设定的客观公法上的界限。

(1) 规制法

如前所述,国家参与竞争活动同样需要法律保留。然而,作为一种事实干预,要求立法者提供明确的法律基础比较困难。事实的复杂性,新调控模式的间接性与抽象性,可能发生后果的不确定性,使得立法者很难准确预估可能会发生的干预,更遑论以法律规定形式确定下来。因此,基本权的事实干预对法律保留原则的要求,必须考虑到立法者的无法预测性。相关的法律规定需要考虑到:影响的可预见性强度、发生频率、干预强度、供应事业与国家的关系等等。换言之,国家参加竞争活动通常需要的是形式上的法律基础。

据此,基本权的事实性干预对于法律保留的要求就清楚了:立法者必须对这种特殊情形采取预防措施。这种法律保留意味着,立法者不是调整具体的干预手段,而是调整特定的干预情形与调控模式。规制法与(条件式)的干预与给付行政,以及规划法均区分开来。规制法涉及总体性调控,并且以功能系统为主。规制法调整的是,公营事业参与市场活动时的基本权相关问题,但它并不限于具体的法律关系,而是涉及总体性规范背景中从事市场活动的公营事业。

针对基本权干预及其不同强度,对法律保留的要求也不同。一般性条款并不能总是满足法律保留的要求。根据不同的干预强度与保护程度,立法者必须给出不同的竞争框架以及相应的基本权干预目标。其中,对基本权的影响越大,对授权要求的明确性要求就越高。对此,可区分以下三种类型:

第一,国家参加竞争活动对市场竞争的影响比较轻微。只要国家的经营性活动既没有影响到具体的市场竞争者,也没有影响到市场竞争者的整体情况,那么国家对竞争活动便没有产生干预,因为它涉及轻微领域。这既不需要形式意义上法律对于经营目的的规定,也不需要形式上的法律基础。目前,我国主流观点之所以主张国有企业与私人同等适用竞争法,其实就是基于此种情况。在大部分情形下,国有企业参与市场竞争,对竞争的影响比较轻微,因此不需要特别的法律基础。

第二,国有独占经营是国家参加竞争活动对私人基本权限制最强烈的形式。国有化会导致国家垄断,从而对私人与社会资本的进入会形成强烈影响。尽管,法律授予行政机关的裁量空间允许特许经营,但是,这仍然以个案审查为前提。行政机关不仅需要考察被许可对象的可信赖度,还需要考察做出经营许可发放决定的基本权相关性问题。在带有豁免性保留之抑制性禁止的情形下,行政机关的许可就变成裁量性问题,那么只要行政机关的拒绝涉及不合比例的基本权限制,那么就存在豁免请求权。带有豁免性保留之抑制性禁止所在的法律规定,实际上说明,立法者决定优先考虑到公共利益和基本权相关性问题间的价值衡量,其原则上确实未排除国家垄断,但也并非强制实施国家垄断或是将其作为一般情况。

第三,国家参与市场经营活动会对其他竞争者产生影响,但不会完全排除其他竞争者进入该市场的可能性。对此,又可以区分为三种情形:其一,国家参与竞争活动会对私人竞争者产生影响,但这种影响并不会十分严重。这种情形对于法律保留的要求并不是很强。企业目标的具体化可以由行政机关作保留。企业活动的正当性基础仅仅需要开放性的,符合意图标准的公益概念即可。其二,国家参与竞争活动对私人竞争者产生严重阻碍,但并未对其产生排挤。相应的,这对于法律保留的要求就更加高了。一般性的法律基础也可以推导出公营事业的正当性,但必须规定公营事业的范围与限制。其三,国家参与竞争构成垄断与限制竞争。这种情形下,私人竞争者会被排除出竞争活动,因此竞争自由会受到极大的影响。从基本权教义学角度来考察,私人竞争者受到的影响比第一种情形要大,因为他们并非在特定市场受到限制,而是总体性地被排除出竞争活动。基于重要的基本权的影响强度,法律保留对法律规制密度也提出更高的要求。公营事业需要一个具体的法律基础,其应对所有涉及排挤的因素进行规定,包括特定市场的排挤、范围、界限与限制竞争的意图。例如,关于电力、电信等有关国计民生或是国家安全的重要领域,会存在严格的市场准入规定。

(2)竞争法

在竞争法中,国企与其他市场主体不宜完全同等看待。国企参与市场经济属于国家竞争活动,在判断其是否属于反不正当竞争行为时,既需要考虑到一般性框架,又需要考虑到国家竞争活动的特殊性。一般性框架规定于《反不正当竞争法》(2019年修正)第2条。尽管曾有观点认为不正当竞争行为仅限于该法第二章中列举的特定行为,[①]但司法实践与学界的主流观点认为,不正当竞争行为不应限于法律列举出的事项,而是可以将《反不正当竞争法》(2019年修正)第2条可以作为判定不正当竞争行为的一般条款。[②]该规定中,诚实信用与商业道德(第1款),对市场竞争秩序的实际损害效果(第2款)都是判定竞争行为正当性时需要检验的要素。国企竞争活动正当性判定的特殊性则在于,国家活动还需要受到公法体系的调控,包括原则与具体法律规定等等。这种特殊性主要表现为两个方面:一是国企的竞争中立问题,另一是基本权利保护问题。

竞争中立源自国家的中立义务,即国家应当平等对待不同市场竞

---

① 参见孙碗钟主编:《反不正当竞争法实用全书》(中国法律年鉴1993年分册),北京:中国法律年鉴社1993年,第29页。

② 参见吴峻:《反不正当竞争法一般条款的司法适用模式》,《法学研究》2016年第2期。

争主体,国有企业不得因其所有权地位而享有私营企业不能享受到的优惠与特权。自 1996 年澳大利亚《联邦竞争中立政策声明》首次提出竞争中立政策以来,多个国际组织也纷纷将该政策作为今后政策制定和协议谈判的重要内容之一。尽管有论者认为,竞争中立政策的提出带有很强的意识形态色彩,旨在将中国国有企业排除出既有的国家规则体系,[①]但在我国全面对接国际高标准经贸规则,推进高水平制度型开放的战略背景下,一味指责与对抗并非明智之举,如何结合我国实际,有限度与有选择地采用竞争中立,并进一步积极参与国际规则的制定,才是有建设性的做法。例如,交叉补贴就是明显违背竞争中立政策的行为。它是指政府对于承担了社会义务的国有企业的补贴超过了其履行社会义务所需的成本,以致该补贴延伸到了国企的商业活动中。[②] 在西方国家,这种情形被称为公共利益与商业利益的不正当联结,应当被禁止。例如,德国曼海姆市高级行政法院在"殡葬服务"案件中也作出了类似判决,认为由于殡葬服务在行使其官方职责和商业任务时的结合,获得了显著的竞争优势,这种行为不具有正当性。[③]

　　国企竞争活动的正当性判定,还需要考虑到该活动对于其他竞争者基本权利的影响。复杂之处在于,在解释上述一般条款与相关要素的过程中,需要进行利益衡量。如果相关争议发生在两个私法主体之间,则需要进行不同私益之间的衡量。如果涉及国企,则还需要进行公共利益与私人利益之间的衡量。利益具有丰富的层次结构,而公共利益由于其内涵的模糊性与变动性,更加需要在不同情境下的具体铺陈才能正确适用。[④] 由于每个竞争行为都会给其他竞争者带来不利影响,所以只有在国企竞争活动给私人竞争者带来的影响难以容忍时,才能认为该活动侵犯了其他竞争者的基本权利。这主要包含两种情形:

---

① 参见史际春:《也谈"竞争中立"》,《经济法学评论》2019 年第 2 期。

② 参见胡改蓉:《竞争中立对我国国有企业的影响及法制应对》,《法律科学》2014 年第 6 期。

③ Vgl. VGH Mannheim, *GewArch* 1969, 141, 143.

④ 参见梁上上:《公共利益与利益衡量》,《政法论坛》2016 年第 6 期。

第一,国企滥用自身特殊所有权地位,获得竞争优势。例如,在广告宣传时特意强调自己的国企地位,或者暗示自身与政府部门的特殊联系,等等。第二,国企竞争活动扰乱了市场秩序。这种情形下,则需要运用比例原则来对所涉利益进行衡量。

结　　语

如果说我国改革开放是人类历史上的一场重要实验,那么国企改革便是这场实验中的关键步骤,其成败关乎社会主义与市场经济二者能否顺利融合这一重大问题。正因如此,国企改革必须置于我国经济体制改革的宏观历史背景下进行观察。就此点而言,法律调控的转型其实体现出不同改革阶段下对国有企业"公司"与"国家"面向聚焦点之转移。

在计划经济向市场经济的转轨时期,国企改革的任务是打造现代企业制度,将国企尽快塑造为与市场经济相融合的现代商事主体。这也正是为什么会有人认为我国国企实际上承担了"公司重建"的功能。[1] 相应的,在此基础上形成的法律调控总体以"公司"面向为中心,倾向于将国有企业认定为私法人,并将其彻底纳入私法调控轨道。在解释国有企业相对于民营企业的一些特殊之处时,现有法律叙事习惯于将国企解读为"特殊的公司"。

2013 年召开的党的十八届三中全会明确提出全面深化改革的总体目标,这是新时期推动国家现代化建设的战略决策和重要举措。在此背景下,官方对国企改革做出重要判断,认为国有企业已经总体上与市场经济相融合。在此之后,国有企业的"国家"面向日益突出。也就是说,国有企业要越来越多地发挥自身对于国家战略的服务及支撑作

---

[1] 蒋大兴:《国企为何需要行政化的治理——一种被忽略的效率性解释》,《现代法学》2014 年第 5 期。

用。由于国有企业的外观形式仍然是公司法人,与传统意义上执行国家权力的行政机关具有根本差异,所以可以将国企理解为"特殊的国家"。

从"特殊的公司"到"特殊的国家",聚焦面向的转移首先意味着观察视角的变化。如果说前者是以私法视角为主,那么后者则主要从公法视角来看待国企及其法律调控。在新的视角下,本书希望能够为国企及其法律调控在转型中遇到的难题提供新的分析框架和解决方案。为此,以下三个结论值得引起重视。

第一,国有企业法律调控理念应当从形式主义转型为功能主义。在"行政组织私法化"的分析框架下,国有企业实质上是私法化后的行政组织。它具有私法组织的外观,却承担着国家任务,因此在形式与功能上存在着错位。现有法律调控主要关注到国有企业的公司外观,认为国有企业是公司。这是在形式主义理念下基于国有企业的公司法人形式所做出的理解,因而无法解释国有企业。公共性在新行政法学视角下,国有企业应当基于功能主义理念被重新理解,它不同于一般性商事公司,而是国家从事经济活动的一种私法组织工具,其本质功能在于公益性目标之实现。

第二,国有企业法律调控体系应当从不融贯迈向融贯。国有企业同时受到公法与私法的调控,并且这两种法律体系经常会产生龃龉。传统私法视角下,无论是"私法论"还是"公法论"均偏重一端,而未能有效实现两种法律体系之间的衔接。而基于新行政法学视角的观察会发现,此种不融贯现象背后,实质上隐含着传统行政法议题,即私法行政活动如何进行法律适用。在新行政法学所倡导的公私法交互秩序分析框架下,公法体系与私法体系通过"任务-手段"结构予以整合。具体而言,现代生活中的具体任务往往呈现为一个整体,它既需要公法手段,也需要私法手段。公法与私法不仅仅被视为形式上的两种法律体系,而是在功能上成为完成共同任务且交互支持的法律手段,最终实现法律体系的融贯。

第三,国有企业法律调控制度应当基于"任务-手段"结构予以转型。现有法律调控模式无法正确处理国企双重面向所造成的种种矛盾,如国资委的职能定位、国有企业的垄断地位等等。目前的处理方法往往非此即彼,比较僵化。为此,需要从"任务-手段"结构的角度,来重新解释与设计具体的法律制度。从政企关系维度来看,应当以保障国家对企业的影响义务为核心任务,灵活使用公法手段与私法手段,在政府干预与企业自主之间找到一种平衡。从市场与国企关系维度来看,应当将国有企业参与竞争的行为视为国家竞争行为,以保障该行为的公益性目标实现以及其他竞争者的基本权不受干预为任务,综合运用体制改革与竞争公法等多种手段,使国企在"竞争自由"与"合理规制"之间寻求到一种平衡。毕竟,国企改革是一场实践倒逼下的创举与冒险,它不仅需要勇气与决心,更加需要在公有制基础上运行市场经济的精密法律设计与平衡。

上海社会科学院法学研究所学术精品文库

已出书目

图书在版编目(CIP)数据

新行政法学视域下的国有企业法律调控/何源著.
上海:上海三联书店,2025.5.—(上海社会科学院法
学研究所学术精品文库).—ISBN 978-7-5426-8875-0

Ⅰ.D922.291.914

中国国家版本馆 CIP 数据核字第 2025CH5811 号

新行政法学视域下的国有企业法律调控

著　者 / 何　源

责任编辑 / 郑秀艳
装帧设计 / 一本好书
监　制 / 姚　军
责任校对 / 王凌霄

出版发行 / 上海三联书店
　　　　　(200041)中国上海市静安区威海路 755 号 30 楼
邮　箱 / sdxsanlian@sina.com
联系电话 / 编辑部：021-22895517
　　　　　发行部：021-22895559
印　刷 / 上海惠敦印务科技有限公司

版　次 / 2025 年 5 月第 1 版
印　次 / 2025 年 5 月第 1 次印刷
开　本 / 655mm×960mm　1/16
字　数 / 240 千字
印　张 / 17.5
书　号 / ISBN 978-7-5426-8875-0/D·684
定　价 / 78.00 元

敬启读者,如发现本书有印装质量问题,请与印刷厂联系 13917066329